klöpfer. narr

Dank

An Zuspruch und Unterstützung hat es in der Entstehungszeit dieses Buches nicht gemangelt. Dafür danke ich vor allem der Lehrerin Gesine Brücher, die das gesamte Projekt begleitete. Ohne sie wäre das Buch nicht möglich gewesen. Danke an alle beteiligten Schüler, Eltern und Lehrer für das Vertrauen und an die Zeitenspiegel-Kollegen, die beim Ideensammeln und Redigieren halfen, ganz besonders Frank Brunner und Erdmann Wingert mit ihrem Sprachgefühl, sie haben den Entstehungsprozess des Buches intensiv begleitet. Ein besonderer Dank gilt auch Dietrich Schneider, der die Geschichte des Engelbergs aufgeschrieben hat. Und schließlich möchte ich Dr. Karl von Baravalle danken, der die Idee für ein Buch über die Waldorfschule Engelberg hatte, das Projekt anstieß und unterstützte. Als Enkel von Prof. Hermann von Baravalle, der noch durch Rudolf Steiner als Mathematiklehrer an die erste Waldorfschule in Stuttgart berufen wurde, und als ehemaliger Schüler des Engelbergs und jetziger Schülervater fühlt er sich der Waldorfpädagogik verbunden.

Uschi Entenmann

Uschi Entenmann

Engelberg

Wie Waldorfpädagogik Menschen wachsen lässt.

Erzählt am Beispiel einer Schule

Inhalt

„Wir setzen auf die Entwicklung des ganzen Menschen"   6
Vorwort von Gesine Brücher

„Natürlich Kind sein"   8
Im Kindergarten steht die gesunde Entwicklung im Vordergrund

UNTERSTUFE

KLASSE 1
Auf dem langen Weg zum Landwirt: *Cedrík Schaal*   12
„Alles ist neu. Jetzt bilden wir eine Gemeinschaft." *Bela Balint*   14
„Eintauchen in fremde Klänge." *Zwei Fremdsprachen ab der ersten Klasse*   18
Ausatmen nach dem Unterricht. *Ganztagsschule mit Kernzeit und Hort*   21

KLASSE 2
„Tore schießen ist das Schönste." *Julius Hauser im Training*   24
„Wir lassen die Farben tanzen." *Ronja Kaufhold*   26
„Die Hörner pieksen ja!" *Das Bauernhof-Projekt*   29

KLASSE 3
Spaß im Grünen: *Die Zwillinge Lotte und Oskar Wagner*   34
„Sie sind nun laut, kämpferisch, provozierend." *Theresa Barrabas*   36

KLASSE 4
Sticken, stricken, häkeln: *Noah Ziegert*   40
„Die Kinder prüfen mich nun." *Gabriele Schönleber*   42
Schweiß, Staub und Spaß: *Ein Wochenende beim Köhler*   46

KLASSE 5
Dampf ablassen auf dem Spielplatz: *Yasin Angishan*   48
„Raus aus dem Zwergenalter." *Sabine Kleinheins*   50
Auf dem Weg zum Olymp: *Der Höhepunkt der Griechenland-Epoche*   54

KLASSE 6
Ihr bester Freund ist ein Pferd: *Alena Krinke*   56
„Beobachten und beschreiben." *Klara Hilbert*   58

„Lasst doch mal den Steiner hinter euch"   62
Die Waldorfpädagogik ist modern. *Ein Plädoyer von Frank Hussung*

„Wir müssen den Stoff ergreifen"   72
Gesine Brücher über die Rolle der Lehrer

„Es kommt auf jeden Einzelnen an"   75
Zwei Väter beschreiben die Rolle der Eltern

Feste für alle Sinne   78
Fünf Mal im Jahr präsentieren die Schüler ihr Können auf der großen Bühne

MITTELSTUFE

KLASSE 7

In der Luftfahrt zu Hause: *Emmanuel Travitzki*   80

„Durch das Erlebnis lernen." *Florence Schneider-Mugnier, Bernhard Wolff und Gabriele Eßer*   82

Kochen, spülen, servieren. *Ein Praktikum in der Mensa-Küche*   86

Niemand bleibt zurück. *Manche Kinder brauchen zusätzliche Förderung*   87

KLASSE 8

Warten auf Kundschaft: *Feenja Kersten und Lasse Ludwig*   90

„Achtklässler wollen die Welt verstehen." *Martin Schmidt*   92

Abenteuer Artenschutz. *Die Initiative „Bergwaldprojekt" im Schwarzwald*   96

KLASSE 9

Sie spielt Klassik und hört Pop: *Stella Tempes*   98

Abenteuer Mittelstufe. *Frank Hussung*   100

„Ich staune immer wieder über die Schüler." *Interview mit Schularzt Wolfgang Kersten*   104

Wo Töne erziehen   108
Musik spielt eine wichtige Rolle. Sie hilft Kindern und Jugendlichen, sich zu entwickeln

Mit Hammer, Feile und Köpfchen   112
Der Praktisch-Künstlerische Unterricht bildet den Ausgleich zu kopflastigen Fächern

OBERSTUFE

KLASSE 10

Draußen bei jedem Wetter: *Lucy Heser*   122

„Jetzt kommt die Phase der Adoleszenz." *Claudia Bandeff*   124

Wald und Wiesen im Visier. *Beim Feldmesspraktikum kartografieren Schüler ein Gelände*   128

KLASSE 11

Agatha Christie in spe? *Clara Liehr*   130

„Abi ist kein Muss. Jeder findet seinen Platz." *Susanne Bock*   132

Aufeinander achten. *Klassenspiele wie „Anatevka" bilden die Persönlichkeit*   136

„Ich freue mich darauf. Es entspannt mich." *Szenen aus dem Eurythmiesaal*   140

KLASSE 12

Will kreativ arbeiten: *Celine Hausch*   142

„Der Übergang vom schulischen zum selbstbestimmten Leben." *Dennis Handte und Daniel Kemter*   144

KLASSE 13

Seine Zukunft hat schon begonnen: *Jakob Kuhnle*   148

Fachhochschulreife und Abitur. *Christian Kleinheins, Dr. Sigrid Reich und Harry Schröder*   150

Die Geschichte seit der Gründung und ein Gespräch mit Elfriede Stollwerk, 83, ehemalige Schülerin   154

Die richtige Schule für mein Kind   168
Was spricht dafür, seine Kinder auf eine Waldorfschule zu schicken, was dagegen?

Engelberger Erinnerungen   172
Sechs Absolventen und ein Lehrer blicken zurück

Glossar   180

Liebe Leserinnen und Leser,

Ein Mädchen, sechs Jahre alt, sitzt in der letzten Reihe und malt. Die Lehrerin fragt: „Was malst du da?" Es sagt: „Ich zeichne ein Bild von Gott." Die Lehrerin erwidert: „Aber niemand weiß, wie Gott aussieht." Und das Mädchen antwortet: „Gleich werden es alle wissen." Sir Ken Robinson, britischer Erziehungs- und Bildungsexperte, erzählte diese Episode auf einer Innovationskonferenz als Beispiel dafür, dass Kinder etwas riskieren und keine Angst vor Fehlern haben. Wir hätten aber weltweit Bildungssysteme, die keine Fehler erlauben, so Robinson. Das führe dazu, dass sie Kindern die Kreativität rauben.

Die Waldorfpädagogik will ein Umfeld schaffen, in dem Kinder diese ureigene Kraft schöpfen und entwickeln dürfen. Ich unterrichte seit dreißig Jahren als Waldorflehrerin und sehe es als meine Aufgabe, die Schülerinnen und Schüler als ganze Persönlichkeiten zu stärken – nicht nur in einzelnen Disziplinen. Kinder, die 2020 eingeschult werden, machen 2033 ihr Abitur und gehen frühestens 2080 in Rente. Wir wissen nicht, wie die Welt dann aussehen wird. Deshalb setzen wir neben den Grundfertigkeiten wie Lesen, Schreiben und Rechnen vor allem auf die Entwicklung des ganzen Menschen, auf Körper, Geist und Seele und auf individuelle Stärken. Das eine Kind ist vielleicht besonders stark in Mathe, Physik oder Französisch, das andere in Musik, Malerei oder Astronomie.

In diesem Buch lassen wir Schüler von Klasse eins bis dreizehn zu Wort kommen. Sie erzählen, was sie an ihrer Schule schätzen und was sie in ihrer freien Zeit besonders gern tun. Wir Lehrer erklären, warum der Blick auf ihre individuelle Entwicklung so wichtig ist. Was brauchen Kinder in der ersten Klasse? Worauf kommt es in der Zeit der Pubertät an? Wie begleiten wir als Lehrer die Zeit des Erwachsenwerdens in der Oberstufe? Eltern sehen wir dabei als geschätzte Partner mit Blick auf die Entwicklung des eigenen Kindes und die Entwicklung unserer Schule. Wenn eine Schule auf beides achtet – auf den Menschen als Individuum, aber auch als Teil einer Gemeinschaft – bekommt er die Standfestigkeit und Haltung, die für ein geglücktes Leben wichtig sind.

Sie entdecken in diesem Buch auch Antworten auf ein paar Vorurteile über „Waldis". Beispielsweise, dass die Pädagogik von Rudolf Steiner doch total veraltet sei. Nein, ist sie nicht! Steiner propagierte vor hundert Jahren einen radikal anderen Ansatz, als er die Ziele von Schule und Erziehung neu definierte. Ihm ging es nicht darum, wie möglichst viel Erwachsenenwissen in Kinderhirne kommt, sondern er fragte: Wie kann der Lernstoff die körperliche und seelische Entwicklung fördern? Erfreulich ist für uns Waldorfpädagogen, dass der Wert dieses Ansatzes zunehmend auch von Erziehungswissenschaftlern erkannt und als adäquate Antwort auf die sich schnell wandelnde Wissensgesellschaft empfohlen wird. Denn Steiners Pädagogik ist kein Fertigprodukt, das vor hundert Jahren mit einem Wurf erfunden wurde. Sie ist so angelegt, dass wir Lehrer sie und uns selbst immer weiter entwickeln müssen. Empirische Studien wie die von Heiner Barz und Dirk Randoll belegen: Waldorfschüler gehen lieber in die Schule als andere und schneiden in den Pisa-Studien genauso gut ab. Die Wirtschaft reißt sich um unsere „Waldis", denn sie gelten als kooperativ, zupackend und kreativ.

Die Vorurteile und das geringe Wissen über Waldorfpädagogik in der Öffentlichkeit haben uns zu diesem Buch motiviert. Wir erklären sie anhand unserer eigenen Schule und der Gedanken der Lehrer, Schüler und Eltern dazu. Wichtig war uns auch der Blick von außen. Autoren und Fotografen von Zeitenspiegel Reportagen beschäftigten sich über Monate hinweg mit den Besonderheiten unserer Schule. Ihre Texte und Fotos zeigen eindrucksvoll, wie lebendig der Alltag bei uns ist. Auch wir Lehrer überprüfen immer wieder unsere Arbeit. Wie unterrichten wir und warum auf diese Weise? Wenn wir Unschärfen sehen, denken wir neu nach. Wo wollen wir hin, als Lehrer, als Schule? Wir machen nicht jede modische Welle mit. Aber wir leben nicht auf einer Insel, sondern in der heutigen Welt. Wir haben eine Haltung zu Kindern und ihrer Entwicklung und versuchen, unseren Werten treu zu bleiben.

Gesine Brücher
unterrichtet seit 1991 Deutsch,
Geschichte und Kunstgeschichte
am Engelberg.

„Natürlich Kind sein"

Den Kindergarten am Engelberg gibt es seit 1970. Im Vordergrund steht die gesunde Entwicklung eines jeden Einzelnen

Seit seiner Gründung im Jahr 1970 ist der Kindergarten am Engelberg nicht mehr wegzudenken. Er fing klein an, zunächst mit einer Gruppe von 15 Kindern. Ein Jahr später entstand schon eine zweite Gruppe für Kinder ab vier Jahren, die bis zum Mittag betreut wurden. Öffnungszeiten, die heute niemandem mehr ausreichen würden. Im Laufe der Jahrzehnte hat sich der Kindergarten zu einer modernen Kindertagesstätte entwickelt. Von der Krippe für Kinder ab einem Jahr bis hin zur Gruppe für Vorschulkinder haben sich inzwischen verschiedene Betreuungsangebote für mehr als hundert Kinder etabliert, die den Bedürfnissen von Eltern und Kindern entgegenkommen.

Bei aller Flexibilität ist allerdings eine Konstante der Waldorfpädagogik, dass am Wichtigsten nicht gerüttelt wird: Die feste Gruppenzugehörigkeit gibt gerade den Kleinsten Sicherheit und Geborgenheit, ebenso der täglich wiederkehrende Rhythmus von freiem Spiel und gemeinsamem Singen, Essen und Feiern. Die Kinder spielen mit einfachen und natürlichen Materialien, die der Fantasie Raum lassen. Sie bauen sich ihre Welt mit Hilfe von bunten Tüchern, Schneckenbändchen, Sandsäckchen, Holzbänken, die alles sein können: Schiff und Haus, Kaufladen, Wiege oder Rennwagen.

„Wie der Atem und der Herzschlag, alles folgt einem Rhythmus", sagt Erzieherin Sigrid Weckerle. Der Rhythmus führt durch den Alltag der Kinder. Die Tageszeiten, die Jahreszeiten, Feste und Rituale geben Halt und Vertrauen: das Feiern des Erntedankfests und das Laternenbasteln im Herbst, das Binden von Adventskränzen, die Schulkinderarbeiten, das Krippenspiel zu Weihnachten oder die lustigen Verkleidungen an Fasching. Eltern werden vielfach und gern eingebunden, beispielsweise bei der Mitgestaltung der Feste, beim Reparieren der Spielsachen oder der Gestaltung des Gartens.

Was vor hundert Jahren der Leitgedanke war, durchdringt die Waldorfpädagogik am Engelberg noch heute: „Natürlich Kind sein." Im Vordergrund steht dabei die gesunde Entwicklung jedes einzelnen Kindes. Die Lage des Kindergartens, umgeben von viel Natur, ermöglicht jeden Tag und bei jedem Wetter Ausflüge auf die Wiesen und in den Wald. Die Natur ist im besten Sinne das „Spielzeug" der Kinder, das ihnen echte Erfahrungen und jede Menge Bewegung ermöglicht.

↖ Sie bauen sich ihre
eigene Welt. Drei Jungs in
ihr Spiel vertieft.

↖ Freies spielen,
singen, essen, feiern
und im Sommer
natürlich plan-
schen. Die Gruppe
gibt den Kleinen
Geborgenheit.

Sie klettern, rutschen, rennen, balancieren, vorwärts und rückwärts. „Die Kinder lassen sich spielend treiben und kommen vom Ergreifen ins Begreifen. Sie finden nicht
nur ihr Gleichgewicht im motorischen Sinne, sondern dadurch auch Zutrauen in die
eigenen Fähigkeiten."

Lieder, Märchen, Gedichte, Finger- und Reigenspiele fördern zum einen die
Sprachentwicklung, zum anderen auch das wichtige soziale Miteinander. „Sie wachsen am Beispiel", betont Sigrid Weckerle. „Wenn Kinder vor dem Fernseher sitzen, lernen sie es nicht. Sie brauchen ein Gegenüber, ein ermutigendes und lobendes Vorbild."
Kinder lernen nachahmend mit allen Sinnen vom Erwachsenen, von anderen Kindern,
vom schreienden Bauarbeiter, der singenden Oma, dem tröstenden Kind, sie lernen
von Gestik, Mimik und Sprache.

Wie sehr der Kindergarten auch im fünften Jahrzehnt geschätzt wird, das können
die Erzieherinnen an einer einfachen Tatsache ablesen: Mittlerweile bringen die Kin-
dergartenkinder von einst ihre Kleinen auf den Engelberg. Wer die Haltung zu Kindern erlebt hat, schätzt sie auch in der nächsten Generation.

Nicht für die Schule, sondern fürs Leben lernen wir.

Diesen Satz kennen wir. Der römische Philosoph Seneca hat ihn vor zweitausend Jahren geprägt, allerdings mit einem entscheidenden Unterschied. Bei ihm heißt es: Nicht fürs Leben, sondern für die Schule lernen wir.

Ungeklärt, wer das Zitat umgedreht und damit den Sinn auf den Kopf gestellt hat. Aber so passt es zur Waldorfpädagogik. Es geht uns darum, wie Wissen Körper, Geist und Seele in ihrer natürlichen Entwicklung fördert. Kindheit ist mehr als eine Vorstufe des Lebens, sie ist Leben an sich. Aus der Natur der Kinder lassen sich Methoden und Ziele von Erziehung und Bildung ablesen.

Wir starten deshalb jedes Kapitel mit Porträts von Schülerinnen und Schülern, nicht im Klassenzimmer, sondern in Momenten, bei denen sie ganz bei sich sind. Das kann Fußballspielen sein, stricken, im Wald spazieren oder unterwegs mit dem Traktor auf dem elterlichen Hof. Schule ist Leben.

„Jetzt übe ich mit kleinen Maschinen, damit ich später große fahren kann. Wenn ich groß bin, möchte ich Bauer werden."

Cedrík Schaal hilft nachmittags seiner Mutter mit dem Hoflader in der Pferdepension und schaufelt Pferdeäpfel vom Sandplatz. Mit den Füßen an die Pedale kommen – das war die Lizenz zum Fahren.

Bela Balint hatte eigentlich andere Pläne. Er wuchs in Niederbayern auf, nach dem Abitur reiste er durch Amerika, in Boston wollte er Pädagogik studieren. Doch wieder zu Hause, traf er beim Basketballtraining einen Studenten, der Waldorfpädagogik studierte und davon erzählte. Was Bela Balint erfuhr, faszinierte ihn. Diese Pädagogik hat Substanz, dachte er, da steckt etwas dahinter, das tiefer geht als die Konzepte, die ich sonst kannte. Allein schon wie der Lehrplan auf Alter und Entwicklung des Kindes abgestimmt ist, überzeugte ihn auf Anhieb. Er hatte die Koffer so gut wie gepackt – und verwarf alle Pläne, wollte nicht mehr nach Amerika, sondern nach Stuttgart, wo die erste Bildungsstätte für Waldorfpädagogik lag, wo einst alles angefangen hatte. Seit 2012 unterrichtet er am Engelberg als Klassenlehrer die Klassenstufen eins bis sechs.

Zum Lernen gehört die Fantasie

In der ersten Klasse geht es darum, eine Gemeinschaft zu werden. Alles ist neu. Nicht nur für den Lehrer, sondern auch für die Kinder

ein Schultag beginnt oft um sieben Uhr mit einem Blick ins Klassenzimmer. Wie sieht der Jahreszeitentisch aus, stehen Tische und Stühle ordentlich, ist die Tafel sauber? Das mögen Nebensächlichkeiten im Schulalltag sein, aber mir sind sie wichtig. Das Klassenzimmer der ersten Klasse ist mehr als ein Raum zum Lernen, es ist ein Zuhause für Schüler und Lehrer. Wir alle nehmen die Details wahr, sie sorgen für eine Atmosphäre, in der man sich wohlfühlt.

Die ersten Kinder kommen schon eine halbe Stunde vor Beginn des Unterrichts. Sie trotten nicht einfach ins Klassenzimmer, wie ich das selbst als Schüler kennengelernt hatte. Wir geben uns die Hand, ich begrüße jeden persönlich, wir reden ein paar Worte. Dadurch bekomme ich einen ersten Eindruck, wie es meinen Schülern geht. Sie haben noch ein paar Minuten, bevor der Unterricht beginnt. Manche balancieren auf dem Baumstamm. Ja, wir haben einen Baumstamm im Klassenzimmer! Eine spontane Idee. Der Transport war aufwändig, aber der Stamm hat sich als Gewinn erwiesen. Augen zu, vorwärts und rückwärts balancieren, das beherrschen meine Schüler immer besser. Diese Übungen helfen ihnen, ein sicheres Körpergefühl zu entwickeln. Zur „Körpergeografie" gehört vieles, auch herauszufinden, ob ein Kind Links- oder Rechtshänder ist. In der Waldorfpädagogik sind Bewegungsübungen eine wichtige Grundlage für das Lernen. Der rhythmische Teil ist deshalb fester Bestandteil der ersten Schulstunde. Wir rezitieren kurze Gedichte, sagen Sprüche auf und singen Lieder, zu denen wir uns bewegen. Mal dauert das zwanzig Minuten, mal vierzig. Das hilft beim Wachwerden und Einschwingen auf die Gemeinschaft, denn manche kommen müde in der Schule an. Schließlich ist der Wechsel vom Kindergarten in die Schule ein radikaler Umbruch.

Die erste Stunde beginne ich fast immer mit einer kleinen Melodie auf der Flöte. Meine Schüler haben so lange Zeit, ihren Platz aufzusuchen und zur Ruhe zu kommen. Ich erzähle von meinem Frühlingsspaziergang am Wochenende, von der wachsenden Kraft der Sonne, die die Erde neu belebt. Dann sind die Kinder an der Reihe. Viele erzählen sofort drauflos. Die Schüchternen möchte ich ermuntern. Manche sprechen leise oder nuscheln, da hilft Erzählen, deutlich zu sprechen. Dann folgt manchmal eine sinnige Geschichte, in der ich den Kindern in anthropomorphen Bildern die Natur nahebringe, das bedeutet, die Pflanzen und Tiere sprechen miteinander, Blumen und Moose, Blüten und Schmetterlinge, und wir freuen uns, dass sich nach dem farbarmen Winter rote, gelbe und violette Blüten entfalten. Das ist im Grunde schon eine Art naturwissenschaftlicher Unterricht, der sich aber in der ersten Klasse noch in Bildern abspielt. Die Schulstunde dem Alter entsprechend zu gliedern, ist besonders wichtig, der tägliche Rhythmus wird damit zur guten Gewohnheit. Danach sagen die Kinder

„Manchmal ist die Klasse hummelig. Dann ändere ich den Plan."

gemeinsam ihren Morgenspruch auf: „Der Sonne liebes Licht, es hellet mir den Tag ..." Wie alle Kinder von der ersten bis zur vierten Klasse in jeder Waldorfschule auf der ganzen Welt.

In der ersten Klasse geht es darum, eine Gemeinschaft zu werden. Alles ist neu, Kinder und Lehrer lernen sich erst kennen, im Unterricht, auf dem Schulhof und bei Ausflügen. Wir üben Grundformen des Umgangs miteinander: wie man respektvoll miteinander umgeht, sich meldet, dem anderen zuhört, ihn wahrnimmt. Nicht nur den Lehrer, auch die anderen Kinder.

Der klassische Lernteil, also Kulturtechniken wie Lesen, Schreiben und Rechnen, dauert anfangs nur eine viertel bis halbe Stunde. Dann sind die Erstklässler müde. Wenn Hefte und Stifte eingepackt sind, zünden wir eine Kerze an. Ich lese meist Grimm'sche Märchen vor. Die Kinder dürfen ausatmen, den Kopf auf die Arme legen, ganz wie sie wollen. Die Märchen helfen auch, das Gewissen zu bilden: Was ist gut und was böse, was ist richtig und falsch. Märchen haben eigene Gesetze. Ein armes Kind kann Königin werden, Tapferkeit und Mut siegen über Reichtum und Macht. Am Ende ist die Ordnung wieder hergestellt und die Kinder atmen auf, wenn die Hexe im Ofen ist. Danach vespern sie.

Mit jedem Schultag lernen die Kinder, besser mit geregelten Abläufen zurechtzukommen. Zuerst dauert es, bis Mäppchen und Arbeitsmaterial ausgepackt und auf dem Tisch ausgebreitet sind. Es sind für sie fremde Abläufe, viel starrer als im Kindergarten. Ich achte darauf, dass die Kinder mit ihren Kräften in den ersten beiden Stunden haushalten. Denn danach kommen zwei Fachstunden, beispielsweise Englisch oder Französisch.

Als Klassenlehrer will ich nicht nur meinen Stoff an die Kinder bringen. Manchmal nehme ich mir ein Thema vor und merke schnell, es lässt sich an diesem Tag einfach nicht vollständig umsetzen, weil die Klasse hummelig ist. Dann ändere ich den Plan, als Lehrer habe ich ein Repertoire, aus dem ich schöpfen kann. An anderen Tagen geht dann auch mal mehr, als ich mir vorgenommen habe. Mit den Jahren habe ich gelernt zu erspüren, welche Atmosphäre im Raum herrscht, und gelassener damit umzugehen. Oft erreichen wir das Ziel über Umwege. Lernen geht nicht nur über den Intellekt, sondern über alle Sinne, das Gefühl und die Bewegung.

In der ersten Klasse lernen die Kinder, Buchstaben zu begreifen. Wir gehen künstlerisch vor, um das Schreiben vorzubereiten. Das ist durchaus wörtlich zu nehmen. Sie laufen geschwungene und spitze Formen wie das „S" oder „V" in der Reihenfolge einer fortlaufenden Buchstabengeschichte. Sie zeichnen Kurven und Geraden in die Luft oder malen sie mit schönen Wachsmalfarben auf Papier. Die Formen werden kunstvoller und verschlungener und immer nehmen wir dafür schönes Papier und Wachsblöckchen, deren Farben, Haptik und Geruch Kindern eher entsprechen als flimmernde Filzstifte. Das fördert präzise Handbewegungen, Orientierung auf dem Blatt und künstlerisches Empfinden. Ich beobachte oft, wie Kinder konzentriert einen Winkel oder eine Zickzacklinie malen und überrascht feststellen, wie spitz sich das „anfühlt" – im Gegensatz zu einer Wellenlinie. Die Buchstaben führe ich malerisch ein. Das M erinnert an einen geschwungenen Mund, das W an eine Welle, das B ist ein sitzender Bär.

Zum Lernen gehört auch die Fantasie. Als Lehrer bin ich ein Geschichtenerzähler. Da wir nicht ständig auf Reisen gehen können, holen wir die Welt in Form von Geschichten zu uns herein. Rudolf Steiner sprach nicht von einem Schulsystem, sondern von Erziehungskunst. Sie soll wecken, was bereits in Kindern angelegt ist. Das weist uns Lehrern eine andere Rolle zu. Wir sind nicht die Allwissenden und wollen sie nicht mit Lernstoff abfüllen, sondern wir sind die Brücke zwischen Pädagogik und Kind. Eine Erziehung zur Freiheit.

Mir ist bewusst, dass ich es mit Individuen zu tun habe, die später vielleicht mehr können als ich. Wenn ich an die Anlagen und Talente denke, die in ihnen schlummern, empfinde ich Ehrfurcht und möchte sie fördern. Manchmal reicht es, Hemmnisse wegzuräumen, die das Lernen behindern. Wer immer nur am Handy oder Bildschirm hängt, entwickelt sich ungesund. Den Eltern erkläre ich am Elternabend: Kinder sollen nachmittags an die Luft. Sie dazu zu ermuntern, ist ihre Aufgabe. Denn was wir vormittags anlegen, entwickeln Kinder am besten dann weiter, wenn sie unter freiem Himmel spielen und echte statt digitale Erlebnisse haben. Wenn ich am Ende ein Märchen erzähle, machen sich die Kinder eigene Bilder. Fernsehbilder hingegen blockieren die eigenen Fantasiebilder. Ich sehe das Kindern an, sie sind blass und es fällt ihnen schwerer, in eine Bewegung einzusteigen.

Aus Kindergartenkindern werden binnen eines Jahres selbstbewusste Schulkinder, diejenigen, die in den ersten Wochen noch ihre Kuscheltiere mitbrachten, lassen sie bald zu Hause. Sie entdecken die Welt der Buchstaben und Zahlen, entspannt und ohne Leistungsdruck. Beim Schreiben lassen wir uns etwas mehr Zeit als die staatlichen Grundschulen. Beim Rechnen sind wir etwas schneller, wir gehen von eins bis zwanzig alle vier Rechenarten durch. Grundlage für alles Lernen ist, dass die Eltern dem Lehrer vertrauen und umgekehrt. Wir sind eine Partnerschaft, mit dem Kind in der Mitte. Diese Zusammenarbeit ist sehr wichtig, ich betone sie an Elternabenden, im ersten Schuljahr sind es sieben, es ist die Zeit, in der wir diese besondere Beziehung klären und festigen und lernen, offen und ehrlich miteinander zu sprechen. Die Eltern vertrauen ihr Kind dem Lehrer an. Misstrauen vergiftet die Atmosphäre. Eltern sollen vor dem Kind nicht schlecht über den Lehrer reden und sein Tun kritisieren. Umgekehrt gilt dasselbe. Ich besuche jedes Kind nach Absprache mit den Eltern auch zu Hause in seiner gewohnten Umgebung. Der Hausbesuch – ganz ohne Anlass – hilft, sich besser kennenzulernen. Wenn ein Kind mir sein Zimmer zeigt, ist das eine Ehre, für uns beide. Es entsteht ein besonderes Vertrauen, das über sechs Schuljahre hinweg wachsen kann.

Diese Verbindung hilft auch dann, wenn mal etwas nicht so gut läuft oder misslingt. Mit dem Lehrer kann man reden. Er ist Respektsperson, aber auch Vertrauensperson. Das beginnt schon bei alltäglichen Problemen: Wo ist das Klo in diesem großen Schulhaus? Wie finde ich zum Schularzt, wenn ich Bauchweh habe? Aber auch: Ich bin so traurig, mein Häschen ist gestorben.

Als ich meine erste Klasse übernahm, war mir bewusst, dass ich eine große Verantwortung für diese siebenundzwanzig Persönlichkeiten tragen werde. Die schönen Verse Hermann Hesses begleiteten mich: „… und jedem Anfang wohnt ein Zauber inne, der uns beschützt und der uns hilft zu leben."

Der Zauber hielt die sechs Jahre. Die Anstrengung auch. Ich hatte so viele Fragen, alles war neu. Ich kannte die Kollegen nicht, wusste nichts über die Abläufe in der Schule. Mein Mentor und meine Kollegen unterstützten mich. So lange, bis ich es selbst konnte.

UNTERSTUFE

Eintauchen in fremde Klänge

In Waldorfschulen lernen Kinder ab der ersten Klasse zwei Fremdsprachen. Am Engelberg sind es die Sprachen Englisch und Französisch. Das Konzept ist erfolgreich

Erwartungsvoll blicken die Mädchen und Jungen der ersten Klasse auf ihre Lehrerin. Es ist ihre erste Woche an der Waldorfschule am Engelberg. Ein neuer Lebensabschnitt hat begonnen und der ist aufregend. So viele neue Gesichter, so viele neue Eindrücke. Als Camilla Wulf erste Worte an sie richtet, folgt die nächste Überraschung. Die Französischlehrerin rezitiert ein Sprüchlein:

En classe, en classe,
vite à vos places!
La cloche a sonné,
les bras sont croisés,
la bouche est fermée,
nous apprenons le francais!

Die Kinder wissen, dass sie jetzt schnell an ihre Plätze gehen sollen. Es folgt die Begrüßung: Bonjour, mes chers enfants! Noch kennen die Kinder kein Wort der fremden Sprache, aber sie verstehen, was gemeint ist, obwohl die Lehrerin den Spruch nicht übersetzt.

In die Klasse, in die Klasse,
schnell auf eure Plätze!
Die Glocke hat geläutet,
die Arme sind verschränkt,
der Mund geschlossen,
wir lernen Französisch!

Da der Spruch nun am Anfang einer jeden Stunde steht und mit Gesten begleitet wird, erraten die Kinder schnell den Sinn und sprechen ihn beim zweiten Mal schon mit. Von nun an werden die Schüler in jede Französischstunde mit einem Gedicht oder einem Lied starten. Und genau so geht es weiter im Unterricht. Mit kleinen szenischen Geschichten und Ratespielen, mit Reimen und Liedern. Am Ende sind sie überrascht, wie schnell die Zeit vergangen ist, und freuen sich auf die nächste Stunde.

Neben Französisch werden sich die Sechsjährigen in eine weitere unbekannte Sprachwelt wagen: Englisch steht ebenfalls auf dem Stundenplan. Das wirft Fragen bei Verwandten, Freunden und Bekannten auf: Gleich zwei Fremdsprachen für Erstklässler? Haben Schulanfänger nicht schon genug zu tun? Zumal sie ihre deutsche Muttersprache nicht vernachlässigen sollen. In der Tat, Unterricht in zwei Fremdsprachen ab der ersten Klasse ist ein Alleinstellungsmerkmal der Waldorfschulen.

↗ *Das Outfit muss stimmen. Mütze und Schürze in strahlendem Weiß. So kann es losgehen mit Backen und Kochen.*

Die Idee dahinter: Wer schon früh eine fremde Sprache hört, lernt ihre Aussprache und Eigenart. „Es geht um Sinnzusammenhänge", erklärt Camilla Wulf, „wir legen Wert darauf, erst nach und nach zum einzelnen Wort zu kommen." Wichtig ist beim frühen Sprachelernen nicht vorrangig, die Bedeutung zu verstehen, sondern die Laute bilden zu können. Diese Fähigkeit der Lautbildung geht bei kleinen Kindern schneller und sie bewahren sie auch als Jugendliche und Erwachsene. Hirnforscher haben herausgefunden, dass unsere grauen Zellen Fremdsprachen vor allem in jungen Jahren gut verarbeiten. Diese sogenannten Fenster der Lernfähigkeit schließen sich mit zunehmendem Alter, allerdings umso langsamer, je eher Kinder beginnen, fremde Klänge in ihre Sprechfähigkeit zu integrieren.

Ziel ist es dabei nicht, möglichst schnell möglichst viele Sprachen zu lernen, sondern Voraussetzungen zu schaffen, die später eine Kommunikation auf Französisch und Englisch erleichtern. Wichtiger jedoch noch als die früh erworbenen Sprachkenntnisse ist es für Kinder, die fremde Worte hören und aussprechen, dass sie eintauchen in eine andere Kultur. Sie blicken mit den Augen anderer Völker auf ihre Umgebung. Diese Wirkung korrespondiert mit dem Ziel der Waldorfschulen, dass die Schüler einen differenzierten

Blick auf die Welt werfen. Es geht also nicht nur um Wissen, sondern auch um Wahrnehmung und Empathie. Zwei wichtige Kompetenzen in Zeiten, in denen unsere Städte und Gemeinden durch Menschen anderer Kulturen bunter werden.

Doch wie vermitteln Waldorflehrer den Kindern ein so komplexes Phänomen wie Sprache? Üblicherweise lehren Pädagogen, indem sie Schüler lesen, schreiben und übersetzen lassen. Für Kinder ist diese Methode ungeeignet. Ein ständiger Wechsel beim Übersetzen, etwa zwischen Deutsch und Französisch, verhindert einen spielerischen Umgang mit der fremden Sprache. Außerdem „erstirbt" Sprache, wenn sie auf Papier fixiert wird. Sprache lernen wir durch Sprechen.

> „Sprache lernen wir durch Sprechen. Sie ‚erstirbt', wenn sie auf Papier fixiert wird."

Deshalb üben Schüler von Klasse eins bis drei Englisch und Französisch ausschließlich mündlich. Gefragt ist viel Fantasie. So verinnerlichen die Kinder Wendungen in Frage-Antwort-Runden oder in Rollenspielen. Wichtig ist vor allem eine schöne Aussprache. Schon nach kurzer Zeit bewegen sie sich unbefangen in der neuen Sprache. Im Gegensatz zu konventionellen Methoden müssen sie keine Regeln pauken, nach denen sie Sätze bilden, sondern finden Regeln in Sätzen, die sie schon kennen. Muttersprachlicher Ansatz nennt sich diese Vorgehensweise. Was dabei hervorragend trainiert wird, ist das so genannte Hörverstehen.

Erst ab Klasse vier, wenn die Kinder in ihrer Entwicklung weiter sind, ändern die Lehrer die Methode: Jetzt wird das Gelernte festgehalten! Dabei bleibt Sprechen das wichtigste Element. Die Schüler parlieren miteinander und mit der Lehrerin, anschließend übertragen sie das Gesprochene in ihre Hefte, um es nach einer „Zwischenlagerung" in Schriftform wiederzubeleben – durch erneutes Lesen. Französischlehrerin Camilla Wulf erklärt: „Es geht darum, die erworbene Aussprache in Konfrontation mit dem Schriftbild zu erhalten." Klingt kompliziert. Umgesetzt wird dieses Konzept indes spielerisch.

Camilla Wulf erläutert es im Unterricht an einem Beispiel: „Franzosen codieren ihre Laute wie in einer Art Geheimschrift." Als sie spürt, dass die Schüler neugierig werden, liefert sie ein Beispiel: „Beim Wort für Wasser hört ihr nur ‚o', aber geschrieben wird es ‚eau'." Die Viertklässler entdecken gleich darauf, dass es im Französischen noch andere „Codes" gibt. „Was schreiben wir, wenn etwas in der Mehrzahl ist?", fragt Camilla Wulf, und deutet auf die lange Liste von Tieren an der Tafel. „Ein ‚s'", antwortet die Klasse im Chor. „Und was hören wir?" Die Antwort folgt prompt. „Nichts." Das Prinzip, sprechen – aufschreiben – lesen und Zusammenhänge aus dem Kontext heraus zu erklären, bleibt bis zur Oberstufe erhalten.

In Mittel- und Oberstufe kommen allmählich anspruchsvollere Texte hinzu, an denen die Schüler Wortschatz und Grammatikkenntnisse erweitern und sich immer detaillierteres Wissen über Alltag, Geografie und Literatur des Landes aneignen. Ende der Klasse zwölf endet auch der Waldorflehrplan für Französisch und Englisch, denn in Klasse dreizehn lernen die Schüler, ihre Fähigkeiten bei den Abiturprüfungen anzuwenden. Dass das Fremdsprachenkonzept der Waldorfschulen funktioniert, zeigt der Notendurchschnitt ihrer Schüler, die bei den Abiturprüfungen oft besser abschneiden als Abiturienten staatlicher Schulen.

Ausatmen nach dem Unterricht

Ganztagsschule am Engelberg: Kernzeitbetreuung und Kinderhort für siebzig Schülerinnen und Schüler

Es ist Mittagszeit, ein goldener Herbsttag. Auf dem Gelände des ehemaligen Schlossguts Engelberg stürmt eine Gruppe von Kindern über den Hof, eingepackt in dicke Jacken, die Wangen gerötet. Sie spielen Fangen, rennen kichernd durch das raschelnde Laub. Sobald für die jüngeren Schüler die letzte Schulstunde um 11.30 Uhr vorbei ist, beginnt am Engelberg die Kernzeitbetreuung. Die Kinder der ersten bis vierten Klasse sollen zur Ruhe kommen, den Kopf lüften – oder wie Erzieherin Brigitte Schlageter-Jährling es nennt: „Ausatmen nach dem Unterricht".

Im Inneren des Fachwerkgebäudes im großen Gruppenraum räumt sie die Bastelsachen weg. Bunte Papierdrachen kleben an den Fensterscheiben, gewebte Spinnennetze hängen daneben, selbstgemachte Lampenschirme stehen davor. Auf dem großen Maltisch ist ein Wachstuch gespannt. Kleine Kunstwerke, mit Wasserfarben gepinselt, liegen zum Trocknen darauf. „Wir wollen den Eltern einen verlässlichen Rahmen bieten und für die Kinder einen Raum gestalten, in dem sie sich sicher fühlen und ausruhen können", sagt Brigitte Schlageter-Jährling, die zusammen mit drei Erzieherinnen und Lehrerinnen die Kinder an jedem Schultag von halb zwölf bis halb zwei betreut. In dieser Zeit dürfen sie mit den Händen arbeiten, nähen, mit Holz bauen oder frei spielen und sich bewegen: Einrad fahren, auf dem Tret-Pedalo laufen, seilspringen. Zwischendurch das gemeinsame Mittagessen.

Seit zwanzig Jahren schon gibt es die Kernzeitbetreuung im Rahmen der „verlässlichen Grundschule" auf dem Engelberg. Anfangs kamen sechs Kinder. Mittlerweile sind es um die siebzig Schülerinnen und Schüler, die nach dem Unterricht noch bleiben, bis sie von den Eltern abgeholt werden oder am Nachmittag mit dem Bus nach Hause fahren können.

Immer wieder hatten berufstätige Eltern sich eine längere Betreuungszeit gewünscht. Gerade Alleinerziehenden reicht die Kernzeitbetreuung oft nicht. Seit 2014 gibt es darum ein weiteres Angebot in den Räumen direkt daneben: den Kinderhort bis zum späten Nachmittag, um 16.30 Uhr.

Dort holt Felix sich gerade noch einen Nachschlag: Auf seinem Teller landet Flädlesuppe mit Karotten. Zum Nachtisch gibt es eine Schüssel Milchreis. „Für mich bitte mit ganz viel Zimt", wünscht sich der Erstklässler. In der Mitte des Tisches brennen Kerzen. Zwanzig Kinder sitzen auf ihren Stühlchen rundherum. Von der Wand lächeln sie herüber: Von jedem Einzelnen klebt da ein Foto auf den Strahlen einer großen Sonne. Name und Geburtstag stehen dabei. Neben der Tür hängen Urlaubsfotos. Sie zeigen die Kinder beim Planschen, im Freizeitpark, am Strand, bei einer Wanderung. „Wir wollen uns hier wie in einer großen Familie fühlen." Erzieherin Sybille Pfeifle betreut die Kinder an diesem Nachmittag mit Lena Weller, die ihr Freiwilliges Soziales Jahr im Hort macht. Nach dem Essen gehen alle gemeinsam an die frische Luft.

UNTERSTUFE

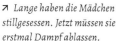

↗ *Lange haben die Mädchen stillgesessen. Jetzt müssen sie erstmal Dampf ablassen.*

Die Kinder spielen Zombieball, werfen sich sanft ab. Sybille Pfeifle steht am Rand und passt auf, dass keines zu wild wirft. „Es ist wichtig, dass die Kinder Zeit für sich haben, für das freie Spielen draußen, nicht immer Stress und Verpflichtungen", sagt sie. „Und dass sie sich nach dem langen Sitzen im Klassenzimmer einmal richtig bewegen." Jeden Tag sind es rund 50 Kinder, die sie mit ihren Kolleginnen betreut. Sie sind in zwei Gruppen unterteilt, „aber bewusst gemischt". Die älteren Schülerinnen und Schüler helfen den Kleineren beim Abräumen oder bei den Hausaufgaben.

Wer Hilfe braucht, bekommt sie. Lotte und Leni üben Schreibschrift, Marie und Elisabeth fragen sich gegenseitig Französischvokabeln ab. „Was heißt Montag?" – „Lundi. Oder war das Dienstag?" Sybille Pfeifle hilft bei den Rechenübungen. Die Kinder, die ihre Hausaufgaben schon erledigt haben, verkriechen sich in den Ruheraum. Kuschlige Schaffelle liegen da, Decken, dicke Sitzkissen und Matratzen. Wer will, kann ein kleines Nickerchen machen – oder einer Geschichte lauschen. Lena Weller liest aus einem Buch: „Ein Drachenfreund für Linus" – über den kleinen Fumo, der todunglücklich ist, weil er immer noch kein Feuer spucken kann. Und dann wird es ganz still im Raum.

↖ „Wir wollen uns hier wie eine große Familie fühlen." Die Kinder im Hort wünschen sich einen guten Appetit. Eine selbst gebastelte, gelbe Papiersonne lacht dazu.

„Wenn ich ein Tor geschossen habe, dann bin ich happy."

Julius Hauser trainiert zweimal die Woche mit Begeisterung, doch sein Berufswunsch ist nicht Fußballspieler, sondern Polizist.

Ronja Kaufhold wuchs nahe Schwäbisch Hall auf und absolvierte eine Ausbildung zur Grafikdesignerin. Nur am Computer puzzeln war nicht ihre Welt, bald darauf studierte sie an der Freien Hochschule Stuttgart Waldorfpädagogik. Seit 2017 ist sie Klassenlehrerin in der Unterstufe mit Beifach Englisch.

„Wir lassen die Farben tanzen"

**Ein großer Tag. In der zweiten Klasse
wird das Schulbuch verteilt**

In der zweiten Klasse sind die Kinder mit ihrem Schulalltag vertraut. Sie wollen vorankommen und lernen, sie können sich nun besser konzentrieren, anders als im ersten Jahr, als es ihnen schwerfiel, länger als eine Viertelstunde beim Thema zu bleiben.

„Da ist ein kleiner Zwerg, schau mal", freuen sie sich, wenn sie morgens ins Klassenzimmer kommen und auf dem Jahreszeitentisch eine Überraschung entdecken. Der Tisch gehört zu meinen kreativen Aufgaben, ich gestalte ihn passend zu den Jahreszeiten. Als Klassenlehrerin habe ich viele Spielräume. Selbstverständlich müssen wir bis zum Ende des Schuljahres ein bestimmtes Lernziel erreichen, aber keiner schreibt mir vor, wie ich es erreiche. Wenn ich merke, dass die Konzentration meiner Schüler nachlässt, kann ich einlenken und wir sagen beispielsweise einen Spruch auf und bewegen uns dazu. Danach sind die Kinder wieder mehr bei sich. An manchen Tagen erzähle ich länger oder die Kinder dürfen malen.

Wir brauchen Zeit und wir nehmen sie uns. Wir malen eine Stunde pro Woche mit Wasserfarben, das kommt mir als Kunstlehrerin sehr entgegen. Die Kinder lernen Farben kennen und beschreiben: Je nach Tönung ist Gelb licht oder ziemlich schrill. Sie lernen, Stimmungen mit Adjektiven auszudrücken. Ich erzähle eine Farbgeschichte, in der sich Farben zueinander verhalten. Ein helles Gelb kann ein kräftiges Rot „berühren". Mitunter lasse ich sie einfach malen und gebe nur vor, dass sich die Farben nicht vermischen sollen oder dass sie zu einer anderen Farbe werden und nicht mehr zu sehen sein sollen. Dann verwandeln sich beispielsweise Rot und Blau in ein Violett. Am Ende hängen wir alle Bilder auf und sprechen darüber, wo Farben tanzen, spielen oder sich streiten. Dass Farben Charaktere haben, ist nicht nur für Kinder eine Entdeckung. In der zweiten Klasse haben die Dinge auch noch eine Seele. Wenn die Flöte runterfällt, „erschrickt" sie. Neulich packte ein Mädchen seine Stifte ins Mäppchen, legte den Kopf auf die Arme und sagte: „Das Mäppchen ist müde."

Anfangs arbeiteten wir noch mit dicken Wachsmalstiften, dann verteilte ich Buntstifte, zuerst rot und blau. Ich bin erstaunt, was für ein wichtiger Augenblick das für die Kinder war, sie haben sich richtig gefreut. Wir ziehen sorgfältig feine, waagerechte Linien und schreiben Kleinbuchstaben darauf. Wenn die Linien schräg sind, wackeln auch die Buchstaben und purzeln in den Keller oder klettern aufs Dach. Deshalb geben sich die Kinder Mühe, schon bei den Linien sorgfältig zu sein. In der ersten Klasse lernten sie die Großbuchstaben, jetzt die Kleinbuchstaben. Das malende Schreiben mit dicken Wachsmalstiften geht nun ins klassische Schreiben über. Aus dem Schreiben entwickelt sich das Lesen. Bisher haben die Kinder nur gelesen, was an der Tafel stand oder was sie selbst ins Heft geschrieben haben. In der zweiten Klasse verteile ich das erste Lesebuch mit Geschichten und Gedichten, die Waldorfschullehrer zusammengestellt haben. Das ist ein großer Tag für uns alle – das erste Schulbuch! Nun üben wir mit Silben, wiederholen sie immer wieder. La la li la li lo. Manche Kinder lernen schon in der ersten Klasse selbständig lesen. Andere brauchen mehr Zeit. Rudolf Steiner sprach davon, das Kind nicht zu früh in den abstrakten Vorgang des Lesens zu bringen, weil es Kräfte kostet, die es noch anderweitig braucht.

Im Formenzeichnen geht es um symmetrische Formen, um „Spiegelformen". Wenn ich eine senkrechte Linie zeichne, fühlen sich die Kinder an die allererste Schulstunde erinnert. Auf die linke Seite male ich dann beispielsweise einen Bogen, den ich auf der rechten Seite spiegele. Die Kinder dürfen sich auch eigene Formen überlegen. Die Figuren verändern sich, werden aufwändiger, es braucht mehr Geschicklichkeit und zugleich ordnet das Formenzeichnen auch innerlich.

Im Rechenunterricht entdecken wir den Hunderter-Zahlenraum in allen vier Grundrechenarten. Das Gelernte zu vertiefen und zu festigen, ist wichtig, bevor die Kinder den „Rubikon überschreiten". Es gibt ihnen Halt. Sie lernen in dieser Zeit, sich abzugrenzen, und sind zugleich verunsichert wie bei jedem Umbruch im Leben. Klassenlehrer sind Autoritäten, denen die Kinder vertrauen und an die man sich in den ersten Klassen noch anlehnen darf. Als Klassenlehrerin vermittle ich ihnen ein Bild der Welt und ihrer Zusammenhänge. Das heißt nicht, dass wir allwissend wären. Ich lerne selbst, weil ich meinen Beruf so verstehe. Wir unterrichten so viele Fächer, die können wir nicht alle studiert haben. Ich erweitere ständig meine Kenntnisse durch den Austausch mit Kollegen und das Einlesen in die Thematik.

Ich erzähle nun keine Märchen mehr, sondern Fabeln. Vom listigen Fuchs beispielsweise, der dem krächzenden Raben schmeichelt, bis der eitle Vogel zu singen beginnt und das Stück Käse aus dem Schnabel fallen lässt. Zuvor spreche ich mit den Kindern darüber, warum der Fuchs behauptet, dass die unerreichbaren Trauben viel zu sauer sind. In Fabeln ist zwar von Tieren die Rede, gemeint ist aber der Mensch mit seinen Stärken und Schwächen. Die Kinder haben ein Gespür für menschliche Schwächen wie Eitelkeit, Hinterlist oder Lügen. Fabeln halten ihnen einen Spiegel vor, sie werden ermutigt, das Gute in sich zu stärken. Ein ähnliches Ziel verfolgen auch Geschichten von Heiligen wie Christophorus. Es geht um Menschen, die mit sich kämpfen und eines Tages ihre Schwächen überwunden haben. Das passt gut hintereinander, denn beides gibt es ja im Menschen, das Hinterlistige und das Gute.

> „In Fabeln ist zwar von Tieren die Rede, gemeint ist aber der Mensch mit seinen Stärken und Schwächen."

Das Highlight im zweiten Schuljahr bildet die Bauernhofepoche. Im Winter gehen wir drei Wochen lang jeden Morgen auf den Hof von Bauer Luber, nur wenige hundert Meter von der Schule entfernt gelegen. Inzwischen sind wir eine gute Klassengemeinschaft. Ich bin als Klassenlehrerin eine „geliebte Autorität", die Kinder lernen in der zweiten Klasse gern, aber sie tun es auch für mich. Anfangs waren manche Eltern unsicher, weil ich Anfängerin und relativ jung bin. Dann merkten sie, dass ich die Klasse gut führen kann und jedes einzelne Kind sehe. Es muss ein Grundvertrauen da sein. Die Kinder spüren sofort, ob Lehrer und Eltern gut zusammenarbeiten. Nun habe ich das Vertrauen der ganzen Elternschaft. Dazu haben auch die Hausbesuche beigetragen. Auf diese Weise habe ich die Familien kennengelernt und kann besser nachvollziehen, wie meine Schüler leben und lernen. Auch die Bindung zu den Kindern ist gewachsen, und umgekehrt. Das bemerke ich an scheinbaren Kleinigkeiten im Verhalten der Klasse. Wenn ich sage, „Kinder, ich hab' Halsschmerzen, ich kann nicht so laut sprechen, ihr dürft nicht so laut sein", dann nehmen sie Rücksicht. Sie wollen nicht, dass ich krank werde.

„Die Hörner pieksen ja"

Zum Lehrplan gehört auch das Bauernhof-Projekt. Der Vater Tilman Wörtz nahm als Schweinehirt daran teil und machte erstaunliche Beobachtungen

Ab morgen ist mein Sohn Gabriel beim Bauernhof-Projekt. Ich frage ihn nach seinen Lieblingstieren. „Kaninchen und Adler", antwortet er. Kaninchen haben wir zu Hause, Adler kennt er aus Büchern. Viel mehr Kontakt mit Tieren – das muss ich mir leider eingestehen – hat mein achtjähriger Sohn bisher noch nicht gehabt. Zumindest nicht aus nächster Nähe.

Wir leben in einer Stadtwohnung und haben keine Verwandten mit Bauernhof. Mein Onkel hatte einen, da durfte ich ab und an mithelfen. Ich bin froh, dass Gabriel diese Erfahrung nun durch die Schule machen kann. Nicht nur für einen halben Tag, sondern für drei Wochen – jeden Tag zwei Stunden bei Bauer Luber direkt gegenüber der Schule. Bei so viel Zeit muss etwas in der Kinderseele hängen bleiben.

Gabriel geht in die 2a auf dem Engelberg, die Lage der Schule an den Hängen des Schurwalds ist besonders idyllisch. Zu Fuß gelangt man über einen Weg hinauf, der sich durch Streuobstwiesen schlängelt. Oben angelangt bietet sich ein erhebender Blick über das Remstal. So wie bei Waldorfschulen üblich, gibt es Fans und Skeptiker. Dass es in der Waldorfpädagogik in den unteren Klassen keine Noten gibt, ist oft das Einzige, was manch einer im Remstal über „die da oben auf dem Engelberg" weiß.

Weniger bekannt ist, dass dort schon lange zum Lehrplan gehört, was immer mehr Schulen bundesweit entdeckt haben: das Bauernhof-Projekt in der zweiten Klasse. In der zehnten Klasse folgt ein Landwirtschaftspraktikum von vier bis sechs Wochen, wenn die Ferien dazu genommen werden, auf Höfen in Deutschland oder auch im Ausland. Denn in der zehnten Klasse befinden sich junge Menschen in den Wirren der Pubertät. Ein paar Wochen auf dem Bauernhof soll sie erden.

Kurz nach dem Krieg wurde unsere Schule auf dem Engelberg gegründet, in den Sechzigerjahren ausgebaut. Ein Gartenbaulehrer ließ, inspiriert von Rudolf Steiners Beispielgarten auf der Uhlandshöhe, einen kleinen Bauernhof bauen und hielt dort sporadisch Unterricht. Der Gartenbaulehrer ging wieder, der Unterricht wurde unterbrochen. Seit Bauer Luber 1996 übernahm, ist das Bauernhof-Projekt zur festen Einrichtung geworden.

Bauernhöfe sind seither beliebte pädagogische Einrichtungen geworden. Manche werden sogar extra dafür gegründet und nennen sich dann „Schulbauernhof". Der in Ummeln bei Bielefeld nimmt für sich in Anspruch, der „älteste Schulbauernhof Deutschlands" zu sein, 1985 wurde er von Ehrenamtlichen gebaut. Im Unterschied zum Engelberg übernachten dort die Kinder. Das Beispiel machte Schule: Der Verein „Bundesarbeitsgemeinschaft Lernort Bauernhof e.V." (Baglob) hat mittlerweile zweihundert Mitglieder, darunter Schulbauernhöfe, normale Bauern mit Praktikumsangeboten für Schulen und Koordinationsstellen. Auch Bauer Luber vom Engelberg gehört zur Baglob.

Gabriels Bauernhof-Praktikum findet im Februar statt. Im Winter hat Bauer Luber Zeit für Schulkinder. Sein Bauernhof liegt nur fünf Gehminuten von der Schule entfernt.

Hinter dem Schulgelände wandert die Klasse einen schmalen Pfad den Hang hinab, an winterkahlen Streuobstwiesen vorbei, und erreicht fünf Minuten später den Hof von Bauer Luber. Der Atem dampft, Bauer Luber, die Kinder, wir Eltern und Lehrerin Klara Hilbert formen einen Kreis zur Begrüßung. Ihr gelingt eine logistische Meisterleistung, die Schüler an den Start zu kriegen:

„Wo soll die Müslischüssel hin?"

„Darf ich meine Gummistiefel gleich anziehen?"

„Wo ist meine Mütze?"

Bauer Luber führt die Kinder durch den Kuhstall. Er hält seinen Finger vor den Mund: „Jetzt müsst ihr kurz still sein. Die Kühe brauchen Ruhe. Könnt ihr das?"

Die Kinder können. Nur ihre vorsichtigen Schritte und das Kauen und Atmen der Kühe sind zu hören. Ob sich Frau Hilbert in Zukunft eine Kuh ins Klassenzimmer wünscht?

Ich bin für die nächsten drei Tage der Schweinehirt, gemeinsam mit fünf Gehilfen: Alma, Leif, Anna, Ferdinand und Bernadette. Meine Miteltern kümmern sich um Kühe, Kaninchen, Hühner und Müslimachen. Gabriel ist in der Heugruppe und muss vom Schober das Futter bis in die Krippe der Kühe bringen.

„Schau mal, die Sau, wie groß!", rufen Anna und Bernadette gleichzeitig. Wir bereiten zuerst das Futter vor. Auf einer Schiefertafel hat Bauer Luber die Portionen notiert: für die Sau eine Schippe Schrot, vermischt mit Molke, für die Ferkel zwei Schippen Schrot. Auch eine Kiste mit alten Kartoffeln, Zucchini und Avocado können wir verfüttern. Die beiden Ferkel und die Sau machen sich über die Tröge her. Die Kinder sind erstaunlich schweigsam und lassen die Tiere erst einmal auf sich wirken. Dann steigen wir in den Stall, misten aus. Ich teile Handbürsten zum Striegeln aus. Die zwei Ferkel sind neugierig und drängen Ferdinand in eine Ecke, grunzen, quieken und schnüffeln an seinem Hosenbein. Ferdinand ist ein zarter Junge. Er hebt die Arme und nun quiekt auch er, allerdings weniger gutgelaunt als die Ferkel. Ich rufe ihm zu, wie von Bauer Luber in einer Einführung angewiesen: „Zeig ihnen, wo sie hinsollen!"

Ferdinand fasst sich ein Herz und schiebt die Wutzen mit einem kräftigen Schubs zur Seite. Auch kleine Schweine haben eine enorme Kraft und Ferdinand muss seinen ganzen Willen zusammennehmen. Sie parieren. Ferdinand strahlt.

Im Kaninchenkäfig stellt sich derweil das entgegengesetzte Problem. Durchströmt von Zärtlichkeit, wollen sich die Kinder auf die Kaninchen stürzen – die sich natürlich sofort in ihren Backsteinhäuschen verkriechen. „Ihr müsst euch langsam nähern und sie kommen lassen", rät die Mama von Mia und legt Essen aus.

Und siehe da, nach ein paar Minuten trauen sich die Mümmelmänner wieder zurück. Zum Abschluss setzen sich die Kinder auf Strohballen und essen Müsli. Bauer Luber will von den Kindern wissen, ob jemand Fragen hat.

„Wie viel wiegt denn so eine Kuh?", will Samuel wissen.

„Wie viel wiegst du?", fragt Bauer Luber zurück.

„25 Kilogramm", sagt Samuel.

„Dann wiegt die Kuh zwanzig Mal so viel wie du – beinah so viel wie die ganze Klasse." Lucia stellt fest, dass die Hörner pieksen können.

„Bei den meisten Milchkühen werden die Hörner abgeschnitten, aber wir machen das hier nicht", sagt Bauer Luber, der nach den Standards des Biosiegels Demeter wirtschaftet. Und dazu gehören Milchkühe mit Hörnern.

„Hörner fühlen sich warm an – die sind nämlich durchblutet." Er nimmt ein altes Horn und zeigt auf Ringe, die sich im Abstand einiger Zentimeter um das Horn legen.

UNTERSTUFE

↗ „Wie viel wiegt denn eine Kuh?" – „Beinahe so viel wie eure ganze Klasse." Die Jungbauern Anton und Gabriel beim Füttern.

„Jeder Ring steht für ein Kalb der Kuh", erklärt Luber. Auf die chemische Erklärung verzichtet er, das würde die Kinder überfordern. Zur Ernährung des Kalbs produziert die Kuh mehr Milch, entzieht ihrem Körper zu dessen Produktion mehr Calcium – was sich durch eine Verfärbung im Horn abzeichnet.

Um 10.00 Uhr ist das Praktikum zu Ende, jeden Tag. Ich wünschte mir, es ginge länger. Ich will nicht ins Büro, wo alles so aufgeräumt und sauber ist. Mich umfängt bereits der Charme des Hofs, der Geruch nach Heu, die Spinnweben in den Ecken des Kuhstalls. Die vielen Gerätschaften. Die frische Winterluft, das Arbeiten mit den Händen. Als Bauer Luber so dasteht, mit seinen großen Augen, in Gummistiefeln und blauer Arbeitsjacke, beneide ich ihn.

Die Kinder haben anschließend noch zwei Stunden Schule. Zu Hause angekommen frage ich Gabriel, wie er den Tag auf dem Bauernhof fand. Ich erwarte die gleiche Auskunft, die ich immer auf diese Frage von ihm bekomme, ein lapidares: „Gut." Aber nein,

„Habt ihr gesehen, dass der Hahn immer als Letzter frisst? Der lässt den Hennen den Vortritt."

heute ist alles anders. Gabriel ist müde. Und wenn er müde ist, motzt er: „Wieso müssen wir eigentlich auf dem Hof arbeiten? Etwa damit der Bauer eine längere Pause hat?"

Seinem großen Bruder gegenüber ist er während des Spielens mitteilsamer:

„Ollin, da gibt's 'ne Kuh, die heißt auch Fieps."

So heißt eines unserer Kaninchen, das gerne das andere quält.

„Die ist genauso fies wie unser Fieps", empört sich Gabriel, „die frisst Zara das Heu weg!"

Am zweiten Tag brauche ich meine Schweinehirtenbande nur zu fragen: „Was müssen wir jetzt tun?"

Und schon legen sie los: Schrot und Molke, Stall misten, Stroh ausstreuen und – klar, Ferkel bürsten. Die beiden Jungs machen daraus ein Wettrennen. Anna, Bernadette und Alma überhäufen die Sau mit Liebe. Sie striegeln ausgiebigst, schippen auch den letzten Strohhalm weg und wollen unbedingt, dass die Ferkel eine Kartoffel essen. Wollen die Ferkel aber nicht. Sollen sie aber. Wollen sie aber nicht.

↘ *Fabio und Julian striegeln ihr Lieblingsschwein.*

Leif vermeldet derweil aus dem Hintergrund, mit seinen Gummistiefeln eine grünbraune Masse zertretend: „Pferdeäpfel fühlen sich komisch an!"

Im Heuschober dürfen die Gruppen, die schon fertig sind, tollen. Dann essen wir Müsli auf dem „Heusofa". Bauer Luber fragt die Kinder wieder nach ihren Erlebnissen und Eindrücken.

„Ich hab ein Huhn auf der Schulter gehabt – aber der Hahn wollte nicht", vermeldet Anja stolz.

„Habt ihr gesehen, dass der Hahn immer als Letzter frisst? Der lässt den Hennen den Vortritt", sagt Bauer Luber.

„Auch wenn die Hennen ins Freie gehen", ergänzt Anja.

„Ja, er ist ihr Beschützer", erklärt Bauer Luber. Es macht ihm Freude, mit den Kindern über seine Arbeit zu reden. „So erfahren sie, woher unsere Lebensmittel kommen und wie man Tiere artgerecht hält."

In einem Kreis verabschieden sich die Kinder und singen noch das Bauernhoflied, das Frau Hilbert für sie gedichtet hat. Auch in den Hausaufgaben greift sie die Erlebnisse auf dem Bauernhof auf. Heute soll Gabriel über die Tiere schreiben: „Die Kühe fressen Heu. Die Hühner fressen Körner", notiert er in Schönschrift.

Mehr noch als auf Wissen um die Tiere kommt es Frau Hilbert auf Sinneserlebnisse an: „Das Fühlen, Hören, Riechen, Sehen der Kinder wird auf dem Bauernhof angeregt. Im Unterricht bringen sie davon vielleicht nicht alles direkt zur Sprache. Aber sie verarbeiten die Erlebnisse unterbewusst weiter", sagt die Lehrerin.

Die Gruppen wechseln nach drei Tagen durch. So übernimmt jedes Kind jede Aufgabe: Kuh- und Schweinestall misten, Tiere füttern und striegeln, Hühner rauslassen, Müsli zubereiten. Am letzten Tag sind alle Eltern

↘ „Das Fühlen, Hören, Sehen und Riechen wird auf dem Bauernhof angeregt." Isabel und Anja schmusen mit einem Huhn.

eingeladen. Bauer Luber macht über einem Feuer aus Maiskörnern Popcorn. Lea ist mal wieder hinter der zahmen Henne her. Gabriel meint:

„Sollen wir die grillen?"

„Wenn du sie schlachtest!", antwortet Frau Hilbert.

Sie ist auf einem Bauernhof groß geworden und hat ein feines Gespür dafür, dass meinem frechen Gabriel ein bisschen Reality-Check gut tut. Bei Anna und Alma droht allerdings die Stimmung zu kippen, als sie Bauer Luber nach dem Verbleib des Kälbchens fragen. Er hätte es gerne an einem anderen Tag gesagt, aber so ist es nun mal:

„Schweine und Kälber bleiben nicht lange bei uns. Deshalb haben sie auch keine Namen. Die werden zum Schlachter gebracht. Das gehört auch zu einem Bauernhof. Dafür hatten sie's gut, so lange sie hier waren." Drei Wochen sind vergangen. Ich frage mich immer noch, was das Bauernhof-Praktikum bei Gabriel ausgelöst hat. Ich stelle ihm die Eingangsfragen noch mal:

„Wie findest du Schweine? Jetzt kennst du ja welche."

„Die sind neugierig. Das find ich irgendwie lustig."

„Und die Kühe?"

„Die sind so weich!"

„Und was sind deine Lieblingstiere?" „Kaninchen."

Dabei bleibt er also. Adler erwähnt er allerdings nicht mehr. Vielleicht sind die ihm jetzt nicht mehr real genug. Er hat nun seinerseits eine Frage:

„Dürfen Fieps und Hansi mal beim Bauer Luber Urlaub machen?" ———

↖ Samuel bringt die Gruppe zum Lachen. Er spielt den Stier.

„Um unsere Schule herum ist noch viel Natur: Manchmal fühlen wir uns wie im Dschungel."

Die Zwillinge **Lotte** und **Oskar Wagner** verstecken sich vor den Klassenkameraden.

Theresa Barrabas wuchs in Mettelbach auf, einem Dorf zwischen Welzheim und Fornsbach. Nach dem Studium der Frühkindlichen Bildung und Erziehung an der Pädagogischen Hochschule in Schwäbisch Gmünd verbrachte sie zwei Jahre als Au-pair in den USA. Danach wechselte sie zum Studium an die Freie Hochschule Stuttgart. Seit 2016 unterrichtet Theresa Barrabas an der Freien Waldorfschule Engelberg, zunächst als Fachlehrerin für Englisch, dann als Klassenlehrerin in der Grundstufe bis Klasse sechs, Beifächer sind Handarbeit und Englisch.

Laut, kämpferisch, provozierend

In der dritten Klasse lernen die Kinder, sich durchzusetzen und abzugrenzen. Die Mitmenschen werden kritischer wahrgenommen

Als Lehrerin der dritten Klasse denke ich manchmal an die zweite zurück. Wie einfach es war, als ich noch sagen konnte: „Hey, das möchte ich nicht", und die Kinder es akzeptierten. Die Autorität des Lehrers wurde nicht angezweifelt.

Mit neun Jahren etwa hört das fast schlagartig auf, bei manchen etwas früher, bei anderen später. In der Waldorfpädagogik bezeichnet man diese Phase als „Schritt über den Rubikon". Sie bezieht sich auf den historischen Grenzfluss zwischen Gallien und dem Römischen Reich, den Caesar mit den Worten „die Würfel sind gefallen" überschritt. Seine Haltung, die zu dieser Entscheidung führte, passt zum Bild der Entwicklung von neun- und zehnjährigen Kindern. Es gibt keinen Weg zurück, so, wie man auch nicht zurück in den Mutterleib kann.

In der dritten Klasse sind die Kinder laut, kämpferisch, provozierend, oftmals auch rücksichtslos. Du haust mir die Mütze vom Kopf? Ich hau sie dir dreimal vom Kopf! Mädchen stehen Jungs in nichts nach: Haare ziehen, Heulkrämpfe, Dramen. Es ist ein ständiger Kampf, nicht nur mit Mitschülern, sondern auch mit der Lehrerin.

In der Phase des Rubikon lernen Kinder, sich durchzusetzen und abzugrenzen. Sie kann sich über Wochen und Monate hinziehen. Äußerlich verändert sich das Kind nicht, aber das Verhalten zu den Mitmenschen wird anders, sie werden kritischer wahrgenommen, auch ich. „Wozu brauchen wir das Einmaleins? Warum fällt ihr der Schwamm aus der Hand, ist sie ungeschickt?" Manche fühlen sich einsam und unverstanden, sind voller Zweifel. „Mag sie mich überhaupt? Mag mich überhaupt irgendjemand?"

Die Phase der Selbstbehauptung geht mit großer Unsicherheit einher. Auch das Verhältnis zum Lehrer wird jetzt neu definiert. Sichtbar beispielsweise daran, dass mich viele Schüler auf einmal siezen. Klingt nach einer schlimmen Klasse? Nein! Wir haben eine sehr gute Klassengemeinschaft.

Unser Lehrplan geht auf die Zerrissenheit dieser Lebensphase ein. Schon bei der Begrüßung spüre ich, wie es jedem Kind geht: Schaut es mich an oder sieht es zur Seite? Hat es eine kalte Hand oder eine warme? Zu Unterrichtsbeginn singen wir ein Lied. Wenn meine Schüler unruhig sind, folgt eine Übung, die hilft, aufrecht zu stehen und sich selbst zu spüren. Wir lockern uns von Kopf bis Fuß, bis alle fest auf dem Boden stehen und sich nicht mehr am Tisch festhalten. Dann trägt ein Kind seinen Zeugnisspruch vor, eine Besonderheit der Waldorfschule. Alle Kinder bekommen als Ergänzung ihres Zeugnisses einen rhythmischen Reim, der zu ihnen passt, sie zum Lernen anregen und durchs Schuljahr begleiten soll.

In der dritten Klasse spielen Rhythmen eine wichtige Rolle: kleine Verse, kurze Sprüche, Lieder. Wir rechnen sogar mit Rhythmen, inzwischen im vierstelligen Bereich. Malnehmen vorwärts und rückwärts, dazwischen klatschen, hüpfen, stampfen und zählen. Vielen Kindern fehlt ohnehin Bewegung. Vor einem halben Jahr ist mir aufgefallen, dass einige nicht Seilhüpfen können. Deshalb sind wir zwei Wochen lang jeden Morgen zehn Minuten auf den Innenhof gegangen, wo sie gelernt haben, den Schwung so anzusetzen, dass sie im Takt mit dem Seil hüpfen.

Auf die Bewegung folgt das Lernen. Im dritten Schuljahr lernen meine Schüler sehr flott die Schreibschrift. Ich achte auf eine schöne Handschrift, denn die bilden die Kinder für ihr Leben aus. Wir machen unsere eigenen Schreibgeräte, spitzen Gänsefedern und stellen sogar Tinte her. Dafür zerkleinern und zermahlen wir Galläpfel und Gummi Arabicum, mischen Eisennägel und anderes dazu und rühren alles zusammen. Das ist zugleich unser erster Chemieunterricht. Die Kinder staunen, wie auf einmal aus hellem Pulver dunkle Flüssigkeit wird.

Klar, wir könnten auch mit einem Füller starten. Aber ist es nicht viel schöner, erst mal zu begreifen, wie Tinte entsteht? Aus jeder Beere kann ich Saft drücken und damit schreiben. Sinnliches Erleben ist wichtig. Und Schreiben mit dem Füller ist nicht so einfach: Viele Kinder drücken zu stark drauf. Mit der Gänsefeder merken sie, dass sie kratzt und das Papier kaputt macht, wenn sie zu hart drücken. Deshalb beginnen wir erst nach den Herbstferien und vielen Übungen mit der Gänsefeder, mit dem richtigen Füller zu schreiben.

In Klasse drei beschäftigen wir uns auch mit Handwerksberufen. Die Kinder sollen nachvollziehen, was die Menschheit in langen Zeiträumen durchlebt hat. Wir werden im Schulgarten ackern. Bauer Luber haben wir ja schon in der zweiten Klasse kennengelernt. Wir graben die Erde um, säen im späten Herbst Winterroggen, damit er über die Frostzeit ruhen kann, lernen, welche Rolle Sonne und Regen spielen und auf welchen Böden Weizen, Hafer, Roggen und Gerste am besten gedeihen. Wir beobachten den Bauern, wie er seine Felder pflügt und eggt, im Frühjahr schauen wir immer wieder nach, wie unser eigener Roggen wächst und kräftige Halme bildet. Eindrucksvoll zu sehen: Aus einem einzigen Körnchen wird ein Halm, der bis zu siebzig Körner trägt. Im Sommer ernten, dreschen und mahlen wir das Korn. Und backen Brot, dazu gibt es Butter und Marmelade. Ein Fest.

Den Eltern erkläre ich am Elternabend, dass ihre Kinder gerade in dieser Phase besonders viel Halt und Sicherheit brauchen. Deshalb bauen wir ein Haus, eine Höhle oder ein Lager im Wald. Überall auf dem Schulgelände sieht man solche Bauten von Drittklässlern.

Ob beim Häuserbau, auf dem Feld oder beim Zimmermann – immer muss ins Epochenheft, was wir erlebt haben. Damit einher geht die Sprachlehre, sie ist Thema einer eigenen Epoche. Zum ersten Mal kümmern wir uns um Rechtschreibung und Grammatik. In den ersten beiden Klassen dürfen die Kinder schreiben, wie sie möchten, Hauptsache, sie schreiben. Jetzt sind sie so weit, dass sie Regeln lernen können. Wann kommt ein Punkt, wann ein Komma, wann Frage- und Ausrufezeichen? Wir gehen die wichtigsten Wortarten durch, beim Suchen nach „Tuwörtern" können meine Schüler rasch aufzählen, was der Bauer, der Handwerker und der Lehrer tun. Und was tun Kinder gern? Hüpfen, laufen, spielen. Wir besprechen Hauptwörter, wie Haus, Schule und Tier, und Wiewörter, bei denen sie schnell auf Gegensätze kommen, groß und klein, dick und dünn. Immer achte ich dabei auf gut verständliche Sprache.

Wir arbeiten traditionell ohne Schulbücher. Zuerst dachte ich, das darf nicht wahr sein. Warum auf Bücher verzichten – es gibt doch so gute? Das war mein Thema für die Masterarbeit an der Hochschule. Am Ende war ich aber froh. Da gibt es ja

> „Aus jeder Beere kann ich Saft drücken und damit schreiben. Sinnliches Erleben ist wichtig."

Absurdes – warum braucht es ein Zebra auf einem Raumschiff, das durch das Weltall schießt, um mich durch das Buch zu begleiten? Diese alberne Deko in all den Büchern, die offenbar nur dazu dient, Seiten zu füllen. Wir reduzieren uns auf Texte, konzentrieren uns aufs Wesentliche, nichts lenkt ab. Inzwischen kann ich mir das nicht mehr anders vorstellen. Ich habe als Lehrerin die Freiheit zu entscheiden, welche Lernmittel ich einsetze. Der Verzicht auf Bücher ist kein Dogma. Manchmal bestelle ich ein besonders gutes Arbeitsbuch, beispielsweise für den Rechenunterricht.

Vor der großen Pause ist der Erzählteil: Meine Schüler setzen sich gemütlich hin, ich öffne das Fenster und wir nehmen Geräusche wahr. Vogelgezwitscher, das Brummen einer Motorsäge, den Wind in den Bäumen, einen Traktor. Dann beginne ich mit dem Erzählteil, in der dritten Klasse sieht der Lehrplan Geschichten aus dem Alten Testament vor. Diese Geschichten fesseln Kinder gerade in dem Alter. Neulich erzählte ich, wie Adam und Eva ihre Söhne Kain und Abel großzogen. Wie unterschiedlich die Brüder waren, wie tief Kains Hass.

Die Kinder hörten aufmerksam zu. Seit Wochen sprechen wir über Kämpfe, dass sie sich schubsen, hauen und wehtun, jetzt hören sie, wie Kain seinen Bruder auf dem Feld mit einem Stein erschlug.

Den Kindern ging die Geschichte unter die Haut. Erst war es sehr still, aber dann kamen die Fragen: Warum war Kain so wütend? Was tat er nach der schrecklichen Tat? Wie ging Gott mit ihm um? Es entwickelte sich ein gutes Gespräch. Was können wir selbst tun, wenn wir neidisch sind? Wie mache ich es wieder gut, wenn ich gemein war? Die Vorschläge:

„Ich muss mich entschuldigen."

„Ich könnte ihn einladen und wir backen zusammen Muffins."

„Ich schenke ihm Schokolade."

Zum Gelingen von Schule gehört die gute Zusammenarbeit mit den Eltern. Anfangs, das gebe ich offen zu, hatte ich als junge Lehrerin Muffensausen vor jedem Elternabend. Und bekam auch mal zu hören, ich sei ja noch sehr jung. Aber mit meiner Arbeit konnte ich auch die Eltern überzeugen und inzwischen ist es ein schönes Miteinander.

In den ersten beiden Schuljahren spielen wir auf pentatonischen Flöten, die nur fünf Töne haben. Die Tonbildung des einzelnen Kindes ist noch nicht klar konturiert, die Intonationen weichen voneinander ab. Wenn die Klasse zusammen spielt, ergibt sich ein schöner Gesamtklang. Sobald die Kinder aus dieser Schwingung herauswachsen, löst die C-Flöte die pentatonische Flöte ab. Alle wünschen sich jetzt das volle Notenspektrum und klare Töne. Wir singen zum ersten Mal einen Kanon. Erst mit dem Rubikon und der neuen Selbstwahrnehmung gelingt das den Kindern. Wer sich selbst nicht wahrnimmt und nur in der Nachahmung lebt, kann keinen Kanon singen und sich auf seine kleine Gesangsgruppe verlassen. So ist es auch im übrigen Leben.

Heute denke ich, dass auch für mich als Kind eine Waldorfschule das Richtige gewesen wäre. Wir mussten damals schon in der ersten Klasse vorlesen, ich hatte Panik, weil ich es nicht konnte, und wurde ausgelacht. Das war Stress pur. Die Freude am Lesen kam bei mir erst mit zehn – und mit Harry Potter.

In meinem Unterricht liest nur vor, wer das möchte. Wer sich nicht traut, übt mit mir in der kleinen Gruppe. Und auch das nur ohne Zwang. Diese Zeit gewähren zu können, das schätze ich besonders. Sie ist der Schlüssel für ein Lernen ohne Angst und Druck, und das wiederum hilft, sich selbst kennenzulernen. Wer sich selbst kennt, erkennt auch andere. Nur so kommen wir alle sicher an, auf der anderen Seite des Rubikon.

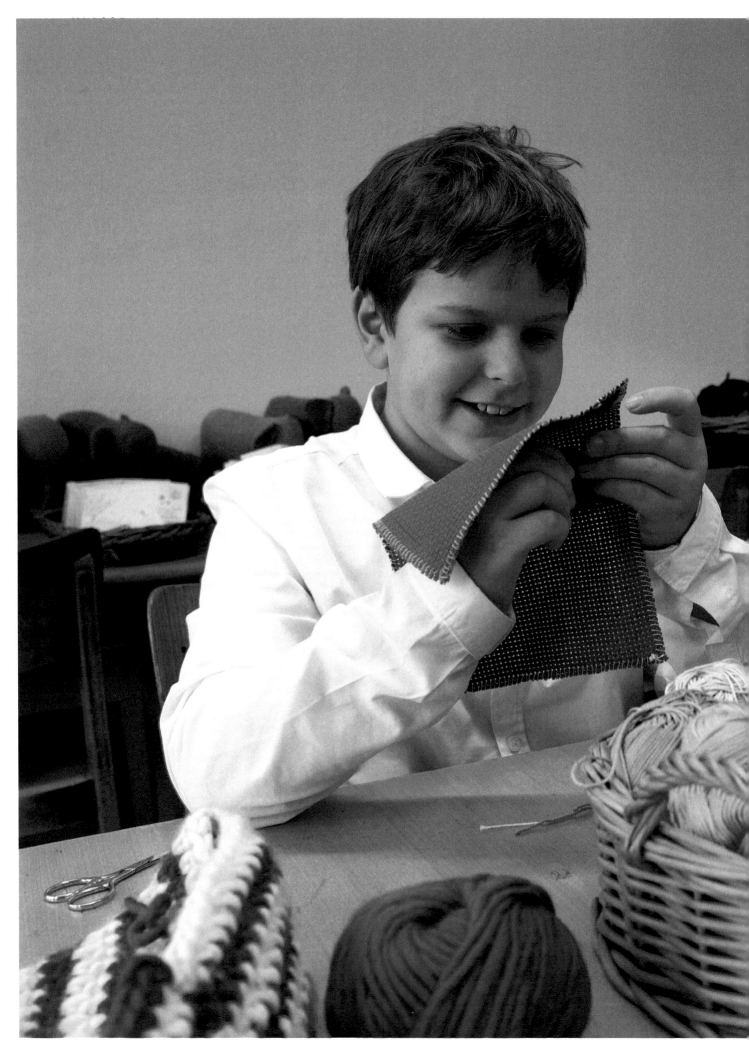

„Handarbeit ist mein Lieblingsfach. Da ist es so schön ruhig. In der Pause spiel ich Fangen mit meinen Freunden. Da geht's dann wilder zu."

Noah Ziegert hat schon so einiges gestrickt, gehäkelt und gestickt: einen Ball, einen Zwerg, Topflappen und ein Ballnetz. Vorzugsweise in seinen Lieblingsfarben Blau, Grün und Blaurot.

Gabriele Schönleber wuchs in Esslingen auf, studierte Germanistik und Romanistik, unterrichtete Französisch an der Volkshochschule und Deutsch für ausländische Mitarbeiter am Goethe-Institut. Danach arbeitete sie zehn Jahre für eine Stuttgarter Fernsehzeitschrift und entschied sich dann für eine Ausbildung am Waldorflehrerseminar in Stuttgart. Seit 2005 unterrichtet sie Klasse eins bis sechs und Französisch am Engelberg.

„Ach, ich mag meine Klasse"

**Gabriele Schönleber erzählt, wie die Kinder sie prüfen.
Wehe, wenn sie sich verflötet**

ie Kinder sind jetzt zehn Jahre alt, die erste Kindheit gehört der Vergangenheit an und sie empfinden diesen Schritt als einen gewissen Bruch. Sie haben nun ein klares Ich-Bewusstsein und einen eigenen Willen entwickelt, stehen aufrecht in der Welt, schauen nach vorne und stellen Fragen. Sie prüfen die Eltern, aber auch den Lehrer. Auf eine liebe Art. Zuvor glaubten sie mir jedes Wort. Sie lernten für mich. Jetzt prüfen sie mich. Wenn ich im Formenzeichnen Flechtbänder an die Tafel zeichne, muss ich aufpassen. Falls eine Schlaufe falsch liegt, merkt das mindestens einer und ich sag dann: Heute ist nicht mein Tag. Ich hole zwei Kinder nach vorne, die das besser können. Oder auweia, wenn ich mich verflöte. Die Kinder nehmen mir solche Fehler nicht übel, aber allzu oft sollten sie mir nicht passieren. Ich muss bestehen. Und kontrolliere jetzt auch verstärkt die Hausaufgaben. Wer sie mehrfach vergisst, muss nachsitzen. Das ist blöd, weil ich dann ja selbst dableiben muss. Mir fällt auch auf, dass sie sich weniger melden, sich etwas zurückziehen und mich vorne werkeln lassen.

Gerade deshalb ist es wichtig, dass ich in enger Verbindung bleibe. Oft gelingt das mit Humor, ja, wir machen auch viel Blödsinn. Schicken immer mal wieder ein Kind vor die Tür und verändern was im Klassenzimmer. Zwei setzen sich um, eine Schülerin kriegt meine Brille auf die Nase oder ein Schüler versteckt sich im Schrank. Das Kind kommt rein und rät, was sich verändert hat. Das lockert. Und es kehrt wieder Ruhe ein. So ein Spiel kostet uns zehn Minuten, aber die sind es wert.

Ich unterrichte beide vierten Klassen in Französisch – und sehe einen Unterschied. Meine Kinder sind im Schnitt ein paar Monate älter und schon „kopfiger". Das merkt man! Die Schüler der Parallelklasse singen den französischen Kanon wunderbar geschlossen und voller Inbrunst. Bei meinen Schülern geht das ein bisschen auseinander. Sie fragen sich, wie steh ich da, fängt jemand an zu lachen, wenn ich singe? Aber ach, ich mag meine Klasse.

In der zweiten und vierten Klasse werden alle Kinder von einem Förderlehrer unserer „Lernwerkstatt" angeschaut, der mit mir bespricht, welchem Kind eine Förderung empfohlen wird. Ich gebe diese Empfehlung an die Eltern weiter und erzähle von den Angeboten der Lernwerkstatt. Die Eltern können ihre Kinder in einer kleinen Lerngruppe anmelden. Dort werden Kinder mit Lese- und Rechtschreibschwäche oder mit Schwierigkeiten im Rechnen gefördert.

Deshalb schreiben wir Diktate, die ich an die Lernwerkstatt weitergebe, ich merke übrigens, da schlampern sie weniger, weil es zählt. Außerdem schreiben wir kleine Aufsätze, Nacherzählungen von Ausflügen oder einer Urlaubsreise. Sie lernen, nicht mehr jeden Satz mit „Ich" zu beginnen, sondern den Satzaufbau auch mal umzudrehen. Heute habe ich Zettel mit zwei Karikaturen verteilt, ein dicker älterer Herr, den ich Herrn Dickbauch nannte und seine Geschichte erfand: Er ist fünfundsechzig Jahre alt und unser Nachbar, wohnt in einem kleinen Reihenhaus, isst gerne Kuchen und sitzt oft bei uns auf der Terrasse. Neben ihm steht eine griesgrämige, schlanke Frau. Die Kinder sollten sie beschreiben und merkten, dass man manches sieht, anderes sich vorstellen muss. Sie nannten sie „Frau Grimmig" und „Frau Streng", alle waren sich einig: Sie ist Lehrerin. Ein Mädchen sagte aber: Ihr Mann ist gestorben, sie ist traurig und einsam. Im Anschluss verteilte ich Zettelchen mit den Namen aller Schüler. Jeder soll bis Ende der Woche einen Mitschüler beschreiben. Einzige Regel: Keine Gemeinheit. Mir fällt auf, dass die Kinder die deutsche Sprache heute nicht mehr so beherrschen, „dem" und „den" können etliche nicht richtig anwenden. Jetzt üben wir Präpositionen. Mit einem Gedicht, in dem es darum geht, wo man Geschenke verstecken kann.

„Im Keller hinter Kartoffelkisten,
im Schreibtisch zwischen Computerlisten,
in alten verstaubten Bauerntruhen,
in ausgelatschten Wanderschuhen (…)
Der Toilettenkasten eignet sich nicht,
denn welches Geschenk ist schon wasserdicht (…)"

Auch diese Verhältniswörter fallen manchen schwer. Ob es mit den Smartphones und Videospielen zusammenhängt? Ich rede regelmäßig mit den Eltern darüber. Eine permanente Reizüberflutung belastet die Kinder, elektronische Medien stumpfen ab. Sie setzen Kompetenzen voraus, die die Kinder erst erwerben müssen. Zum Beispiel durch Zuhören und Lesen, um ein Textverständnis zu erlangen. Oder durch künstlerische Tätigkeiten, die die Kreativität fördern. Aber so ist halt der Zeitgeist. Ich mag es lieber analog. Die Kinder sollen Töne, Geräusche, Farben und Düfte wahrnehmen und ihre Sinne gebrauchen.

In der vierten Klasse kommt Heimatkunde dazu, gemeinsam mit Sternenkunde. Die Kinder suchen eine neue Beziehung zur Welt, dazu passt es, die Heimat unter dem Aspekt der Erdkunde zu betrachten. Wir gehen aufs Schulgelände und besprechen die Himmelsrichtungen. Jeder wandert zweihundert Schritte mit dem Kompass in eine der vier Richtungen. Wir gehen in Kreuzform weg, erobern die Welt – und kehren zurück. Später spazieren wir nach Winterbach und schauen uns Kirche, Marktplatz, Heimatmuseum und Rathaus an. Jedes Kind schreibt einen Aufsatz über seinen Heimatort. Wir wandern den Klingenbach hinauf und bei all den Erlebnissen geht es nachher auch darum, eine Landkarte auf einem großen Blatt ungefähr maßstabsgerecht auszugestalten. Sie achten also bei unserer Wanderung auf Wegbiegungen, auf Häuser rechts und links, Felder, Wiesen und Weiden. Das genaue Beobachten weckt die Sinne und lenkt den Blick in die Weite. Und wieder zurück.

Dazu passt das Formenzeichnen. Freihandzeichnen können sie inzwischen gut. Seit der ersten Klasse entwickeln sie einen Sinn für oben und unten, rechts und links, Form und Gleichgewicht. Bis jetzt durften sie mit schönen Formen experimentieren. In der vierten Klasse wird es schwieriger: Linien kreuzen sich, aus Formen werden komplexe Knoten oder Doppelknoten. Die Kinder können inzwischen mit der Dreidimensionalität umgehen und malen nicht mehr alles flächig und im Vordergrund. Wir haben ein Abenteuer daraus gemacht, sind raus auf den Fußweg, der vom Engelberg fünfhundert Meter in den Ort hinunterführt,

„Die Klasse ist beeindruckt von Thor, dem Donnergott, mit seinem Eisenhammer, der Ochsen verspeisen kann."

und haben ihn – im Rahmen der Remstalgartenschau – gemeinsam mit dem Land-Art-Künstler David Klopp mit weißer Farbe bemalt. Der Weg heißt nun der Weiße Pfad.

Es passt gut, dass wir jetzt mit Bruchrechnen beginnen, weil die heile Welt ein bisschen wegbricht. Wir brechen die Zahl Eins in zwei und dann in drei Teile. Warum die Eins? Weil sie die Einheit ist, aus der sich alle folgenden Zahlen herausgliedern lassen. Ich bringe eine Tafel Schokolade mit, die wir teilen. Wenn ich sie in der Mitte breche, haben wir „zwei Zweitel", sagt eine Schülerin, das hat mich gefreut, denn es ist so schön logisch. Wir teilen immer weiter, bis wir am Ende sechzehn Stückchen haben. Nicht genug für dreißig Kinder, aber sie wissen ja, ich hab noch eine zweite Tafel in der Tasche. Bruchrechnen geht übrigens mit der Notenschrift einher im Musikunterricht. Sie lernen in diesem Schuljahr Viertel-, Achtel- und Sechzehntelnoten.

In der vierten Klasse beschäftigen wir uns mit der nordischen Mythologie, die inhaltlich gut an das alte Testament anknüpft, um das es in der dritten Klasse gegangen ist. Wir beginnen mit den Schöpfungsmythen, die es in vielen Gestalten gibt. Germanen und Wikinger aus der nordischen Mythologie stehen uns am nächsten, ich lese aus einem Buch vor, das die Kinder sehr mögen. „Geron und Virtus" vom Schweizer Kinderbuchautor Jakob Streit. Geron lebt mit seiner germanischen Sippe im Wald, fürchtet keine Bären und erlegt Wölfe. Das Buch erzählt von germanischer Mythologie, Brauchtum und weisen Druiden. Die Klasse ist beeindruckt von Thor, dem Donnergott, mit seinem Eisenhammer, der einen Ochsen verspeisen und Weinfässer leer trinken kann. Wir beschäftigen uns mit den alten Schriftzeichen der Germanen, den Runen, und schreiben schließlich unsere Namen mit Runen. Und wir befassen uns mit den Versen der Liedersammlung Edda, die im Stabreim geschrieben ist und eine große Sprachkraft hat. Die Kinder lernen, dass nicht Endreime die Verse charakterisieren, sondern Stabreime, die sich wiederholen, Alliterationen genannt. Beim Rezitieren werfen wir Stöcke im Takt von einer Hand in die andere.

Am Ende des vierten Schuljahrs können sie allesamt lesen, rechnen und schreiben. Sie sind fleißig dabei, das Lernniveau ist gut, und immer noch gestalten sie ihre „Schulbücher" in Form von Epochenheften selbst.

———

↘ *Auch im Französischunterricht lernen die Kinder nicht aus dem Schulbuch, sondern schreiben und malen ins Epochenheft. Alexandras kann sich sehen lassen.*

Wie man richtig Kohle macht

Schweiß, Staub und Spaß: Viertklässler lernen ein altes Handwerk beim Köhlerwochenende auf der Ostalb

Frage: Gibt es etwas Heißeres als die Hölle? Antwort: Eigentlich nicht, aber beim Köhlerwochenende der vierten Klasse der Freien Waldorfschule Engelberg zeigte das Thermometer Werte am oberen Ende der Temperaturskala: achtunddreißig Grad Celsius. Im Schatten wohlgemerkt. Die Köhlerfeuer sorgten für einen zusätzlichen Hitzeschub. Sechsunddreißig Schüler, ein Lehrer und zehn Eltern schwitzten um die Wette. Und Martin von Heydebrand. Der gelernte Sozialtherapeut sollte den Kindern die harte Maloche des Köhlerhandwerks näherbringen, also zeigen, wie aus Holz Holzkohle wird.

Dazu müssen die kleinen Köhlergesellen Holzstöcke zu einer Pyramide auftürmen, anschließend die Konstruktion mit Heu umschließen, alles mit Erde abdecken und dann die Spitze des Bauwerks anzünden. Das Feuer fällt in die Mitte der Pyramide, danach wird die obere Öffnung wieder abgedeckt. So schwelt das Holz im Innern, ohne zu verbrennen – und verwandelt sich in Holzkohle. Martin von Heydebrand stülpt zwischenzeitlich eine Blechtonne ohne Boden als eine Art Schornstein auf die verdeckte Holzpyramide. Die Kunst bei diesem Handwerk: genau aufzupassen, dass das schwelende Holz nicht verlischt und gleichzeitig sicherzustellen, dass kein offenes Feuer entsteht. Einen Tag und eine Nacht lang dauert dieser Prozess.

Wenn die Sonne untergeht über der Ostalb, überwachen die Eltern das Köhlerfeuer. Die Kinder müssen ins Bett. Doch für die Nachruhe sind sie meist viel zu aufgeregt. Aus den Zelten dringt Gequassel und Gekicher. Ihre Eltern wechseln sich derweil an der Pyramide im Zwei-Stunden-Rhythmus ab.

Am nächsten Tag wieder volles Programm. Die Schüler dürfen auf Pferden durchs Gelände reiten, schnitzen oder sich gegenseitig mit dem Wasserschlauch nass spritzen. Ihre Eltern sind von der schlaflosen Nacht und der Kohle gezeichnet. Aber Schlappmachen gilt nicht. Denn nach der Nacht ist vor der Ernte.

Zunächst löschen Schüler und Eltern die zusammengesackten Pyramiden, um danach die mit Staub und Asche bedeckten Holzkohlestücke herauszuklauben und in Säcke zu füllen. Verkauft werden sie nicht. Martin von Heydebrand erklärt: „Unsere Kohle müsste mindestens dreimal so viel kosten wie handelsübliche Produkte, die von Großkokereien gefertigt werden." Gerechtfertigt wäre der Aufpreis allemal. Von Heydebrands Holzkohle brennt viermal länger als Massenware. Aber das sei an Kunden kaum zu vermitteln, erklärt der Profi. Immerhin darf jedes Kind ein Säckchen mit nach Hause nehmen, das Kohle für mindestens drei fröhliche Grillabende enthält.

Am Ende wissen die Viertklässler: Es existiert eine Welt jenseits von Smartphones und Laptops. In dieser Welt ist es manchmal heiß und meistens schmutzig. Einige Arbeitsschritte sind anstrengend, andere umständlich. Aber nach getaner Arbeit können sich alle zufrieden zurücklehnen, sehen, was sie mit ihren Händen geschaffen haben und sagen: Abenteuer bestanden!

↗ *Zuerst müssen die Köhlergesellen Holzstücke sammeln.*

↗ *Auf die brennende Pyramide wird eine Blechtonne ohne Boden gestülpt. Die wirkt wie ein Schornstein und es qualmt mächtig.*

↙ *Das Holz wird zu einer Pyramide aufgetürmt, mit Heu aufgefüllt und angezündet.*

„Ich möchte gerne fliegen können. So wie ein Adler. Das wäre schön."

Yasin Angishan geht nach der Schule am liebsten auf den Spielplatz oder fährt Fahrrad. Sport macht er natürlich auch in der Schule. Bloß muss er dort oft sitzen und zuhören. Zum Beispiel, wenn die Lehrerin von seinem Lieblingstier erzählt.

Sabine Kleinheins wuchs in Esslingen auf und studierte in Berlin Deutsch und Französisch. Sie wollte ursprünglich Lehrerin am Gymnasium werden und hat das Referendariat Sekundarstufe II abgeschlossen. Doch anschließend studierte sie noch berufsbegleitend Waldorfpädagogik am Lehrerseminar. Seit 1987 unterrichtet sie Französisch und Deutsch am Engelberg, seit 2004 ist sie Klassenlehrerin.

Raus aus dem Zwergenalter

Die Kinder schaffen sich ein neues Netz. Sie haben plötzlich
Geheimnisse, finden sich in Grüppchen

Ich kenne beide Konzepte, Staatsschule und Waldorfschule, doch in der Waldorfpädagogik fühle ich mich zu Hause. Um den Unterschied auf den Punkt zu bringen: Anstatt dem Kind vorzuschreiben, das lernst du jetzt, fragt die Waldorfpädagogik, was brauchst du jetzt? In Französisch beispielsweise singen die Kinder bis Klasse drei Lieder und rezitieren Reime. Erst ab der vierten Klasse lernen sie Vokabeln, schreiben Wörter und danach Sätze. Jedes Alter hat seine Entwicklungsstufen: Ein Baby trinkt zuerst Milch, danach isst es Brei und später braucht es feste Nahrung.

Ich unterrichte seit mehr als dreißig Jahren am Engelberg. Und doch fühlt sich jeder Tag neu an. Wenn wir die Kinder bis Klasse sechs begleitet haben, ist das erste Schuljahr so lange her, dass wir uns bei der nächsten Klasse wieder einarbeiten müssen. Ich finde jedes Mal neue Aspekte und Ideen. Die Kinder spüren, dass keine Routine herrscht.

In der fünften Klasse sind die Kinder elf Jahre alt, es ist die Mitte der Kindheit, zwischen sieben und vierzehn Jahren. Müsste ich ihre Besonderheiten beschreiben, ich würde ihnen Harmonie, Schönheit und Sicherheit zuteilen. Auch Stärke und Kraft. Ein wunderbares Alter! Sie haben den Schritt über den Rubikon bewältigt, sind ein Stückchen aus Mamas Sphäre getreten, stecken aber noch nicht in der Unsicherheit der Pubertät. Ihr Puls-Atem-Rhythmus liegt bei eins zu vier – einmal atmen, vier Pulsschläge, genau richtig.

Sie fangen an, sich zu behaupten. Sie haben Geheimnisse, verstecken Zettelchen. Haben sich untereinander in Grüppchen gefunden, ein neues Netz geschaffen. Vergangenes Jahr hieß es noch: Frau Kleinheins, du warst krank, wir haben dich so vermisst! Jetzt sagen sie: Cool, wir haben Vertretung! Sie distanzieren sich, das passt zum Alter. Wenn man das weiß, fühlt man sich auch nicht angegriffen. Ich freue mich sogar: Meine Fünfte!

„Da fehlt was, Frau Kleinheins", rief ein Schüler, als ich mit Kreide einen Adler an die Tafel malte. Ich korrigierte meine Zeichnung. Meine Fünftklässler sind kritisch und kritikfähig, das waren sie zuvor nicht. Ich hätte auch ein Foto an die Wand projizieren können, aber Malen ist sinnlicher. Wenn ein Kind ein Stück Kreide in die Finger nimmt und damit malt, spürt es einen Widerstand. Wenn ich den Adler male, wollen sie ihn nachmalen – bei einem Foto wären sie gar nicht erst motiviert, es zu versuchen. Hängen alle ihre Bilder an der Wand, frage ich nicht, welche Zeichnung misslungen ist. Sondern: Wo ist das Grün am schönsten? Wo bewegt sich das Tier am schnellsten und woran sieht man das? Kein Kind muss fürchten, dass sein Bild hässlich genannt wird.

Meinen Adler an der Tafel wischt wochenlang keiner ab. Zum Rechnen nehmen wir die andere Tafelseite. Sie wollen das, was sie schön finden, bewahren. In der neunten

Klasse beispielsweise reicht das nicht mehr. Da wollen sie Klarheit und manchmal Kante. Auch meine Elfjährigen sind keine „Zwerge" mehr. Ich baue beispielsweise auf dem Jahreszeitentisch keine aufwändigen Landschaften mehr, sondern dekoriere zur Jahreszeit passend ein bisschen was von draußen.

Die Kinder sind nun im richtigen Alter, um eigenständig und in Gruppen zu arbeiten. Der Lehrplan baut darauf auf. Sie halten beispielsweise erste Referate über Städte und Länder. In der fünften Klasse teilt sich Heimatkunde in Erdkunde und Geschichte auf. In Erdkunde blicken wir über die nahe Heimat und Deutschland hinaus. Orientieren uns an Flüssen, reisen auf dem Rhein von den Alpen über den Schwarzwald bis zur Mündung in die Nordsee. Auch die Donau erleben wir so. Die Kinder machen einen eigenen Reiseführer. Ihr Wissen vertiefen sie selbständig mit Büchern, im Gespräch mit Eltern, sie recherchieren, eventuell auch mit den Eltern zusammen, im Internet. Allerdings arbeiten wir in der Unterstufe weder mit Tablets noch mit Beamer. Nicht die Technik, sondern der Lehrer ist der Vermittler, er führt die Kinder zur Selbständigkeit.

Eine wichtige Lernphase der fünften Klasse sind die beiden Geschichtsepochen. Wir beginnen mit der Sagenwelt von Indien und Persien, besprechen das Zweistromland zwischen Euphrat und Tigris, das seit Jahrtausenden besiedelt ist, und eilen durch die Geschichte: von den Urmenschen bis ins antike Großreich der Perser und nach Ägypten. Wir reden über Schriften, die sich aus Bildern entwickelt haben, über griechische Buchstaben, mit denen wir in Mathematik später Winkel benennen. In Athen haben die Menschen philosophiert und Rechtsformen ausprobiert. In Sparta dagegen gab es strenge Ordnung und harte Disziplin. Ich erzähle von dem Läufer, der nach der Schlacht von Marathon mit letzter Kraft Sparta erreicht, den Sieg verkündet und tot zusammenbricht. Die Kinder lauschen mucksmäuschenstill, stellen hinterher aber bohrende Fragen – da muss ich gut vorbereitet sein.

Am Ende der Griechenland-Epoche veranstalten wir eine Olympiade. Die Kinder treten unter Städtenamen gegeneinander an. Es soll nicht nur ein Wettkampf sein, sondern schöner Sport. Beim Speerwurf geht es uns nicht nur um die Weite, sondern auch um fließende Bewegungen. Beim Ringen gewinnt nicht unbedingt der Stärkere, auch nicht der Einzelne, sondern das Team. Die Teams werden so gruppiert, dass nicht eins davon zu überlegen ist.

Immer wieder geht es um Harmonie, auch in dem Gedicht von Schiller, in dem wir die Pausen inmitten des Verses betonen: „Wanderer kommst du nach Sparta, … Pause … verkündige dorten du habest … Pause … uns hier liegen gesehn … Pause … wie das Gesetz es befahl."

Wir spüren dabei, dass der Versrhythmus zum Atemrhythmus passt, dass dieser wiederum die harmonische Stimmung in der Sprache aufgreift. In der Sprache üben wir das Begreifen von Aktiv und Passiv, direkter und indirekter Rede. Wichtig ist: Ich gebe das, was der andere gesagt hat, genau so wieder. Ich respektiere, was er gesagt hat. Ich ändere kein Wort. Das zu lernen, ist wichtig für Elfjährige.

In Mathe geht es weiter mit Brüchen, Dezimalzahlen, Prozentrechnen, Primzahlen. Gestern habe ich ihnen erzählt, dass im Januar 2018 die höchste Primzahl errechnet wurde, ein Computer hat sechs Tage dafür gebraucht: 2 hoch 77 232 917 minus 1. Und dann kam die Überraschung. Eine Schülerin wusste, warum am Ende minus 1 steht. Es geht ja so: 2 mal 2 mal 2 mal … und das 77 Millionen mal. Da kommt eine grade Zahl raus, keine Primzahl. Deshalb minus 1. Das hat sie mit ihren elf Jahren erkannt. Danach machten wir gleich eine passende Rechenübung und fanden heraus, dass wir dreiundzwanzigtausend von unseren Tafeln brauchen würden, um diese Riesenzahl aufzuschreiben.

Wir lassen uns Zeit, ich darf auch mal was in die nächste Klassenstufe schieben. Zirkel und Lineal nehmen wir erst in der sechsten Klasse in die Hand. Geometrie beginnen wir in der fünften Klasse zunächst mit freihändigen Zeichnungen. Das soll Bewusstsein für geometrische Formen schaffen, für Kreis, Ellipse, Viereck, Dreieck. Auch Symmetrieachsen zeichnen sie ohne Hilfsmittel. In der Sechsten erst arbeiten sie mit Zirkel und Geodreieck. Würden wir damit anfangen, wären sie mit dem Hantieren so beschäftigt, dass sie die Formen gar nicht „spüren".

Ich bin Fachlehrerin für Französisch, Fünfer wollen nicht mehr nur spielen und singen, sie wollen gefordert sein, lernen Vokabeln und schreiben ganze Sätze. In Deutsch schreiben wir erste Aufsätze, die beispielsweise Gedanken aus der Tierkunde aufgreifen. Etwa den Satz: „Eines Morgens wachte ich als Adler auf …" Sie sollten sich in das Tier versetzen und auf diese Weise beschreiben, was sie gelernt haben. Wie der Schnabel aussieht, die Füße, was der Adler frisst, wie so ein Adlerhorst aussieht und wie er und seine Jungen beringt werden. Warum kann so ein großer Vogel so gut fliegen? Weil er „luftdurchflutet" ist, was die Kinder fasziniert. Ein Adler hat wenig Blut, leichte Federn und Knochen, die mit Luft gefüllt sind. Zuvor haben sie gelernt, wie andere Tiere leben, zum Beispiel die behäbige wiederkäuende Kuh, die in sich selbst zu ruhen scheint. Dagegen der Löwe: großes Herz, kräftige Lunge, ein Raubtier, das seinen Emotionen ausgesetzt ist. Hat es Hunger, rennt es los. Ist es satt, schläft es. Bei den Tieren ist immer eine Eigenschaft besonders ausgeprägt. Ich hätte auch einen Fragebogen mit Antworten zum Abhaken verteilen können. Aber schöner ist es, selbst nachzudenken und zu schreiben – da entstehen tolle Aufsätze.

> „Nur wer die Schönheit der Natur begreift, möchte sie bewahren."

Pflanzenkunde ist neu in der fünften Klasse. Vorher ist es Kindern kaum möglich zu differenzieren, weil sie alles Lebendige als Einheit sehen. Aber jetzt lassen sie sich darauf ein, fragen, wie Pflanzen entstehen, wie sie sich fortpflanzen. Welche Arten gibt es, angefangen bei Pilzen und Moosen über Farne und Schachtelhalme bis hin zu Blütenpflanzen und Bäumen. Wo wächst was und warum? Wir schauen uns zum Beispiel einen Löwenzahn an: Wie verbreitet er sich? Wie tief verankert ist er in der Erde? Die Kinder graben ihn aus und staunen, wie tief er sich in die Erde bohrt. Ganz anders das zarte Veilchen, das nur oberflächlich wurzelt. Ich lege die Epoche in den Frühling, wenn alles sprießt. Auch Zwiebelpflanzen, die ihr eigenes „Butterbrot" dabei haben, weil ihre Nahrung in ihrer Zwiebel gespeichert ist.

Wir schaffen ein Bewusstsein dafür, wie schön und sinnvoll alles eingerichtet ist. Überlegen, was Pflanzen mit Menschen zu tun haben. Erst in der Oberstufe geht es um Umweltschäden und Umweltschutz. Würden wir sie damit schon in der fünften Klasse konfrontieren, bewirkten wir das Gegenteil – sie hätten keine Lust auf Natur. Nur wer die Schönheit der Natur begreift, möchte sie bewahren.

Auf dem Weg zum Olymp

Wie jedes Jahr ist der Höhepunkt der Griechenland-Epoche ein antiker Wettstreit

An einem Samstagvormittag tönen Fanfaren und Trompeten über den Sportplatz auf dem Engelberg. Die Griechen kommen. Rund 80 Athleten aus Athen, Epidauros, Korinth, Mykene und Sparta betreten zu feierlichen Klängen den Rasen. Die Morgensonne wärmt Wettkämpfer und Zuschauer. Dutzende Mütter, Väter, Schwestern, Brüder und Großeltern auf den Rängen freuen sich auf das bevorstehende Spektakel. Allerdings haben die Aktiven nicht den weiten Weg von der hellenischen Halbinsel hinter sich – am Start sind Fünftklässler der Waldorfschule am Engelberg.

Wie jedes Jahr messen sich die Schüler der Klasse fünf in den klassischen Disziplinen Speerwurf, Diskuswurf, Laufen, Springen und Ringen. Die Spiele sind seit mehr als fünfzehn Jahren der Höhepunkt der Griechenland-Epoche, bei der die Kinder antike Geschichte und Kultur kennenlernen, Lieder und Tänze einstudieren, Kleidung mit griechischen Motiven bemalen. Und weil Griechenland ohne olympische Spiele undenkbar ist, haben die Kinder im Sportunterricht fleißig trainiert. Bei ihrem Einzug auf das Areal tragen die Schüler Schilder mit in altgriechischen Lettern geschriebenen Städtenamen. Genauso wie vor über zweitausend Jahren.

Mit dabei sind Kinder der Magdalenenschule, dem sonderpädagogischen Bildungs- und Beratungszentrum am Engelberg, und der Fellbacher Helmut-von-Kügelgen-Schule.

Nach zwei Stunden Laufen, Werfen, Springen und Ringen endet die Meisterschaft mit einer Siegerehrung. Neue Energie tanken die Wettkämpfer bei einem griechischen Buffet, das die Eltern organisiert haben. Und während langsam die Sonne untergeht, erlischt auch die olympische Flamme am Sportplatz auf dem Engelberg.

↗ *Sprint im Kostüm. Die Läuferinnen haben ihre Hemden mit griechischen Motiven bemalt.*

↘ *Ring frei.
Wer liegt als
erster im Sand?*

UNTERSTUFE

„Am liebsten bin ich auf dem Pferdehof mit meinem Schimmel Ronja zusammen."

Alena Krinke hat zu Hause drei Katzen mit Namen Lilli, Lucy und Maxi. Und vier Meerschweinchen, die Butzele, Happy, Susi und Teddy heißen. Sie liebt Tiere und möchte später Tierpflegerin werden.

Klara Hilbert wuchs als eins von zehn Kindern in ihrer Familie auf der Ostalb auf und genoss eine „streng katholische Erziehung". Sie lernte pharmazeutisch-technische Assistentin, arbeitete in einer Apotheke und studierte Biologie, bis sie sich für eine Ausbildung zur Waldorflehrerin entschied. Seit 2001 ist sie Klassenlehrerin am Engelberg.

Beobachten und beschreiben

Die Kinder lernen Denken in Zusammenhängen und selbständig für Referate zu recherchieren

In der fünften Klasse wirken Jungs und Mädchen noch sehr harmonisch miteinander. In der sechsten sind sie beeindruckt, wie sie sich körperlich verändern, und mögen es, wenn sie älter geschätzt werden. Doch oft hinkt die seelische Reife der körperlichen Entwicklung hinterher. Das Interesse am anderen Geschlecht ist jetzt da. Manche Mädchen kokettieren mit ihrer Weiblichkeit, manche Jungs wollen anfassen. Ich habe mir auf dem Elternabend die Unterstützung der Eltern geholt und mache meinen Schülern klar: Es ist nicht okay, ein Mädchen an den Po zu fassen.

Meine Schüler kennen mich seit Jahren und wissen, dass ich klare Ansagen mache. Natürlich versuchen sie, meine Grenzen zu verschieben. Ich sage dann: „Merkst du, dass das nicht geht? So gehen wir nicht miteinander um!" Das wirkt. Jedes Kind braucht einen sicheren Stand in der Klasse und verhält sich entsprechend seinem Charakter. Für alle bemühe ich mich, damit sie sich wohl fühlen. Oft sind es die Vorlauten, die den Unterricht stören, manchmal sogar mit interessanten Einwürfen. Sie wollen sich mit Frechheiten in den Vordergrund drängen. Ich gebe die Sitzordnung vor, Mädchen und Jungs sitzen gemischt. Kinder, die Mühe haben zu folgen, hole ich möglichst nach vorne, damit sie mehr vom Unterricht mitbekommen. Störenfriede gehören mitunter dazu.

Auch in der sechsten Klasse gliedert sich der Hauptunterricht in einen rhythmischen Teil und den Lern- und Erzählteil. Im rhythmischen Teil singen, flöten und rezitieren wir. Ich fange mit einer Bewegungsübung an, um den Körper zu spüren. Sie beginnt mit einem Sprung: „Hier stehe ich. Weite, sie breitet sich ..." Manche Kinder sind morgens sehr müde und brauchen eine Weile, bis sie in die Gänge kommen. Dann machen wir Sprachübungen, beispielsweise: Klipp, plapp, plick, klick. Klingt klapperrichtig, knatternd, trappend, Rossgetrippel ... Unsinniges mit unterschiedlichen Betonungen und Lauten zu verbinden, weckt auf, verbessert die Aussprache und hilft gegen Nuscheln. Wir sprechen mit der Kraft des ganzen Körpers, anstatt an der Tischkante zu lümmeln.

In der sechsten Klasse kommt der Physikunterricht als wichtige neue Epoche mit Akustik, Optik, Wärmelehre, Magnetismus und Elektrizität hinzu. Ich baue den Versuch auf und führe ihn durch. Die Kinder sollen genau beobachten und danach beschreiben, wie der Versuch ablief: möglichst präzise und knapp, ohne Schulbuch. Das schult die Wahrnehmung und den Blick fürs Wesentliche.

Am nächsten Morgen schauen wir, welche Zusammenhänge und womöglich Gesetzmäßigkeiten hinter dem Versuch stecken. Im zwölften Lebensjahr werden die Kinder reif genug, um kausal zu denken, beispielsweise herauszufinden, nachdem wir die Klänge verschiedener Materialien erlauscht haben, warum eine Stimmgabel an unterschiedlichen Gegenständen unterschiedlich laut klingt. In der Optik staunen die Kinder, dass Farben zwischen Licht und Finsternis entstehen. Wenn ich vor eine Lampe immer mehr Butterbrotpapiere halte, erleben sie die Trübung des Lichtes über Gelb, Orange bis zu Rot und lernen, die orangerötliche Färbung der Morgen- und Abenddämmerung zu verstehen. Trüben wir Wasser in einem Glasgefäß durch etwas Milch und leuchten hierdurch auf eine schwarze Pappe, so schimmert das Wasser bläulich: Der bläuliche Eindruck ferner Berge und die Bläue des Himmels vor dem schwarzen Weltall werden nachvollziehbar.

In der Rechen-Epoche beginnen wir mit Zwei- und Dreisatzaufgaben. Auch hier geht es um Denken in Zusammenhängen. Aus drei Werten berechnen wir den vierten, unbekannten. In der Geometrie arbeiten wir mit Zirkel, jetzt geht es um Genauigkeit. Gar nicht so einfach! Viele Kinder haben sich nach dem Zirkel gesehnt, hantieren damit bald geschickt, ebenso mit dem Lineal oder Geodreieck. Kurze Zeit befassen wir uns mit Astronomie, beziehen nun das heliozentrische Weltbild mit ein, unser Planetensystem mit der Sonne als Weltmittelpunkt. Warum zeigt der Mond am Morgen die Sichel so herum und am Abend andersrum? Sie finden es spannend, die Zusammenhänge zu erkennen.

In der Geschichtsepoche beschäftigen wir uns mit den Römern. Es folgen Christianisierung, Völkerwanderung und Mittelalter. Es geht nicht nur um Fakten, wir gehen sehr bildhaft und über Geschichten an die Aufgabe, reden über Persönlichkeiten, die ihre Zeit prägten: Caesar, Augustus, Karl der Große. Die Schüler schreiben ihre Nacherzählung, manche mehr, andere weniger spannend: War nicht beim Caesar das mit dem Rubikon? Ja! Er überschritt ihn und es gab kein Zurück.

In Geografie behandeln wir Europa. Wir arbeiten Gegensätze heraus. Was unterscheidet nordische Länder von denen am Mittelmeer? Die Kinder setzen sich in kleinen Gruppen zusammen und suchen sich ein Land aus, das sie charakterisieren wollen. Sie recherchieren selbständig für ihre Referate. Natürlich sehe ich es nicht so gern, wenn sie das ausschließlich im Internet tun, statt in Bücher zu schauen.

In Klasse sechs proben wir ein Theaterstück. Für meine Klasse habe ich ausgewählt: „Die Abenteuer des starken Wanja". Wanja ist der Sohn eines Bauern im alten Russland, ein Tagträumer, wodurch er seine fleißigen Brüder reizt. Doch der Junge besitzt die Gabe, Verborgenes zu sehen, einen eisernen Willen, Mut und ein treues Gemüt, Eigenschaften, die ihm ermöglichen, die kostbare Zarenrüstung zu finden und selbst Zar zu werden. Auf seinem Weg hilft er Alten und Schwachen, rettet Menschen und Tiere, besiegt Waldungeheuer und eine Hexe. Die Kinder können diese Geschichte als Trost, Ermutigung und Selbstbestätigung erleben. Die Vorbereitung des Klassenspiels hat begonnen und wird uns vor der Aufführung im April ein paar Wochen intensiv beschäftigen.

Im siebten Schuljahr bekommen meine Schüler einen neuen Klassenlehrer. Wir sind in den sechs Jahren zusammengewachsen, die Klasse, aber auch die Elterngemeinschaft. Wir haben gelernt, offen miteinander zu sprechen und Probleme gemeinsam zu lösen.

Vergangenes Jahr beispielsweise fühlte sich eine Schülerin als Außenseiterin behandelt, erst von einzelnen Kindern, dann wurden es immer mehr, sie hat darunter sehr gelitten. Ich habe das zuerst nicht mitbekommen. Nachdem mich die Mutter

„Natürlich sehe ich es nicht so gern, wenn sie das ausschließlich im Internet tun, statt in Bücher zu schauen."

↗ Eine Woche Abenteuer. Bogenschießen auf dem Quellhof an der Jagst.

informiert hatte, sprachen wir auch auf dem Elternabend darüber. Die Eltern redeten offensichtlich daraufhin mit ihren Kindern, ich sprach mit der Klasse. Das half. Jetzt ist das Mädchen gut eingebunden.

Es war wichtig, offen miteinander zu reden, ohne Vorwurf oder Aggressivität. Das gelingt leider nicht mit jeder Klasse, vor allem dann, wenn Eltern fordernd auftreten und von der Schule erwarten, was sie eigentlich selbst leisten müssten. Denn auch, wenn Zwölfjährige schon sehr selbständig sind, brauchen sie noch Erziehung und vor allem: Grenzen.

Am Schuljahresende fahren wir zum Quellhof an der Jagst, um eine Woche lang „Abenteuer" zu erleben. Wir überqueren den Fluss über ein Seil, seilen uns von Bäumen ab, üben uns im Bogenschießen, machen Feuerholz, baden in der Jagst, wenn alles nach Plan verläuft. Es ist zugleich das Ende unserer gemeinsamen Schulzeit. Wir freuen uns.

„Lasst doch mal den Steiner hinter euch"

Immer wieder gerät die Waldorfpädagogik in die Kritik. Doch sie ist modern, besteht in der Gegenwart und wird auch in der Zukunft bestehen. Ein Plädoyer von Lehrer Frank Hussung

Mit diesem Aufsatz versuche ich herauszuarbeiten, warum Waldorfpädagogik in ihrem Kern moderne Pädagogik sein kann. Dazu gehört die Frage, was die Modernität der Pädagogik Rudolf Steiners auszeichnet.

Ist sie denn inzwischen nicht schon in die Jahre gekommen? Ich behaupte, dass man sie erfinden müsste, wenn es sie nicht schon gäbe. Denn sie kann den Forderungen unserer Zeit fruchtbar und einfallsreich begegnen.

Rudolf Steiner wirkte vor hundert Jahren. Er kam 1861 in Kraljevec zur Welt, heute ein Städtchen im Norden Kroatiens, das damals noch zur österreichischen Monarchie gehörte. Er gab Goethes naturwissenschaftliche Werke heraus, schrieb philosophische und esoterische Bücher und entwickelte ab 1900 die Anthroposophie als Wissenschaft. Er starb 1925 in Dornach bei Basel.

Ich höre und lese immer wieder, dass seine pädagogischen Ideen veraltet seien, dass Waldorfschulen ihre beste Zeit längst hinter sich hätten, schlimmer noch, dass dahinter eine obskure Weltanschauung stecke, die für Kinder gefährlich sei. Auch Waldorfschulen spüren von Elternseite aus immer stärker und früher die Erwartung, doch endlich mal mit „richtigem" Lernen anzufangen und auf Prüfungen vorzubereiten. „Lasst doch endlich mal den Steiner hinter euch", hört man nicht nur von externen Kritikern, sondern auch von vielen Insidern der Waldorfschulbewegung. So verständlich diese Forderung auf den ersten Blick scheint, so deutlich zeigt sie, dass sie Steiners Impulse nicht verstanden haben.

Was seit 1919 als Waldorfpädagogik auftritt, sind mehr oder weniger gelungene Versuche, Antworten auf die Frage zu finden, wie man erzieht und unterrichtet. Unterschiedliche Zeiten und Kulturen stellen unterschiedliche Forderungen. Eine Pädagogik muss deshalb entwicklungsfähig sein. Waldorfpädagogik besitzt ein erhebliches Potenzial an Erneuerungskräften. Als Rudolf Steiner vor hundert Jahren ihr Fundament legte, erwartete und hoffte er, dass Lehrer die Pädagogik weiterentwickeln würden. Wenn sie sich nicht an zentraler Stelle erneuere, sei sie keine Waldorfpädagogik.

Jede Generation steht vor der Aufgabe, junge Menschen so auszubilden und zu erziehen, dass sie sich später in unserer sich schnell verändernden Welt zurechtfinden und relevante Fähigkeiten dafür entwickeln. Man braucht heute Ingenieure und Computerspezialisten; Arbeiter und Angestellte müssen bereit sein, mehrere Berufe zu lernen, sich Forderungen einer globalisierten Welt zu stellen, das heißt, sich der Gewinnmaximierung von Konzernen und Betrieben anzupassen. Sie arbeiten vielfach in befristeten Verträgen und müssen bereit sein, Heimat und gesellschaftliches Umfeld zu wechseln. Das Bedürfnis, einen sicheren Arbeitsplatz und einen festen Wohnort zu besitzen, scheint immer weniger eine Rolle zu spielen.

Die heutige Bildungsdiskussion spricht in diesem Zusammenhang von Denken in Zusammenhängen, Flexibilität in vielen Belangen, Kommunikationsfähigkeit, Kreativität, Problemlösefähigkeit, Selbständigkeit, Teamfähigkeit. Wie man das im Rahmen unseres heutigen Schulsystems schaffen soll, wo vor allem angelerntes Wissen gefragt ist, bleibt ein Rätsel. Die Latte, über die man springen muss, wird sukzessive höher gelegt; Maßeinheit ist allein kognitive Intelligenz. Unter diesen Bedingungen, die unsere Zeit zu stellen scheint, bleiben viele Menschen auf der Strecke.

Der Kulturwissenschaftler Karl-Martin Dietz beschreibt in seinem Buch „Wie Menschen frei werden" den Versuch der Waldorfpädagogik, diese Probleme zu lösen. Nach Dietz leben wir in einem Zeitalter des Individualismus. Der Einzelne ist zur Freiheit verurteilt, ob er will oder nicht. „Es gibt fast nichts mehr, nach dem ich mich richten könnte. Mit der Freiheit aber besteht die Notwendigkeit, mich bei allem, was ich denke, auf mich selbst besinnen zu müssen", schreibt Karl-Martin Dietz.

Dabei ist mit Individualismus nicht der Selbstbezug gemeint, bei dem es heißt, alles dreht sich um mich, sondern die individuelle Verantwortung, die sagt, alles kommt auf mich an. Damit sind Fähigkeiten gefordert, die weit über das hinausgehen, was oben mit Schlüsselqualifikationen angedeutet ist.

Dass eine solche Haltung anstrengend, ängstigend und risikoreich ist, liegt auf der Hand. Politische und gesellschaftliche Debatten spiegeln diese Ängste. Freiheit wird als Egozentrik verstanden, bei der sich jeder ohne Rücksicht auf Verluste nimmt, was er bekommen kann. Oder sie hinterlässt ein Gefühl von Heimatlosigkeit und Angst. Mit der Folge, dass man gegen diese Freiheit ankämpft und Schutz in einem neuen Nationalismus und einer Abschottung vor allem Fremden sucht. „Aber das neue Zeitalter des Individualismus ist ein Zeitalter der Verantwortlichkeit, nicht mehr der Egozentrik", sagt Karl-Martin Dietz. „Heutige Jugendliche tragen in entscheidendem Maße dazu bei."

Unsere Zivilisation muss sich den Forderungen der Gegenwart stellen. Die fehlende Kontrolle eines überkommenen Wertesystems muss durch innere Kontrolle ersetzt werden. Forderungen nach Kreativität, Ganzheitlichkeit, Selbstverwirklichung und globaler Verantwortung sowie Toleranz gegenüber fremden Kulturen und Lebensweisen können aufgegriffen und weiterentwickelt werden.

Es kommt inzwischen vor, dass öffentliche Schulen einige Ideen und Methoden der Waldorfschulen übernehmen, wie kein Sitzenbleiben, Fremdsprachen ab der ersten Klasse, keine Noten bis in die oberen Klassen oder Epochenunterricht. In einer empirischen Studie zu Schulqualität und Lernerfahrungen („Bildungserfahrungen an Waldorfschulen", Liebenwein, Barz & Randoll) schreibt Professor Andreas Schleicher, OECD-Bildungsexperte und internationaler Koordinator der Pisa-Studien, im Vorwort: „In Waldorfschulen ist vieles von dem, was die Pisa-Studie als für den Erfolg moderner Bildungssysteme maßgeblich herausstellt, seit mehr als einem Jahrhundert Programm: Traditionell lernen Schüler für sich, im Rahmen standardisierter Lehrpläne. In den Waldorfschulen war es immer Ziel, Lernpfade zu individualisieren und Schüler dazu zu befähigen, gemeinsam und voneinander zu lernen. Traditionell benutzen Schulen Klassenarbeiten und Zensuren zur Kontrolle, etwa um Leistungen zu zertifizieren und den Zugang zu weiterer Bildung zu rationieren. Die Waldorfpädagogik hingegen betont motivierende Leistungsrückmeldungen, die Vertrauen in Lernergebnisse schaffen und mit denen Lernpfade und Lernstrategien entwickelt und begleitet werden können."

Wenn öffentliche Schulen Ideen übernehmen, stellt sich die Frage, ob sie damit schon Waldorfschulen sind. Insider würden die Frage verneinen, weil das Bewusstsein für den Kulturauftrag der Waldorfpädagogik dazugehört, gleichsam die geistige DNA, unter der die praktizierten Methoden verstanden werden müssten.

Ein Jahr nach Gründung der Stuttgarter Schule erklärte Rudolf Steiner den Kulturauftrag der Waldorfschulbewegung. Er sah eine bedrohliche Entwicklung heraufziehen, die sich schon im 19. Jahrhundert angekündigt hatte. In einer Rede vor Lehrerinnen und Lehrern warnte Rudolf Steiner davor, den Materialismus nicht nur als Weltanschauung zu sehen, über die man trefflich philosophieren könne, sondern als Haltung, die im Lauf der Zeit das Gesellschaftsleben bestimmen würde. Die Folgen wären verheerend: „Der Materialismus bewirkt, dass der Mensch ein Denkautomat wird. Die Menschheit steht dadurch in der Gefahr, das Seelisch-Geistige zu verlieren."

Heute wird deutlich, dass wir uns im Zeitalter der digitalen Informationstechnik zu Denkautomaten entwickeln. Vieles deutet darauf hin, dass darin eine reale Gefahr für unsere Kinder und Jugendlichen liegt.

Die kritische Haltung der Waldorfpädagogik gegenüber Medien wie Fernsehen und Kino wird seit je belächelt. Aber inzwischen hat sich das digitale Zeitalter in einem Maße in Kinderzimmer geschlichen, dass auch Menschen, die der Waldorfpädagogik fern stehen, vor Risiken dieser Medien warnen. Mit der Verbreitung des Smartphones ist es um ein Vielfaches schlimmer geworden. Frank Schirrmacher, der 2014 verstorbene Mitherausgeber der FAZ, sicher kein Insider der Waldorfpädagogik oder gar Technologiefeind, fragt in seinem Buch „Payback": „Beherrschen wir die Computer oder werden wir von ihnen beherrscht? Haben wir nicht nur das Denken, sondern haben wir auch unsere Intuition längst an sie abgetreten?" Seine Antwort: „Multitasking ist Körperverletzung. Konzentrationsstörungen und chronische Überforderung sind die Zeichen eines existenziellen Wandels im Umgang mit uns selbst, an dessen Ende der Verlust des freien Willens stehen könnte." In seinem Buch „EGO, das Spiel des Lebens" lese man nach: Mehr als siebzig Prozent des US-Börsenhandels werden inzwischen von Algorithmen gesteuert. Sie optimieren sich selbst und ihre Erfinder haben keinen Einfluss mehr darauf. Unzählige wirtschaftliche und politische Entscheidungen werden von spieltheoretischen Algorithmen vorgegeben. Die Märkte verlangen das, heißt es, und kein Politiker wagt, sich dem zu widersetzen. „Die Märkte", das sind computergesteuerte Systeme, die innerhalb von Millisekunden mit Kursschwankungen arbeiten und darüber entscheiden, was mit ganzen Volkswirtschaften geschieht: gegen welche Währungen man spekuliert und auf welche man setzt. Das heißt: Nicht der Mensch entscheidet, was mit Millionen seiner Mitmenschen geschieht, sondern übers Internet vernetzte Computer. Sein Geist spielt bei diesen Prozessen keine Rolle. Sein Geist geht, wie Steiner es vorhersagte, verloren.

Erstaunlich weitsichtig, dass er schon 1919 durch die Gründung der Waldorfschule eine Kultur ermöglichen wollte, in der Seele und Geist des Menschen nicht verloren gingen. In drei Vorträgen deutete er eine verhängnisvolle Entwicklung der menschlichen Zivilisation an, falls man sich nicht rechtzeitig auf eine geistig-kulturelle Erneuerung besänne. Steiner sah in den Methoden des amerikanischen Ingenieurs Frederick W. Taylor, der Leistungen von Fabrikarbeitern durch effizientere Abläufe der Produktion optimierte, eine menschenverachtende Technik. Taylor steigerte die Leistung eines Arbeiters durch Erholungspausen, die so bemessen waren, dass der Mann gerade so viele Kräfte sammeln konnte, wie er verbraucht hatte. Er berechnete diese Pausenzeit nach der Physis eines Durchschnittsarbeiters und setzte das arithmetische Mittel als Norm ein. Auf diese Weise konnte er jeden rauswerfen, der die errechneten Pausen nicht einhielt, und steigerte die Leistung zum Beispiel beim Verladen von Eisenteilen auf das Vierfache!

„Das Maschinenmäßige wird dadurch in das menschliche soziale Leben übertragen", urteilte Steiner. „Sie haben den Mechanismus der Darwin'schen Theorie auf das Arbeiterleben angewendet: die Unpassenden weg, die Passenden durch Selektion ausgewählt … Ich habe Ihnen ein Beispiel vorgeführt, wie aus amerikanischer Denkweise heraus versucht wird, das Maschinelle über das Menschenleben selber auszudehnen … An solchen Stellen ist der Wille dazu vorhanden, die Menschenkraft zusammenzuspannen mit Maschinenkraft … Diese Dinge werden nicht ausbleiben, sie werden kommen. Es handelt sich nur darum, ob sie im weltgeschichtlichen Verlauf von solchen Menschen in Szene gesetzt werden, die mit den großen Zielen des Erdenwerdens in selbstloser Weise vertraut sind und zum Heil der Menschen diese Dinge formen, oder ob sie in Szene gesetzt werden von jenen Menschengruppen, die nur im egoistischen oder gruppenegoistischen Sinne diese Dinge ausnützen. … Das Zusammenschmieden des Menschenwesens mit dem maschinellen Wesen, das wird für den Rest der Erdenentwicklung ein großes, bedeutendes Problem sein …"

Prophetische Worte: Was damals begann, ist heute längst üblich geworden. Aus den effizienten Arbeitsabläufen Taylors hat sich wenig später das Fließband Henry Fords entwickelt. Karl-Martin Dietz beschreibt in seinem Buch „Die Suche nach Wirklichkeit", wie diese Fließbandarbeit das Seelenleben der Arbeiter verändert hat. Das Denken, das Gefühlsleben und die Handlungen des Menschen haben sich dem Ablauf der Maschine, dem Band angepasst. Zunächst wurden vor allen Dingen die Handlungen des Handwerkers auf zwei, drei Arbeitsabläufe reduziert. Schrauben reindrehen, fertig. Nächstes Auto, Schrauben reindrehen, fertig und so weiter, zwölf Stunden lang! Das Handwerk, auf das jeder stolz war, hat sich mechanisiert. Gleichzeitig wurden Denken und Gefühlsleben abgestumpft. Jeder, der solche Arbeit schon einmal gemacht hat, kann es bestätigen. Dietz arbeitet in seinem Buch heraus, dass sich im Laufe des 20. Jahrhunderts nicht nur die Handarbeit der Arbeiter verändert und mechanisiert hat, sondern auch das Gefühlsleben durch Kino und Fernsehen und im letzten Schritt durch den PC, der jeden Arbeitsplatz, auch den der Akademiker, Unternehmer und Angestellten, erobert und verändert hat. Das Denken hat sich dem Automaten angepasst und sich mechanisiert. Was damals von Steiner vorausgesehen wurde, ist eingetreten. Mit der Fließbandarbeit hat „die Mechanisierung des Handwerks" im Wortsinne begonnen, mit dem Kino und Fernsehen hat sich die Mechanisierung auf das Gefühlsleben übertragen und weiterentwickelt und mit dem Computer auf das Denken und den menschlichen Geist. Wenn Millionen von Menschen auf der Erde bei einer Fußballweltmeisterschaft zum gleichen Zeitpunkt „Tor" schreien oder Tausende Kinobesucher im selben Moment beim „Titanic"-Schauen weinen, dann ist das Gefühlsleben gleichgeschaltet und kollektiv mechanisiert.

> „Das Denken, das Gefühlsleben und die Handlungen des Menschen haben sich dem Ablauf der Maschine angepasst"

Dass Maschine und Technik die Arbeit erleichtert haben, ist das Positive daran, aber die negativen Auswirkungen auf Würde, Freiheit und Gesundheit des Menschen waren schon Steiner bewusst. Er geht sogar noch einen Schritt weiter. „Das Bewusstsein des Menschen hängt mit abbauenden Kräften zusammen. In unserem Nervensystem ersterben wir. Diese Kräfte, diese ersterbenden Kräfte, sie werden immer mächtiger. Und es wird die Verbindung hergestellt werden zwischen den im Menschen ersterbenden Kräften, die verwandt sind mit elektrischen, magnetischen Kräften, und den äußeren Maschinenkräften. Der Mensch wird gewissermaßen seine Intentionen, seine Gedanken hineinleiten können in die Maschinenkräfte. Noch unentdeckte Kräfte, welche auf die äußeren elektrischen und magnetischen Kräfte wirken."

In diesem Zusammenhang stellte er die Waldorfschule. Aus diesem Grund „sind solche Dinge entstanden wie die Didaktik und Pädagogik der Waldorfschule … Man könnte noch vieles retten, wenn das, was wir hier an der Waldorfschule haben, weiter in der Welt verbreitet werden könnte". Aber er zeigt auch seine Sorgen. „Wir müssen selbstverständlich die Waldorfschule behüten vor jedem Scheinwesen." Er forderte, dass die Waldorfpädagogik nicht zur Phrase werde und ihren Kulturauftrag verlieren dürfe. „Es handelt sich darum, die ganze Pädagogik und die ganze Didaktik in ein elementares Gefühl zusammenzufassen, sodass Sie gewissermaßen in Ihrer Seele die ganze Schwere und Wucht der Aufgabe empfinden: Menschen hineinzustellen in diese Welt. Diese Welt, das ist deutlich geworden, will den Intellekt ins Unermessliche steigern, indem sie eine innige Verbindung herstellen möchte zwischen Maschinen und dem menschlichen Geist."

Denken in Zusammenhängen, Flexibilität, Selbständigkeit, Fähigkeit zu kommunizieren, bereit zu Kreativität, zum Lösen von Problemen und Teamarbeit – all diese Fähigkeiten, wie sie Unternehmer, Pädagogen, Soziologen und Psychologen beschwören, werden sich aber nicht in dem Maße entwickeln, wie man sich erhofft, wenn man den Gefahren des digitalen Zeitalters gegenüber keine Alternativen besitzt. Wer will nicht, dass sich ein Jugendlicher später den Aufgaben seiner Zeit stellt und seinen Platz in der Gesellschaft findet? Wer würde nicht die Ziele der Pädagogik Rudolf Steiners unterschreiben, dass ein Mensch aus sich heraus handeln kann, sein Ziel nicht aus den Augen verliert, sich mit der gegebenen Wirklichkeit in Einklang bringt und das Gesamtgeschehen ebenso verantworten möchte wie sein eigenes Handeln?

Dass man diese Fähigkeiten entwickeln muss, liegt auf der Hand; ebenso, dass man Rahmenbedingungen schaffen muss, in denen sich Erwachsene, Kinder und Jugendliche diese Fähigkeiten schrittweise erarbeiten. Eine Waldorfschule bietet diese Möglichkeit. Das gilt nach wie vor für den Kulturauftrag, den Rudolf Steiner realisieren wollte: eine Schule zu gründen, in der sich Menschen zur Freiheit entwickeln. Die Quintessenz seiner Lehre beruht auf der Metamorphose der drei Seelenkräfte: Denken, Fühlen und Wollen. In seiner poetischen, der expressionistisch geschuldeten Diktion lautet sie so: „In dem Herzen webet Fühlen / In dem Haupte leuchtet Denken / In den Gliedern kraftet Wollen."

Skepsis gegenüber unserem digitalen Zeitalter ist verständlich und angebracht, aber kein guter Ratgeber. Jugendliche sollen lernen, mit künstlicher Intelligenz so umzugehen, dass sie nicht von ihr beherrscht werden. Dies kann gelingen, wenn wir lernen, unser Seelisches mit Geistigem zu verbinden. Rudolf Steiner hat immer wieder betont, dass Selbsterziehung und Selbstentwicklung des Lehrers die Basis bilden, auf der man Heranwachsende erzieht. Es ging ihm darum, dem Geistigen konkret zu begegnen.

„Lauf nicht, geh langsam: Du musst nur auf dich zugehn! Geh langsam, lauf nicht, denn das Kind deines Ich, das ewig neugeborene, kann dir nicht folgen."

Die Gedanken, die er im November 1920 für seine Mitarbeiterin Edith Maryon aufschrieb, fassen die Idee seiner Sozialethik auf poetische Weise zusammen: „Heilsam ist nur, wenn im Spiegel der Menschenseele sich bildet die ganze Gemeinschaft. Und in der Gemeinschaft lebet der Einzelseele Kraft." Er forderte, dass nicht nur Waldorfschulen, sondern auch Unternehmen in diesem Sinne geführt werden sollten. Diese Art der Selbstverwaltung nannte er Realisierung eines freien Geisteslebens. Was früher allein Sache der Unternehmungsleitung war, sollte Mitarbeiter herausfordern, ein unternehmerisches Selbst auszubilden. Was zu Steiners Zeiten noch Vision war, wird heute von immer mehr Unternehmen realisiert. „Das ideale Individuum wird nicht mehr an seiner Gefügigkeit gemessen, sondern an seiner Initiative. Hierin liegt einer der entscheidenden Veränderungen unserer

> „Skepsis gegenüber unserem digitalen Zeitalter ist verständlich, aber kein guter Ratgeber."

Lebensweise", so formuliert es der französische Soziologe Alain Ehrenberg unter dem vielsagenden Titel „Das erschöpfte Selbst, Depression und Gesellschaft in der Gegenwart."

Wenn aber jeder Mitarbeiter ein unternehmerisches Selbst entwickelt, wie wäre in einem solchen Unternehmen Gemeinsamkeit möglich? Muss es nicht Hierarchien geben, Vorgesetzte, Rektoren, Heimleiter, Oberstudienräte und Fachleiter, die Heime, Schulen oder Wirtschaftsunternehmen führen? Damit wird nicht nur der Beitrag der Einzelnen in Schule und Arbeitswelt revolutioniert, sondern das ganze Gefüge der Zusammenarbeit müsste nach neuen Kriterien geordnet werden.

Die Freien Waldorfschulen versuchten diesen Weg seit den Anfängen 1919 zu gehen – mehr oder weniger gelungen. Inzwischen hat man den Eindruck, dass die von Steiner vorgeschlagene Zusammenarbeit in die Krise gekommen ist und immer skeptischer auch von Betroffenen beurteilt wird. Es gibt Schulen, die sich eine Art Direktorium zugelegt haben, damit Entscheidungsprozesse schneller laufen und die Willkür einzelner Mitarbeiter in Grenzen gehalten wird. Das mag im Einzelfall berechtigt sein, kann aber auch Nachteile bringen, wenn das „freie Geistesleben" durch „Rechtsleben" geregelt wird. Unter Umständen lähmt es Initiativen der Lehrer, die sich auf den Direktor verlassen. Für Steiner, der die Waldorfschule Stuttgart leitete, hieß Führung, Mitarbeiter zu eigenen Initiativen zu ermutigen. Dass sich die Gemeinschaft in der Menschenseele spiegeln solle, heißt, dass ich mich als Einzelner bemühe, meine Arbeit mit Blick auf das Ganze zu gestalten. In meiner Seele kann ich versuchen, andere einzubeziehen. Ich muss an meinen Mitmenschen Interesse entwickeln. Das ist viel schwieriger, als es den Anschein hat. Gemeinhin interessiere ich mich nur für andere, wenn sie meinen Zielen nützen. Das ist aber kein echtes Interesse. Deshalb muss ich in einem zweiten Schritt versuchen, den anderen zu verstehen, auch wenn er andere Ansichten hat als ich und andere Ideen entfalten möchte. Ich muss ihn fragen, warum handelst, denkst und empfindest du in dieser Situation gerade so? Warum möchtest du dieses Projekt so und nicht anders durchziehen? Kurz, ich versuche, seine Motive zu verstehen. Es wird noch spannender, wenn ich frage, wohin er sich entwickeln möchte. Man lernt es zu schätzen, wenn man Vorstellungen überwinden kann, die eine Begegnung verhindern. Eigenheiten und Schrullen werden weniger wichtig. Wenn man solche Begegnungen hat, kann man Fähigkeiten entwickeln, die man sonst vielleicht nicht hätte entwickeln können. Ein Mitmensch traut mir Dinge zu, die ich mir nicht zugetraut hätte. Er vertraut mir, weil er mich vielleicht besser kennt als ich mich selbst.[1]

Das alles meint Steiner, wenn er davon spricht, dass sich im Spiegel der Menschenseele die Gemeinschaft bildet. Das Bild besagt, dass es sich in der Begegnung nur darum handelt, Wirklichkeit abzubilden, was wir aber nicht mit Wunschvorstellungen oder Projektionen verwechseln dürfen.

Die Folge einer solchen Gemeinschaftsbildung, die über die individuelle Begegnung läuft, deutet Steiner im zweiten Teil seines Spruches an: „Und in der Gemeinschaft lebet der Einzelseele Kraft." Der Mitarbeiter wird als Persönlichkeit ernst genommen, unabhängig von seiner Rolle im Unternehmen. Nicht nur die Fach- und Sozialkompetenz des Einzelnen wird geschätzt, sondern auch seine Originalität. So entsteht ein innovatives Unternehmen.

Was geschieht aber, wenn ich im herkömmlichen Sinne in einer Gemeinschaft arbeite und lebe? Wenn es gut geht und die Gemeinschaft von Sympathie getragen wird,

---

[1] (Vgl. Karl-Martin Dietz, Das Leben im Dialog, MENON Verlag 2004)

—— „Wenn wir in unserer Schule Kinder zur Freiheit erziehen möchten, sollten wir dafür sorgen, dass auch wir Erwachsene in Freiheit zusammenarbeiten." ——

wird man sich wohlfühlen: Wellness! Aber das ist erstens nicht Sinn eines Unternehmens und zweitens naiv. Ich kann mir meine Mitarbeiter nicht immer aussuchen. Ich finde sie vor und muss mit ihnen zurechtkommen. Meistens ist man bemüht, Regeln vorab festzulegen, wobei man Gefahr läuft, dass jeder Dienst nach Vorschrift macht und sich das unternehmerische Selbst nicht entwickeln kann. Oder man hält sich an die Regeln. Das ist bequem, aber solange man Krücken zum Laufen benutzt, lernt man nicht, selbst zu laufen. Dabei habe ich nichts gegen die Regeln und Absprachen, die man sich nach der Besprechung wichtiger Sachverhalte in der Konferenz geben kann, aber nicht vorab.

Freies Geistesleben lässt sich nicht rechtlich herstellen und verwalten, es braucht einen Raum der Begegnung. Die Ideenwelt wird sich in einer solcher Gemeinschaft „niederlassen", nach Steiner werden es sogar höhere geistige Wesenheiten sein. Die Arbeit macht Spaß. Es entsteht ein warmes soziales Klima.

Wenn wir also in unserer Schule Kinder und Jugendliche zur Freiheit erziehen möchten, sollten wir dafür sorgen, dass auch wir Erwachsene in Freiheit zusammenarbeiten. Die Jugendlichen spüren das. Aus diesem Grunde gehört die Selbstverwaltung der Waldorfschulen zu ihrer geistigen DNA. Denn nur, wenn wir den Mut haben, uns von dem staatlich bestimmten Schulapparat frei zu halten, können wir verantwortungsvoll für unser pädagogisches Handeln einstehen. Ein weiterer Aspekt, der vielfach bei der Selbstverwaltung übersehen wird: Wie kann man eine Schule führen, die mit den Fähigkeiten der Mitarbeiter rechnet und sie im freien Austausch nutzen und sogar steigern möchte? Erst die Innovationen der Eltern, Schüler, Lehrer und Mitarbeiter in Verwaltung und Hausmeisterei könnten aus einer Schule ein gemeinschaftliches Projekt machen. Jeder wäre eigenständig im Sinne des Ganzen.

Als Lehrer steigt man von der Ebene der Phänomene zu dem Bereich der Intelligenz auf. Hier wird etwas „sichtbar", was man im Bereich der Tatsachen nirgends findet: die innere Ganzheit, der in der Natur und in uns wirksame Logos. Unser abstraktes, an Formeln moderner Chemie geschultes Denken ist dazu nur unzulänglich bis gar nicht geeignet. Man muss versuchen, Prozesse des Verschwindens und gleichzeitig neu Entstehens innerlich nachzuvollziehen. Ein Entstehen ist gleichzeitig immer ein Vergehen und umgekehrt. Indem ich diese zwei gegensätzlichen Begriffe in ihrer Geste aktiv denkend vollziehe, entsteht wieder etwas Neues: Das Werden wird mir bewusst und leuchtet im Denken auf. Eine weitere Herausforderung ist die Sprache. Ich muss versuchen, sie diesen Bildern und Gesten anzugleichen. „Verschwinden" und „Entstehen" sind nicht unbedingt selbstverständlich. Vielleicht ist das Bild „die Flamme erstickt" oder „die Flamme stirbt" auch naturwissenschaftlich angemessener, als man denkt.

Wenn man Kerzen um ein Feuer stellt, zeigt sich, dass die große Flamme Luft aus der Umgebung anzieht. Bei diesem Versuch im Dunklen passiert es eigentlich immer, dass eine der dreizehnjährigen Schülerinnen entzückt sagt: „Oh, schauen Sie, Herr Hussung, die kleinen Flammen verneigen sich vor dem großen Feuer." Ein Anthropomorphismus? Bestimmt. Aber ist er nicht angemessener für dieses Alter?

Selbstverständlich lernen Waldorfschüler auch Formelchemie. Aber erst ab der zehnten Klasse. Vorher ist es wichtig, Denken an sinnenfälligen Beobachtungen und deren Prozessen zu schulen. Es bleibt auch in der siebten Klassenstufe nicht beim Staunen über Phänomene. Wir erarbeiten zum Beispiel Bedingungen, die erfüllt sein müssen, damit ein Stoff brennen kann. Die kausalen Mechanismen werden anhand der Beobachtungen entdeckt und logisch nachvollzogen. Aber die Schüler sollen in die Natur eintauchen können. Mit Hilfe einer chemischen Formel gelingt das nur bedingt, sie bildet nicht die Wirklichkeit ab, sondern nur ein Modell der Wirklichkeit. Hat schon einmal jemand Ruß (Kohlenstoff) gesehen, wenn er Kohlendioxidgas im Glas beobachtet? Oder Sauerstoff, der irgendwie, so suggeriert es die Formel CO_2, an diesem Kohlenstoff hängt? Was macht Kohlenstoff mit Sauerstoff, wenn er damit verbunden ist und umgekehrt? Solche Fragen tauchen auf, wenn man sich nicht zu früh von der Formel inspirieren lässt. Eine Schülerin meinte einmal bei der Besprechung dieser Fragen. „Das ist so ähnlich wie beim Märchen. Der Kohlenstoff ist vom Sauerstoff verzaubert." Da tauchte eine Empfindungsqualität auf, die hinter dem Denken liegt.

Bemüht man sich Figuren der Geometrie, Gebilde der Natur und des Kosmos zu verstehen, findet man Zusammenhänge. Tatsachen sind nirgendwo isoliert; überall stehen sie in einem größeren Zusammenhang. Das heißt, überall findet man Intelligenz. Naturvorgänge sind aus einer höheren Welt des schöpferischen Geistes gestaltet. Aus dieser Welt stammen Gesetzmäßigkeiten, die man als Intelligenz in den Dingen und in der Verknüpfung der Tatsachen findet. Die Zusammenhänge in den Dingen und Vorgängen sind die Intelligenz jener schöpferischen Welt. Wenn der Mensch den inneren Zusammenhang der Tatsachen erfasst, leuchtet in ihm etwas von dem auf, was in den Dingen und Vorgängen an Intelligenz waltet.

Wenn sich der Mensch aber immer mehr vom Computer abhängig macht, sich bewusst aus seinem Denken herausziehen möchte, kann er sich immer weniger mit der Welt verbinden. Die Entfremdung wird in besorgniserregender Schnelligkeit voranschreiten. Kollateralschäden wie Klimawandel und andere ökologische und ökonomische Katastrophen sind auf abstraktes Denken zurückzuführen, das den Zusammenschluss mit der Wirklichkeit verloren hat. In Zukunft werden Maschinen unser Leben bestimmen. Es wäre wünschenswert, wenn es Menschen gäbe, die intelligent genug sind, mit dieser Technik umzugehen, ihr aber gleichzeitig etwas entgegensetzen könnten. Schon wenn man den Nutzen der Computer und die Grenzen der digitalen Welt kennt und anerkennt, ist einiges gewonnen. Waldorfschüler bringen einiges an Fähigkeiten dazu mit.

Die Anthroposophie als Geisteswissenschaft berücksichtigt, dass der menschliche Geist sich selbst entwickeln muss, um dem Gegenstand seiner Erkenntnis gerecht zu werden. Es kann keine Erkenntnis des wissenschaftlichen Objektes geben ohne eine Weiterentwicklung des wissenschaftlichen Subjektes. Diese Weiterentwicklung des erkennenden Subjektes hat Auswirkungen auf das zu erkennende Objekt. Ein so verstandener Erkenntnisprozess hat mit der heute üblichen Abbilderkenntnis nichts mehr zu tun.

Der Mensch kann Intelligenz in seinen Dienst stellen, indem er sie dazu nutzt, für das praktische Leben Erfindungen zu machen. In der siebten Klasse kann man diese Entwicklung mit den Schülern besprechen. Die Menschen konstruierten unter anderem das Schöpfrad. Durch Intelligenz wurde ein Rad genutzt, das sich in der Strömung dreht, und mit Gefäßen kombiniert, die sich mit Wasser füllen, das Wasser in die Höhe tragen und in eine Rinne gießen. Der Beginn eines Kanalsystems. In dieser einfachen Maschine ist Intelligenz in die Materie gebracht worden. Je komplizierter eine Maschine, desto mehr an Intelligenz wird in die Konstruktion der Maschine inkorporiert. Der Weg der technischen Zivilisation nahm mit immer größerer Dynamik seinen Verlauf. In der industriellen Revolution Ende des 19. Jahrhunderts wird es geradezu greifbar, wie sehr Technik das Leben verändert hat. Die Intelligenz veränderte sich entsprechend. Sie wird dem Irdischen immer stärker angepasst. Die Leitidee ist dabei: äußere Zweckmäßigkeit zu erreichen und materiellen Fortschritt und Wohlstand. Der Mensch blieb von diesem Geschehen nicht unberührt. Die Form, die die Intelligenz im Mechanismus der

Sie beten Rudolf Steiner an und vergöttern ihn. Dieses Klischee hat die Abi-Klasse 2019 inspiriert, ein Gruppenfoto mit ihrem „Propheten" zu montieren. Dazu haben die Schüler auch noch ein parodistisches Video gedreht. Ihr Lehrer Daniel Kemter war übrigens mit von der Partie.

Zu sehen unter https://www.youtube.com/watch?v=im23MqXOn14

Maschinen annimmt, begann sein Denken zu beherrschen. So entstand die Tendenz, die verschiedenen Bereiche der Welt im Sinne der irdisch gewordenen Intelligenz als Mechanismen zu interpretieren. Der Mensch wurde in seinem Ich immer irdischer. Die Erfindungen mussten auch seinen Leidenschaften dienen. Durch diesen Prozess verlor und verliert der Mensch die göttlich-geistige Welt. Er verliert seinen Ursprung.

Mit dem 16. Jahrhundert entwickelte sich die Experimentalwissenschaft. Das Ende der Spekulationen wurde damit eingeleitet. Es wurde mit den Apparaten der Mensch aus der Naturerkenntnis ausgeschaltet. Er lebte bis Mitte des 20. Jahrhunderts in der Illusion, damit die höchstmögliche Objektivität zu erreichen. Mit experimentellen Verfahren konnte und kann man aber nur die Oberfläche der Natur erreichen. Jede tiefer gehende Frage, woher der Mensch kommt, wohin er will, ob er ein unsterbliches Wesen ist, wurde aus der Forschung ausgeklammert. Es gilt nur das als wissenschaftlich bearbeitbar, was man verifizieren und falsifizieren kann. Auch die Psychologie versucht, durch Statistiken seelische Prozesse zu objektivieren. Den geistigen Anteil hat sie seit Freud verloren und es droht ihr auch noch der Verlust des Seelischen.

Diesen Weg der Intelligenz in die Verbindung mit der Materie durch die Technik und die Konsequenz dieses Weges in der materialistischen Illusion von der Welt sollte der Lehrer kennen. Denn beides liegt der modernen Zivilisation und dem modernen Denken zugrunde. Man sollte ihn schon deshalb kennen, weil sich Steiner im Zusammenhang mit der Waldorfpädagogik fragte, wie sich der Mensch seines geistigen Wesens wieder bewusst wird und aus diesem Erleben heraus die Zivilisation prägt, indem er ihr gesundende Kräfte übergibt. Soziales, wissenschaftliches und wirtschaftliches Leben funktioniert nur, wenn man mit Kreativität, Sachverstand, Verständnis und Achtung der Mitwelt begegnet. Es betrifft die Zukunft unserer Zivilisation. Wie kann das Denken zukunftsfähig werden? Wie kann man in Zukunft mit fremden Kulturen zurechtkommen, wenn immer mehr Menschen in Europa und den USA sich weder für sie zu interessieren scheinen, noch sie verstehen, geschweige denn achten möchten?

Im Oktober 1922 spricht Steiner davon, wie der Intellekt, der verarbeitet, was sich in Experimenten zeigt, nicht zur Wirklichkeit, sondern nur zu einem Traum gelangt. Das heißt zu Anschauungen, die von der Welt abgeschnürt sind. Die Waldorfpädagogik sei kein pädagogisches System, sondern die Kunst, das, was im Menschen lebt, aufzuwecken. Der Jugendliche trägt seine Intelligenzkräfte, sein geistiges Wesen und das der Natur und des Kosmos in sich. Er hat es nur vergessen, weil er sich als körperliches Wesen in diese Welt inkarniert hat. Erziehen im eigentlichen Sinne könne man die Kinder nicht, man kann nur versuchen – etwa ab dem vierzehnten Lebensjahr – jene Kräfte zu wecken, durch die der Mensch aus dem Traum der materialistischen Illusion erwacht. Der Lehrer kann seine Schülerinnen und Schüler so an die Experimente heranführen, dass sie auch Erleben lernen, was experimentelle Naturwissenschaft nicht berücksichtigen möchte. Deshalb nennt Steiner die Erziehung Jugendlicher nach der Geschlechtsreife auch „erweckende Erziehung".

„Wir werden nicht mehr fragen, ist der der beste Lehrer, der am besten den Unterrichtsstoff beherrscht, sondern wir werden fragen, was ist das für ein Mensch? Man kann seine Lehrgegenstände vollständig inne haben, man kann eine lebendig wandelnde Wissenschaft sein und doch ungeeignet sein zu lehren, weil man dasjenige, was vom Menschen ausströmt, was die Individualität aus dem anderen Menschen herauslockt, nicht kennt."

Die Individualität des Menschen wachrufen. Damit ist ein wichtiger Grundsatz der Waldorfpädagogik gekennzeichnet. Erziehung bedeutet also, die Umwelt des Kindes so einzurichten, dass sich die Individualität wachrufen lässt. Der Jugendliche übernimmt den Hauptteil des Geschäftes. Letztendlich erzieht er sich selbst. ———

„Wir müssen den Stoff ergreifen"

Die Lehrerin Gesine Brücher schreibt über anfängliches
Lampenfieber und die Gelassenheit, die mit der Erfahrung kommt

Mittlerweile gehöre ich zu den alten Hasen am Engelberg. Im Herbst 1991 habe ich hier angefangen, gerade mal mit sechs Stunden Deputat in der Woche. Allerdings hatte ich mich auf einen großen Spagat eingelassen: die zwölfte Klasse in Geschichte und die erste Klasse in Musik. Interessant fand ich das, doch ahnte ich nicht, was da auf mich zukommen würde. Meine eigenen Kinder sieben und vier Jahre alt, übte ich beim Wäscheaufhängen die pentatonischen Lieder, bereitete in langen Abendstunden den Geschichtsunterricht vor und bügelte nachts noch den langen Seidenrock, den ich – farblich natürlich passend zur Jahreszeit – am nächsten Morgen in der ersten Klasse anziehen wollte. Das schaffe ich ja nie! Wie kriegen das die Kollegen hin?

Egal ob an der Staats- oder an der Waldorfschule, der Anfang ist für einen jungen Lehrer mit Lampenfieber und Aufregung verbunden. Dieses Vor-der-Klasse-Stehen. Mir war mulmig zumute, als ich in meinem ersten Praktikum an der Uhlandshöhe in Stuttgart eine neunte Klasse in Kunstgeschichte unterrichten durfte. Ja genau, wir sagen unterrichten dürfen. Meine Seminarleiterin gab mir den Rat: „Ziehen Sie ein Jacket von Ihrem Mann an mit Schulterpolstern. Dann machen Sie sich klar: Vor Ihnen die Farbe Rot. Ein Gegenüber, eine Herausforderung, Power! Standhalten. Hinter Ihnen und um Sie herum: blau. Das Kollegium, die Eltern – alle bilden Ihren Umkreis, Ihre Sphäre, in der Sie arbeiten. Das trägt!"

Die Gelassenheit kommt mit der Erfahrung. Erst einmal muss man gerne Lehrer sein, vor einer Klasse stehen wollen, sich gerne mit dem Stoff auseinandersetzen. Da ist kaum einen Unterschied zu Lehrern anderer Schulen. Aber es ist gerade der Stoff, zu dem Waldorflehrer einen besonderen, eigenen Zugang entwickeln sollen. Ihn gilt es ernst zu nehmen, aber nicht um seiner selbst willen, sondern vielmehr als etwas, mit dem die Schülerinnen und Schüler arbeiten lernen und an dem sich ihre Fähigkeiten herausbilden. Wie eine Art Gelegenheit, sich zu entwickeln. Daher sagen wir wohl auch so gerne „den Stoff ergreifen". Nicht einfach nur abspeichern bis zur nächsten Prüfung.

Wie ist es sonst bei uns? Ich weiß noch, wie entsetzt ich war, als ich das erste Mal einen saftigen Streit zwischen Kollegen miterleben musste. Wie das? Waldorflehrer streiten? Ja klar! Und wer schlichtet oder entscheidet? Es gibt in unserer Struktur keinen Rektor, über den oder bei dem wir uns beschweren können. Wir haben keine Hierarchie, sondern jeder ist verantwortlich.

Es gibt auch kein Schulamt, das uns Vorschriften macht. Wir verwalten uns selbst. Das heißt, wir kümmern uns selbst um Finanzen, Personalfragen, Erhalt und Pflege unseres Schulhauses. Zur Not (wirklich nicht gerne!) putzen wir auch mal die Toilette, wenn auf dem Martinsmarkt gerade keine Putzfrau greifbar ist. Das wird nicht extra bezahlt,

Reformierte Mittelstufe

Die Waldorfschule Engelberg hat im Jahr 1995 als eine der ersten Waldorfschulen in Deutschland ihre Mittelstufe reformiert. Am Engelberg begleiten die Klassenlehrerinnen und Klassenlehrer ihre Schülerinnen und Schüler seitdem nicht mehr bis Klasse acht, sondern nur noch bis Klasse sechs. Dem lag eine zweijährige intensive Beschäftigung des Kollegiums mit der Entwicklung von Kindern zugrunde, deren körperliche und geistige Reife heute in der Regel früher einsetzt als vor hundert Jahren. Gegen Ende der sechsten Klasse, so die Auffassung der Pädagogen, sind Kinder zunehmend in der Lage zu kausalem, logischem Denken. Sie werden selbständiger und sehen die Welt nun nicht mehr durch die Augen des Lehrers, sondern entwickeln mehr und mehr ihre eigene Perspektive. In dieser Entwicklungsphase bietet sich auch ein Lehrerwechsel an. Rudolf Steiner hat sich zu seiner Zeit an der achtjährigen Volksschulzeit orientiert und keine dezidierten Angaben zur Dauer der Klassenlehrerzeit gemacht. Ihm war es wichtig, dass die Kinder „so lange wie möglich" bei einem Lehrer lernen sollten.

Die Schulzeit am Engelberg gliedert sich seitdem in Klasse eins bis sechs (Unterstufe), Klasse sieben bis neun (Mittelstufe) und Klasse zehn bis dreizehn (Oberstufe). Andere Waldorfschulen machen sich ebenfalls schon lange Gedanken über diese Thematik und entwickeln eigene Modelle, um dem schwierigen Alter der Pubertät besser gerecht zu werden.

das kostet Nerven, aber das ist das Leben. Wir werden nicht verbeamtet und verdienen weniger Geld als Lehrer in der staatlichen Schule. Und trotzdem möchten wir Lehrer an der Waldorfschule sein, weil wir uns für eine andere Pädagogik entschieden haben.

Seit der Gründung der Waldorfschule vor hundert Jahren kümmern sich die Lehrer selbst um die Organisation ihrer Schule. Sie sitzen in Konferenzen zusammen und behalten so den Überblick über das, was zum Schulemachen noch dazugehört. Sie können sich nicht in den Elfenbeinturm ihres Fachs oder ihrer Klasse zurückziehen. Dass jede Waldorfschule zwar ähnliche, aber dennoch durchaus unterschiedliche Konzepte für die Selbstverwaltung entwickelt hat, zeigt einmal mehr die Unabhängigkeit jeder einzelnen Einrichtung. Schulträger ist fast überall ein Schulverein, dem Eltern und Kollegium angehören. Der Vereinsvorstand, ebenfalls aus Eltern und Lehrerkollegen zusammengesetzt, regelt die Geschäfte und trägt die gesamte wirtschaftliche Verantwortung für das mittelständische Unternehmen Waldorfschule mit einem Haushalt von über sechs Millionen Euro und fast achtzig Mitarbeitern am Engelberg. Der Geschäftsführer erledigt die täglich anfallenden finanziellen Angelegenheiten. Fast nirgendwo in der Waldorfwelt mischt er sich in die Belange der Pädagogik ein, auch wenn er manchmal den Fuß auf der Ausgabenbremse hat oder die Gesamtzahl der Deputate und die Einhaltung einer wirtschaftlich gesunden Lehrer-Schüler-Relation im Blick behält.

An unserer Schule wurden im Laufe der Jahrzehnte Organisationsstrukturen entwickelt, die eine effiziente und professionelle Führung des Schulganzen sicherstellen sollen. Aktuell arbeiten wir mit einem vom Kollegium gewählten Leitungsgremium, der sogenannten Kollegialen Leitung aus drei Kollegen, die sich mit dem Schulrat beraten und Entscheidungen treffen, die für die ganze Schule relevant sind. Der Schulrat besteht aus zehn bis zwölf Delegierten der Fachkreise (Englisch, Mathematik, …) und trifft sich wie die Oberstufenkonferenz alle zwei Wochen. Hier werden die Belange der zehnten bis dreizehnten Klassen besprochen, die von der Pädagogik über die Klassenführungen bis hin zu Prüfungsfragen reichen.

Die Pädagogische Konferenz soll dagegen das Herz der Schule bilden, es geht um die wöchentliche Weiterbildung, Wahrnehmung aller Kolleginnen und Kollegen und Planung und Regelung der zahlreichen technischen Belange, die in einer Schule anfallen. Am Engelberg haben sich Fachkreise herausgebildet, in denen fachspezifische Fragen geklärt werden. Auch sie tagen in der Regel jede Woche. Manchmal meint man als Lehrer, Unterrichten ist noch das wenigste hier. All die stundenlangen Konferenzen kosten sehr viel Zeit. Aber wir lieben, dass wir mitgestalten können. Wir sind unsere eigenen Chefs, haben viel Freiheit und eine große Verantwortung, und das wollen wir.

Im Elternrat arbeiten viele initiative Eltern aus allen Klassenstufen zusammen und zeigen durch ihre Bereitschaft zum Mitdenken und Mitarbeiten immer wieder, wie sehr ihnen die Waldorfpädagogik am Herzen liegt. Kinder lassen sich nicht gegen ihre Eltern erziehen. Die Zusammenarbeit von Eltern und Lehrern ist für den Erfolg der Schule wichtig.

Was lernt der Waldorflehrer im Laufe seines Berufslebens?

Zunächst natürlich all das, was er für seinen Unterricht braucht, besonders sich immer wieder zu begeistern für sein Fach, für den Stoff, immer wieder Neues zu entdecken und nicht in zu große Routine zu verfallen. Klar, ein bisschen davon braucht man schon zum Überleben.

Er lernt, die Kinder und Jugendlichen mit all ihren Ecken und Kanten zu lieben und ernst zu nehmen, und er hofft, dass sie das auch ihm gegenüber manchmal hinkriegen.

Er beschäftigt sich immer wieder mit den Grundlagen der Waldorfpädagogik und bemüht sich darum, diese in seinem Unterricht und in der Beziehung zu den Kindern auch umzusetzen. Er hat es nicht nötig, andere mit Zitaten von Rudolf Steiner zu belehren.

Er lernt es, die Eltern seiner Schülerinnen und Schüler als Partner anzusehen und sich von den wenigen schlecht gelaunten und dauernd meckernden Eltern nicht verrückt machen zu lassen.

Er lernt es hoffentlich, empathisch und souverän zu sein.

Er lernt es, Hilfe anzunehmen, nicht alles selbst können zu müssen, nicht alles besser zu wissen.

Er lernt es, dem Gespräch und seiner Wirkung zu vertrauen.

Er lernt Solidarität gegenüber seinen Kollegen und Loyalität gegenüber der Schule zu üben.

Und darum geht es eigentlich, wenn ich an meine Rolle als Waldorflehrerin denke: Ich fülle die Kinder nicht mit Wissen ab, ich begleite sie ein Stück auf ihrem Lebensweg. Ich rechne damit, dass sie vielleicht schon als Kleine viel klüger sind als ich, ich versuche, an mir zu arbeiten, wenn etwas nicht so gelingt, wie ich es mir vorstelle. Und ich bin den Eltern dankbar, dass sie uns ihre Kinder so vertrauensvoll Tag für Tag überlassen.

Es kommt auf jeden Einzelnen an

Dieter Behr und Norbert König, zwei Väter, beschreiben das Engagement der Eltern in der Waldorfschule am Engelberg

ie erste Herausforderung für uns Eltern beginnt kurz nach der Einschulung der Kinder: Plätzchen backen für den Martinsmarkt. Und recht schnell ist klar, nach dem Martinsmarkt ist vor dem Martinsmarkt. Schon im Januar basteln wir Spielzeug zum Verkauf für das nächste Fest, bereiten Schulveranstaltungen vor, unterstützen hinter den Kulissen das Klassenspiel, beim Aufbau und in der Maske. Wir begleiten Ausflüge, helfen Schul- und Pausenhof in Schuss zu halten. Gerade ist richtig viel für das „Bauteam" zu tun, weil wir mitten in Renovierungsarbeiten stecken. Wenn eine Hecke gestutzt werden muss, rufen wir nicht bei der Stadtverwaltung an, sondern packen selbst an.

Die Rolle, die Eltern an Waldorfschulen spielen, ist größer und aufwändiger als in staatlichen Schulen, wo Väter und Mütter ein, zwei Mal im Schuljahr zum Elternabend gehen. Unsere Schule lebt von der Mitarbeit jedes Einzelnen. Alles läuft basisdemokratisch, dafür gibt es Arbeitskreise oder Gremien, einen Vertrauenskreis, den Schulrat und Vorstand.

Obgleich nicht jeder gleich viel Zeit aufbringen kann oder will, soll sich keiner ganz herausziehen – auch wenn's einige versuchen. Lehrer, Kinder und Eltern sind auf dem Engelberg eine Einheit. Denn unsere Selbstverwaltung bedeutet nicht nur Arbeit, sondern auch die Chance, das Schulleben aktiv mitzugestalten.

An staatlichen Schulen gilt, was zuständige Behörden vorgeben. An Waldorfschulen haben Eltern größere Spielräume. Statt nur zu kritisieren, können wir selbst Akzente setzen und Verantwortung übernehmen. Natürlich, oft mahlen die Mühlen langsam. Und ja, manchmal ist es lästig. Jeder muss sich Zeit freischaufeln, auch mal einen Tag freinehmen, zum Beispiel für ein Köhlerwochenende auf der Ostalb. Da sind wir Mütter und Väter für jeweils sechs Kinder verantwortlich. Wir bauen einen Kohlemeiler auf, schieben Nachtwache, passen auf, dass sich keines der Kinder verbrennt. Viel Verantwortung, aber auch eine einzigartige Erfahrung.

Überschätzen wollen wir unsere Rolle nicht. Wir Eltern nehmen keinen (allenfalls einen indirekten) Einfluss auf die pädagogische Arbeit. Doch die Kinder erleben, wie wir das Schulleben mittragen. Sie merken, dass durch das Engagement ihrer Mütter und Väter etwas entsteht, was auch sie gut finden. Bei manchen Punkten hört die Begeisterung auf. Nicht alle Kinder finden es toll, wenn ein Elternteil mit auf Klassenfahrt geht.

Wir sind beide seit Jahren im Elternrat aktiv, dem Bindeglied zwischen Eltern und Lehrern. Er setzt sich zusammen aus je zwei Vertretern pro Klasse, gewählt von den Eltern. Fast jeden Monat treffen wir uns. Welche Termine bewegen die Schule gerade? Welche Veranstaltungen sind geplant? Wo gibt es Probleme? Wir gestalten Abende zu Themen, die in jeder Schule auf die Agenda gehören: Wie gehen wir miteinander um? Zum Beispiel organisieren wir Vorträge über gewaltfreie Kommunikation und Hintergründe der Waldorfpädagogik. Durch die Zusammenarbeit haben wir Eltern einen anderen Umgang untereinander und auch mit den Lehrern. So entsteht ein enger Bezug mit der Schule. Wenn wir uns auf dem Gang treffen, herrscht eine familiäre Atmosphäre.

Gerade weil unser Einzugsgebiet so groß ist und wir verstreut leben, ist regelmäßiger Austausch wichtig, ein Grund, warum wir die Selbstverwaltung forcieren. Die Familien kommen aus allen Ecken des Remstals, deshalb gibt es weniger zufällige Begegnungen als an anderen Schulen. Die Plattformen müssen wir selbst schaffen, um das Verständnis füreinander und die Kommunikation untereinander zu fördern.

Es ist immer wieder spannend zu sehen, wer alles an der Schule ist. Wir sind eine breite „Mittelschichtsvereinigung", unterschiedlichste Menschen mit vielfältigen Hintergründen. Aber alles „normale Leute", ein Querschnitt der Gesellschaft, darunter Lehrer, die an staatlichen Schulen unterrichten, Handwerker, Alleinerziehende, natürlich auch die künstlerische Klientel. Was fehlt, sind die „Großkopferten", Elitären. Leider kommen auch Kinder „bildungsferner" Schichten etwas zu kurz. Oft eine Frage des Geldes – oder weil das Bewusstsein für die Pädagogik dahinter fehlt. Aber es lässt sich nicht umgehen. Dass es jedem Kind möglich sein sollte, unsere Schule zu besuchen, ist immer wieder Thema bei uns, aber auch dafür gibt es Lösungen. Wer will, kann aus jedem familiären und gesellschaftlichen Hintergrund zu uns kommen.

Warum nehmen wir das auf uns? Nicht, weil wir alles euphorisch sehen oder weil wir ein „softes Gymnasium" sein wollen. Kein Stress – und am Ende machen alle ein Einser-Abitur, das geht eben nicht. Wir achten schon auf Leistung, nur etwas umfassender, ganzheitlicher definiert als in der staatlichen Schule. Jeder soll seine Grenzen in allen Fächern ausloten und erweitern und am Ende auch zu Ergebnissen und Abschlüssen kommen. In der dreizehnten Klasse machen rund achtzig Prozent eines Jahrgangs Fachhochschulreife oder Abitur mit einem durchaus vergleichbaren Schnitt wie im staatlichen Bereich.

Unsere Kinder wissen, dass wir hinter der Schule stehen, aber nicht an sie gefesselt sind, wenn es für sie nicht passt. Natürlich menschelt es auch bei uns, es gibt Verständnisschwierigkeiten. Begeisterte Eltern sind ein Jahr später zuweilen ernüchtert. Wer zu euphorisch herangeht, wird enttäuscht. Problematisch wird es, wenn das Verhältnis zum Klassenlehrer nicht stimmt, immerhin ist die Klasse sechs Jahre mit ihm verbunden. Von Eltern, deren Kinder eine staatliche Schule besuchen, hört man in solchen Situationen oft Sätze wie: Ach, in einem Jahr kommt ohnehin ein anderer. Das ist an der Waldorfschule anders.

Was es braucht als Eltern? Manchmal eine gute Portion Gelassenheit und Vertrauen. Klar gibt es Zweifel. Etwa wenn das Gefühl aufkommt, die Schüler hängen hinterher – im Vergleich mit Gleichaltrigen. Fremdsprachen sind ein Dauerthema: Lernen sie genug in den ersten fünf, sechs Jahren?

Wenn es auf den Abschluss zugeht, stellt sich die Frage, welcher der richtige ist. Und ob der Druck nicht zu groß wird. Wir diskutieren auch oft darüber, dass die Digitalisierung immer wichtiger an Staatsschulen wird. Und dass die Kinder dann noch mehr Zeit vorm Computer verbringen. Wir maßen uns nicht an, die Waldorfschule über jede staatliche Schule zu stellen. Aber wir haben Argumente, die für sie sprechen.

Dazu gehören die künstlerischen Themen, Musik, Eurythmie, bildnerisches und plastisches Gestalten, ebenso wie die handwerklichen, Schreinern, Schmieden oder der Gartenbau, und wenn dann in der Goldschmiede und all den Werkstätten handgefertigte Schmuckstücke und Möbel entstehen oder auch wenn sich aus einer einzigen Klasse ein komplettes Orchester formiert, ist dies etwas ganz Besonderes. Die Kinder haben einen frühen intuitiven Zugang zu Englisch und

↘ *Alles in bunten Tüchern. Jedes Jahr im November ist der beliebte Martinsmarkt.*

Französisch, beschäftigen sich in Deutsch intensiv und wiederkehrend mit Klassikern. Goethe und Schiller werden bei uns als Grundlage von Bildung angesehen, ergänzt durch aktuelle Literatur zu den heute anstehenden Fragen. Mathematik und Geometrie sind wichtige Grundlagenfächer. Entgegen dem Vorurteil, unsere Kinder können nur ihren Namen tanzen, sind sie erfolgreich in Naturwissenschaft unterwegs. Deshalb sind wir überzeugt, dass wir mit unseren Kindern den richtigen Weg gehen. Einen Weg, der jedem offensteht und bei dem wir die Erfahrung machen, dass sich unser Einsatz an vielen anderen Stellen durchaus wieder auszahlt.

———

↖ *Die Lichterhäuser*
stimmen die Besucher
des Martinsmarktes
schon auf die Advents-
und Weihnachtszeit ein.

Feste für alle Sinne

Fünf Mal im Jahr präsentieren die Schüler
ihr Können bei den Monatsfeiern. Immer mit dabei:
Simon Schwaderer, Fachlehrer für Eurythmie

J edes Schuljahr organisiere ich die fünf „Darbietungen aus dem Unterricht", bei uns auch „Monatsfeiern" genannt. Das Ziel der Veranstaltungen: Die Mädchen und Jungen sollen erleben, mit welchen Themen sich ihre Mitschüler beschäftigen. Worum drehen sich die Fragen in anderen Klassen? Welche Lieder werden gesungen? Welche Sprüche begleiten sie? Welche Bewegungen haben sie neu entdeckt?

Diese Begegnungen sind immer inspirierend. Oft herrscht gespannte Stille im Saal, wenn die Schüler ihre Gedichte, Lieder, Bühnenstücke oder Eurhytmie-Übungen präsentieren. Laut ist allerdings der Applaus am Ende der Auftritte.

Die Idee stammt aus den Anfangsjahren der Waldorfpädagogik, ist also schon hundert Jahre alt. Rudolf Steiner wollte, dass sich die Schüler gegenseitig wahrnehmen und schätzen. Mittlerweile sind diese Monatsfeiern mehr: Für die Kleinen sind sie ein Blick in die Zukunft. Staunend verfolgen sie die Aufführungen der Älteren. Die Großen erinnern sich bei den Darbietungen der unteren Jahrgänge an ihre eigenen ersten Schritte in der Waldorfschule. Und wir Lehrer lernen unsere Schüler bei den Proben besser kennen.

Zweimal jährlich laden wir Verwandte und Freunde dazu ein. Auch sie sollen an dieser Tradition der Waldorfschulen teilhaben. Es ist toll, wenn Eltern und Kollegen miterleben, worauf der Unterricht unserer Schule basiert: Sehen, Hören, Spüren.

↗ *Mit der „Hexe" von Peter Tschaikowsky auf der Bühne. Eine sechste Klasse führt die komplizierte Choreografie in der Eurythmie auf.*

↙ *Großer Auftritt.
Eine erste Klasse spielt
eine Kurzversion des
Märchens vom Wolf und
den sieben Geißlein.*

„Mein Vater ist Pilot. Er hat mir eine Boeing 747 als Modell geschenkt und erklärt, warum Flugzeuge überhaupt fliegen können."

Emmanuel Travitzki bemalt den Flugkörper mit den Farben der Fluggesellschaft. Vielleicht will er mal Pilot werden wie sein Vater. Oder aber Arzt wie seine Mutter.

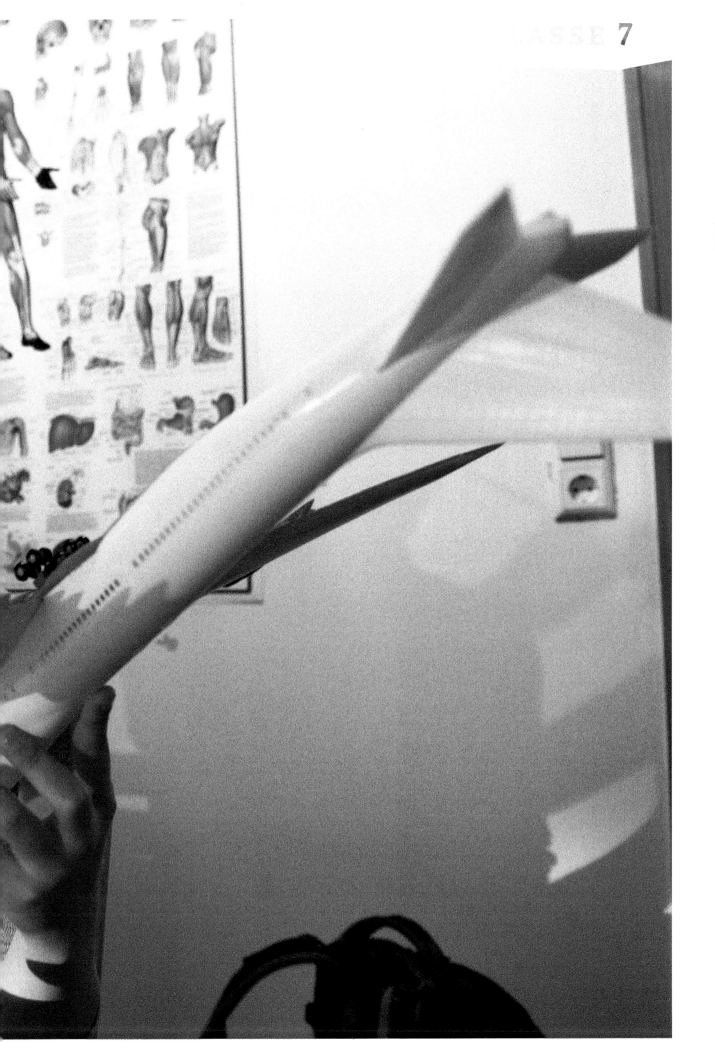

MITTELSTUFE

Florence Schneider-Mugnier ist Französin aus dem Rhône-Tal, studierte Deutsch, Englisch und Wirtschaft an der Universität Stendhal in Grenoble und schloss mit einem Magister ab. Danach folgte das Waldorflehrerseminar an der Uhlandshöhe in Stuttgart und später, schon als Lehrerin am Engelberg, noch ein Master in Sprachwissenschaft, Schwerpunkt Französisch als Fremdsprache, wieder in Grenoble. Seit 1991 unterrichtet sie in allen Klassenstufen am Engelberg.

Bernhard Wolff, ehemaliger Waldorfschüler, unterrichtete zwei Jahre an staatlichen Grund- und Hauptschulen, machte dann aber eine Ausbildung zum Waldorflehrer. In den Achtzigerjahren baute er die Waldorfschule in Schwäbisch Gmünd mit auf. Im Jahr 2000 kehrte er an den Engelberg zurück, wo er seither in der Mittelstufe unterrichtet.

Gabriele Eßer stammt aus dem Rheinland, kam mit sieben Jahren auf das Waldorfinternat Benefeld und blieb dort bis zum Abitur. Zufall – denn die Eltern hatten nichts mit Waldorfpädagogik am Hut. Sie absolvierte ein Praktikum in einem staatlichen Heim, studierte anschließend Heilpädagogik in Camphill, ging ein Jahr nach Amerika und anschließend ans Waldorflehrerseminar in Stuttgart. Seit 1992 unterrichtet sie, mit einer Elternpause zwischendurch, Klasse eins bis sechs am Engelberg, Nebenfach ist Englisch. Bei der aktuellen Klasse bleibt sie ausnahmsweise bis Klasse acht.

Durch das Erlebnis lernen

Bernhard Wolff erzählt als Erster, wie er versucht, seine Schüler loszulassen und sie trotzdem im Auge behält

In der siebten Klasse sind manche Kinder schon in der Pubertät, bei einigen Jungs fängt die Stimme an zu wackeln. Die Mädchen und Jungen haben nach sechs Jahren mit mir einen neuen Klassenlehrer bekommen und fragen sich: Was macht der anders? Bisher wurden sie eng und klar geführt. Jetzt finden sie es toll, wenn ich ihnen auch mal etwas erlaube. Wir haben gleich einen Ausflug nach Ulm unternommen, standen in der Stadtmitte und ich sagte: Schaut, da vorne ist das Ulmer Münster. Ihr dürft alleine los. Wir treffen uns dort in fünf Minuten. Das schafft ihr, man sieht das Münster ja von überall. „Au toll, das hätte unser alter Klassenlehrer nie erlaubt!" Und los geht's … Sie freuten sich über das Vertrauen, fühlten sich groß und haben mir das sofort vermittelt.

Einerseits muss ich die Schüler loslassen, andererseits trotzdem im Auge behalten und immer wieder zurückholen. Denn wenn man sie zu sehr loslässt, führt es zum Chaos. Sie lieben das Chaos und richten es an, wo und wann immer es geht. Am besten begegnet man ihnen mit Humor. Wenn sie angreifen, nehme ich das nicht mehr persönlich, mit den Jahren habe ich gelernt, gelassener zu reagieren.

Wir unternehmen in der Mittelstufe zwei Klassenfahrten, eine in der siebten, die andere in der neunten Klasse. Nur brav im Klassenzimmer sitzen gefällt ihnen nicht. Sie wollen raus. Immer geht das nicht, manchmal schon. In der Physik-Epoche bin ich zum Beispiel mit ihnen zur Eisenbahnbrücke in Winterbach gegangen. Eisenbrücken dehnen sich im Sommer aus und ziehen sich im kalten Winter zusammen. Deshalb haben Ingenieure eine Dehnfuge eingebaut, damit das unflexible Betonfundament nicht zerstört wird. Die schauen wir uns an. Mit dem Fußweg rauf und runter vergehen fast zwei Stunden. Zurück trödeln die Mädels und Jungs natürlich, weil sie danach Englisch haben. Also treibe ich sie ein bisschen an. Freilassen und doch lenken, darin besteht die Kunst.

Ein anderes Mal ging es um die Hebelwirkung. Ich hatte einen etwa siebzig Kilo schweren Stein ins Klassenzimmer gelegt. Jeder Schüler sollte ihn mit einem Holzgriff anheben. „Der ist festgeschraubt!", rief ein Mädchen, nachdem sie es nicht geschafft hatte. „Nein, schau her!", rief einer der Kerle und hob ihn tatsächlich ein Stück hoch. Mit Hilfe eines vier Meter langen Balkens und eines entsprechend kurzen Lastarms bekamen alle Schüler den Stein schließlich mühelos hoch.

Möglichst wenig Theorie und viel Erleben. Das gilt auch für andere Fächer in diesem Alter. In der Chemie-Epoche ging es beispielsweise darum, zu beobachten, wie Feuer das Holz in Asche verwandelt. Also zündeten wir draußen einen Stoß Holzscheite an: Feuer und Funken, Rauch und Hitze, Knistern und Gestank. Alles besser, als nur im Klassenzimmer über Daten von Brennwerten oder ähnliches zu sprechen. Natürlich tragen sie das Erlebte im Anschluss in das Epochenheft ein.

Wenn es geht, verlassen wir das Klassenzimmer auch gedanklich, lesen spannende Geschichten wie die des Zauberlehrlings Krabat von Otfried Preußler. Im Augenblick lesen wir mit verteilten Rollen den Jugendroman „Hungerweg" von Othmar Franz Lang. Er schildert den alljährlichen Marsch einer Gruppe von Kindern aus Südtirol, die vom 17. bis ins 20. Jahrhundert auf so genannten Kindermärkten in Süddeutschland bei reichen Bauern arbeiten mussten, weil ihre Eltern sie nicht ernähren konnten. Ich habe bewusst diese Lektüre gewählt, weil wir heute in einem unglaublichen Wohlstand leben. Wenn wir im Hauptunterricht nach dem Rechnen zusammen lesen, ist es mucksmäuschenstill. Bis auf den Schüler, der liest. Die Kinder können dann innerlich ausatmen.

Gabriele Eßer: Wie neue Freiheiten in Schlendrian verwandelt werden

In der siebten Klasse lernen die Kinder zu urteilen. Das wird im Geschichtsunterricht deutlich, wenn es zum Beispiel um Erfinder wie Gutenberg geht, der im späten Mittelalter die beweglichen Lettern erfand. Noch spannender sind Entdecker, denen sich die Frage stellte, ob man glauben muss, was seit Jahrhunderten gelehrt wird. Zum Beispiel, dass die Erde eine Scheibe sei und irgendwo jenseits des Horizonts ein Abgrund drohe. Heinrich der Seefahrer war ein portugiesischer Prinz, der selbst zwar nicht zur See fuhr, aber Seefahrer ausschickte, die den Mut hatten, an der Westküste Afrikas nach Süden zu segeln, wo man das Ende der Welt vermutete. Bei solchen Geschichten spitzen die Kinder die Ohren. Ebenso bei Bildern, die eine Geschichte erzählen, wie der historischen Darstellung eines Menschen, der auf allen Vieren bis an den Rand der Erdscheibe krabbelt, um zu sehen, ob's da runter oder weiter geht. Ein wenig erinnert er mich an die Gemütslage von Siebtklässlern, die sehen möchten, was kommt – und alles ausprobieren. Aber nur, wenn sie wissen, dass sie gehalten werden.

Wir sind eine Ausnahme, meine Schüler und ich, weil wir uns im Kollegium entschlossen hatten, dass ich in der Mittelstufe mit meiner Klasse zusammenbleiben sollte. Natürlich ist der Umgang anders als in Klasse sechs. Ich versuche, mich mehr zu distanzieren und die Schülerinnen und Schüler freizulassen, denn sie wollen in die Welt. Ich habe versucht, Hausaufgaben weniger streng zu kontrollieren und die Eltern weniger einzubeziehen. Bin aber bisher gescheitert. Manche Kinder sind einfach noch nicht so weit, aus eigenem Antrieb heraus zuverlässig zu arbeiten. Sie verwandeln die neue Freiheit in einen Schlendrian. Übrigens wollen sie mich jetzt nicht nur als Unterrichtende erleben. Sie stellen persönliche Fragen und haben ein feines Empfinden dafür, ob ich es ehrlich meine. Sie dürfen mich alles fragen, so lange der Ton stimmt. Nur so können sie ihre Urteilsfähigkeit entwickeln. Ich kann ja immer noch selbst entscheiden, wie viel ich preisgebe.

Ab Klasse sieben werden Klassensprecher gewählt. Schüler übernehmen Verantwortung für ihr Tun. Die Aufgaben sind noch klein. Wenn es Streit gibt, höre ich mir ihre Meinung dazu an.

Wichtig sind in Klasse sieben die Gastepochen. In vielen Fächern braucht es jetzt mehr Fachwissen. Deshalb haben wir uns „spezialisiert". Ich habe Physik an Bernhard Wolff abgegeben und unterrichte im Tausch Menschenkunde in der Parallelklasse. Der Epochenplan teilt ein, wer sich in welches Fachwissen eingearbeitet hat und wann er welche Klasse darin unterrichtet.

Die Zusammenarbeit mit Kollegen wird immer wichtiger, wir geben uns Tipps, leihen uns gegenseitig Bücher und Epochenhefte, tauschen uns aus. Als Klassenlehrerin ist das Verhältnis eng und vertraut. Als Fachlehrer muss ich die Kinder erst

„Sie stellen persönliche Fragen und haben ein feines Empfinden dafür, ob ich es ehrlich meine."

kennenlernen und gewinnen. Deshalb ist Austausch wichtig. In der Mittelstufenkonferenz spielt sich das lebendig mit fünf oder sechs Kollegen ab, die um einen Tisch passen. In der großen Konferenz sitzen wir manchmal mit fünfzig Leuten zusammen, da kommt nicht jeder zu Wort.

Florence Schneider-Mugnier: Mir gefällt, dass die Kinder frecher sind

Seit dem ersten Schuljahr begleite ich beide siebten Klassen als Fachlehrerin für Französisch. Sie sind nicht schwierig, alle arbeiten gut mit. Doch der Wechsel von der sechsten zur siebten Klasse ist radikal, deshalb tut es ihnen gut, wenn ein, zwei vertraute Fachlehrer bleiben.

Auch im Französischunterricht geht es ums Entdecken. Unsere Lektüre ist ein Buch von Jacques Cartier mit dem Titel „Entre nous la mer". Es nimmt uns mit auf eine Reise, bei der wir einen jungen Dieb auf der Flucht aus Frankreich nach Kanada in eine andere, neue Welt begleiten. Dieses Abenteuer bietet viele Anlässe zu diskutieren. Die Kinder nehmen nicht mehr nur hin, was ich sage, argumentieren sogar gegen einen Vokabeltest oder Hausaufgaben. Und mitunter diskutieren die Eltern mit. Na so was! Die pubertieren ja oft mit ihren Kindern. Aber in der Regel kann ich das immer verständnisvoll klären.

Mir gefällt, dass die Kinder frecher sind und sich ausprobieren wollen. Ich war auch so in dem Alter, fand aber kaum Gelegenheit, aufmüpfig zu werden, denn in den strengen staatlichen Schulen Frankreichs herrscht gar kein Spaß. Undenkbar, dass sich ein Lehrer in schwierigen Situationen von Schülern beraten lässt, wie ich es neulich getan habe. Ich gestand nämlich, dass ich Angst hätte, auf der großen Bühne vor Hunderten Eltern zu sprechen. Die Schüler schlugen mir dann vor, ich solle meine Rede jetzt in der Klasse halten und sie spielen die Zuschauer und geben mir dann Ratschläge. Ein Junge machte mir sogar einen konkreten Vorschlag: Madame Schneider, du musst mit einem Witz anfangen, es lockert die Stimmung und das kommt immer gut – und den Witz erzählte er mir auch gleich: Er besteht aus der Frage, warum sitzen die Einarmigen im Theater immer in der Reihe hinter den Glatzköpfen? Die Pointe liegt auf der Hand. Sie lautet: Damit auch die Einarmigen Beifall klatschen können. Zugegeben, ein reichlich kruder Witz, aber die Eltern haben gelacht und die Klasse war stolz, dass ich ihren Ratschlag befolgt habe.

Wenn ich eine gute Verbindung habe, gelingt der Unterricht. Es wird ja schwieriger in der Grammatik, sie müssen Regeln lernen und anwenden, manche haben schon Probleme mit der deutschen Grammatik. Die Reihenfolge der Worte in den Sätzen unterscheidet sich in beiden Sprachen. Wo steht das Verb, wo das Substantiv? Die Kinder sind unterschiedlich stark, deshalb frage ich in den Tests unterschiedlich ab.

Aber wir haben jetzt mehr Augenhöhe – auch wenn manche mich noch duzen. Heute morgen fragte mich ein Mädchen, ob ich auf Deutsch oder Französisch träume. „Beides", sagte ich. Und sie fragte: „In welcher Sprache träumen taube Menschen?" Ich gab zu, dass ich das nicht weiß und mich erkundigen werde. So lernen wir voneinander.

Kochen, spülen, servieren

**Erste Begegnung mit der Arbeitswelt.
Ein Praktikum in der Schulmensa**

↗ *Auf dem Weg zum ersten Stern. Dieser Schüler übt sich im Frittieren von Frühlingsrollen.*

In ihrem ersten selbständigen Praktikum gehen Schülerinnen und Schüler der siebten Klasse jeweils zu zweit eine Woche lang in die Schulmensa. Sie helfen beim Kochen, Servieren und Spülen. Im Alltag einer Großküche machen die Dreizehn- bis Vierzehnjährigen erste Erfahrungen in der Arbeitswelt, bewegen sich dabei aber noch im vertrauten Umfeld. Pizza backen, Suppen kochen, Pudding anrühren. Dieses Praktikum steht in Zusammenhang mit Inhalten der Biologie-Epoche in der siebten Klasse, in der es um die Funktion innerer Organe des Menschen, seine Ernährung und Verdauung geht. Gabriele Eßer beginnt die Epoche mit der Frage: Was brauchen wir, um uns wohlzufühlen? Und schon geht es los: ein gemütliches Zuhause, vertraute Gerüche, Lieblingsgerichte, Sport. Danach wird's konkret: Wofür ist Eiweiß gut und wo ist das drin? Wozu brauchen wir Kohlenhydrate? Was passiert mit einem Bissen auf dem Weg vom Mund in den Bauch? Bis wohin spüre ich ein heißes Getränk? Die Lehrerin bringt auch mal Brötchen mit, Butter und Marmelade, und alle frühstücken zusammen. Das schafft eine gute Atmosphäre. Im rhythmischen Teil joggte die Klasse in dieser Epoche jeden Tag ums Schulgelände, drei Wochen lang.

Niemand bleibt zurück

Schüler mit zusätzlichem Förderbedarf lernen in kleinen Gruppen in der Magdalenenschule oder gemeinsam mit anderen Gleichaltrigen der allgemeinbildenden Waldorfschule

Der Däumling ist ein winziges Märchenwesen und wohnt weit weg, im Reich der Fabel. An einem Septembertag taucht er in der Magdalenenschule am Engelberg auf. Dort steht Dorothee Raiser vor ihrer kleinen Klasse, drei Jungs, ein Mädchen, alle Schulanfänger, und erzählt: „Am Morgen erwachte der Däumling, er sah aus dem Fenster, bemerkte den Sonnenaufgang und rief laut: ‚Ahhh'." Die Schüler wiederholen: „Ahhh." Dorothee Raiser ist zufrieden. Die Waldorflehrerin erklärt: „A sagen wir, wenn wir staunen, und schaut mal, was unsere Arme machen, so schreibt man den Buchstaben A." Für die Erstklässler ist es eine spannende Deutschstunde. Für Dorothee Raiser sind es die ersten Schritte ihrer Schützlinge zum Verständnis der Muttersprache. Um ihnen diesen Weg zu erleichtern, verpackt sie ihre Einführung in die Welt der Vokale in selbst ausgedachte Geschichten. Wie die vom Däumling.

Dorothee Raisers Erstklässler haben einen „sonderpädagogischen Förderbescheid", wie es im Amtsdeutsch heißt. Übersetzt bedeutet das: Die Kinder benötigen mehr Unterstützung beim Lernen als viele ihrer Altersgenossen. Die Ursachen dafür sind unterschiedlich. Manche Kinder können kaum stillsitzen, andere haben Schwierigkeiten, sich Dinge zu merken, manche verarbeiten Gehörtes nur unter großen Anstrengungen. Deshalb motiviert Dorothee Raiser die Schüler, die Buchstaben laut auszusprechen. Später knetet jedes Kind ein „A", ritzt im Freien mit einem Stöckchen ein „A" in den Waldboden, läuft die Umrisse eines „A" ab und malt anschließend ein „A" mit Kreide. Erst danach schreiben die Kinder den Buchstaben in ihr Heft. „Ich muss meine Lehrmethoden den Fähigkeiten der Schüler anpassen", sagt Dorothee Raiser. „Einfach Buchstaben an die Tafel zu schreiben, genügt nicht."

Seit zehn Jahren arbeitet sie als Lehrerin an der Magdalenenschule, einem sonderpädagogischen Bildungs- und Beratungszentrum, das sich an den Lehren Rudolf Steiners orientiert und eng mit der Waldorfschule am Engelberg kooperiert, auf deren Gelände sich die Klassenzimmer der Magdalenenschule befinden. Die räumliche Nähe hat Vorteile. Denn Eltern von Kindern mit erhöhtem Förderbedarf haben die Wahl: Sie können ihren Buben oder ihr Mädchen in der Magdalenenschule anmelden, wo in einer Klasse maximal zwölf Schüler lernen. Oder ihre Kinder büffeln gemeinsam mit bis zu 32 Schülern an der allgemeinbildenden Waldorfschule und werden von einer zusätzlichen Lehrerin dabei unterstützt.

„Manche Kinder mit erhöhtem Förderbedarf müssten sich zwar in vielen Fächern sehr anstrengen, um erfolgreich zu sein, aber sie schaffen das und leiden nicht darunter, manchmal etwas mehr Lernzeit zu brauchen", sagt Dorothee Raiser. „Diese Kinder lieben es, Teil einer großen Gruppe zu sein." Andere Schüler bräuchten dagegen eine geschützte Umgebung, überschaubar, ohne allzu viel Ablenkung. „Egal, welche Variante

die Eltern wählen", sagt Dorothee Raiser, „wichtig ist, dass die Schüler das Gefühl haben, sie sind in Ordnung, so wie sie sind." Die Pädagogin kennt beide Möglichkeiten. Sie unterrichtet an der Magdalenenschule und begleitet in der Inklusion Kinder und Jugendliche an der Waldorfschule Engelberg.

Ein Vormittag in Klasse sechs. Mathematikunterricht in der Waldorfschule Engelberg. Auf dem Lehrplan steht „Direkte und indirekte Proportionalität." Der Mathelehrer erklärt: „Wenn drei Äpfel zwei Euro kosten, dann muss ich für neun Äpfel sechs Euro bezahlen; je mehr Äpfel, desto höher der Preis – das ist Proportionalität." Unter den achtundzwanzig Schülern sitzen zwei mit erhöhtem Förderbedarf. Dorothee Raiser, ebenfalls im Klassenzimmer, hatte mit ihrem Kollegen schon vor dem Unterricht vereinbart, dass er einfache Beispiele verwendet, damit auch ihre beiden Schüler gut in die Materie hineinfinden.

Inklusiver Unterricht an der Waldorfschule besteht aus drei Bausteinen: Im Epochenunterricht überlässt Dorothee Raiser meist dem Klassenlehrer das Feld, achtet aber darauf, dass ihre Förderschüler seinem Vortrag folgen können. So wie in dieser Mathestunde.

In der Übungsstunde ist sie Ansprechpartnerin, falls es hakt bei den Aufgaben. Für Schüler mit erhöhtem Förderbedarf entwirft sie spezielle Übungen. Beim Bruchrechnen sind die Zahlen kleiner, manchmal backt Dorothee Raiser einen Kuchen, um Brüche zu veranschaulichen. Steht im Geschichtsunterricht das Römische Reich auf dem Lehrplan,

↙ *„Wichtig ist, dass alle Schüler das Gefühl haben, sie sind in Ordnung, so wie sie sind." Dorothee Raiser im Unterricht.*

müssen ihre Schüler nicht jedes Ereignis mit genauer Jahreszahl kennen. Wichtig sei, dass die Kinder grundsätzlich wissen, was damals geschah. Dorothee Raiser läuft durch die Klasse, schaut ihren Schülern beim Aufgabenlösen über die Schulter und hilft, wenn nötig. Wichtig ist ihr, dass sie nicht nur für die Kinder mit erhöhtem Förderbedarf da ist. „Egal wer eine Frage hat – als zweite Lehrerin stehe ich allen zur Verfügung", sagt sie. Schließlich wolle sie nicht, dass die Schüler stigmatisiert werden.

Dazu kommen Übungen in Kleingruppen. „Hier sitzen die Schüler nicht mit 27 anderen Kindern in einem Raum, sondern nur mit drei bis vier Leuten, deshalb fällt es ihnen leichter, zuzugeben, wenn im Unterricht Themen für sie zu schnell abgehandelt wurden." Insgesamt haben Schüler mit erhöhtem Förderbedarf an der Waldorfschule Anspruch auf zwei Stunden Sonderpädagogik in der Woche.

Eine Besonderheit ist der inklusive Sportunterricht. Von Klasse drei bis Klasse sechs laufen, springen und werfen die Schüler von Magdalenenschule und Waldorfschule gemeinsam durch die Turnhalle. „Der Grundgedanke der Inklusion ist Teilhabe, egal welche Voraussetzungen die Kinder haben, und Sport bietet sich dafür besonders an", erklärt Dorothee Raiser. „Denn manchmal sind es die Schüler der Magdalenenschule, die besser turnen oder Ball spielen."

Die meisten von ihnen machen in der neunten Klasse ihren Förderschulabschluss. Und das oft sehr erfolgreich. Danach gehen sie unterschiedliche Wege, absolvieren ein Berufsvorbereitungsjahr, anschließend eine Ausbildung zum Fachpraktiker in vielen Berufen. Sie arbeiten mit Holz, Metall, Mechanik, Textil oder in der Gastronomie. Die meisten Schüler mit erhöhtem Förderbedarf machen noch einen Hauptschulabschluss. „Zu vielen ehemaligen Schülern haben wir bis heute Kontakt – sie besuchen uns zum Martinsmarkt oder schauen bei Schulfeiern vorbei", erzählt Dorothee Raiser.

In der Deutschstunde haben mittlerweile alle Erstklässler den Buchstaben „A" in ihre Hefte geschrieben. Manchmal noch etwas krakelig, manchmal sehr schön. Nun erzählt Dorothee Raiser, wie es weitergeht mit dem Däumling: „Nachdem er tagsüber die Sonne genossen hat, will sich der Däumling abends hinter seinem Gebüsch schlafen legen. Doch dort hat bereits der Dachs sein Quartier aufgeschlagen. Der Däumling richtet sich in seiner ganzen Größe auf und sagt: ‚Hier lebe ICH!' Der Dachs ist beeindruckt und trollt sich", beendet Dorothee Raiser die Geschichte und legt damit schon den Keim für die nächste Stunde.

Inklusion – Hand in Hand

Dass es ein sonderpädagogisches Bildungs- und Beratungszentrum wie die Magdalenenschule neben der Waldorfschule am Engelberg gibt, erleichtert einen selbstverständlichen Umgang zwischen allen Kindern und Jugendlichen, Lehrern und Lehrerinnen. Die Räume von Mensa, Hort und Kernzeit sind Begegnungsstätten. Melden Eltern ein Kind an der Freien Waldorfschule Engelberg an, das bereits zur ersten Klasse mit einem Förderbescheid kommt, werden sie an die Magdalenenschule verwiesen. Die Erfahrung zeigt, dass das Kind sich im Rahmen einer kleinen Klassengemeinschaft und unter fachlicher Kompetenz besser entwickelt. Manchmal wechseln stabilere Kinder später auf die große Schule, wo sie inklusiv unterstützt werden, oder es entsteht in einzelnen Klassen oder Fachbereichen eine Zusammenarbeit zwischen beiden Schulen.

„Hasch Kekse? Ja! Wir backen sie noch mit der Hand nach Omas Rezepten."

Feenja Kersten und **Lasse Ludwig** sind ein gutes Team in ihrem Achtklass-Café auf dem Martinsmarkt. Aber bitte: „Hasch Kekse" ist Schwäbisch und bedeutet „Hast du Kekse?".

Martin Schmidt stammt aus Bayern und unterrichtet seit dem Jahr 2000 am Engelberg. Er ist diplomierter Förster und ließ sich mit einunddreißig Jahren zum Waldorflehrer am Seminar in Stuttgart ausbilden. Er unterrichtet in der Mittelstufe.

„Achtklässler wollen die Welt verstehen"

Martin Schmidt kommt nie zu früh ins Klassenzimmer. Seine Schüler brauchen die Zeit vor dem Gong

Wieso sucht man sich als Lehrer ausgerechnet die Mittelstufe aus? Ist das nicht das schwierigste und anstrengendste Alter? Das werde ich als Lehrer der Klassenstufen sieben bis neun immer wieder gefragt. Meine Antwort: Nein, im Gegenteil, es ist ein wunderbares Alter. Denn zwischen dreizehn und fünfzehn Jahren machen Jugendliche – von Kindern spreche ich da nicht mehr – eine unglaubliche Entwicklung durch. Sie werden nicht nur größer, sondern verändern sich auch intellektuell, und das von Tag zu Tag. Dies wahrzunehmen, ist unsere Aufgabe als Lehrer. Sie fordern manchmal geradezu, dass man durch den Schleier der Pubertät blickt und sagt: „Stopp, du möchtest doch was ganz anderes von mir, als dass wir uns zoffen." Sie möchten wahrgenommen werden, wie sie sind – in ihrer Wechselhaftigkeit und ständigen Veränderung. Sie brauchen also einerseits Lehrer, die viel Verständnis haben, sie gelegentlich noch ein bisschen behüten, sie zugleich aber ermutigen, sich selbst und die Welt zu entdecken. Es beginnt die Phase, die Rudolf Steiner die Zeit des wachsenden Weltinteresses nannte. Darauf gehen wir mit verschiedenen Themenschwerpunkten ein. In Klasse sieben mit dem Themenschwerpunkt der Entdecker. In Klasse acht mit den Biografien. In der Neunten über das Theaterspielen.

Wie gehen wir heute, gut hundert Jahre später, mit dem wachsenden Weltinteresse um? Jugendliche leben heute in einer enorm informationsgeladenen und schnelllebigen Welt. Selbstverständlich nutzen auch unsere Schüler privat die „sozialen Netzwerke", je nach Elternhaus steigen sie etwas früher oder später ein. Damit müssen auch wir als Lehrer in Klasse acht umgehen.

Das beginnt mit dem Ankommen morgens im Klassenzimmer. Selbstverständlich sind Jugendliche morgens nicht hellwach und ausgeschlafen und voller Neugier auf die Welt. In vielen Jahren Unterricht in der Mittelstufe habe ich gelernt, einen Fehler zu vermeiden: morgens zu früh im Klassenzimmer zu stehen. Die Klasse braucht diese paar Minuten vor dem Gong, um unter sich zu sein. An der Heizung lümmeln, sich unter der Kapuze verstecken, ein bisschen muffelig sein oder mit den Klassenkameraden reden. Erst Punkt acht gehe ich rein und begrüße jeden mit Handschlag. Das ist wichtig, denn bei dieser Gelegenheit schaue ich jeden Schüler an und habe einen Eindruck, wie es ihnen geht. Manchmal spreche ich Dinge vom Vortag an: „War das in Ordnung gestern?" Oder ich bringe etwas in Ordnung: „Du, das tut mir leid, da war ich zu heftig." Oder lobe: „Hast du gemerkt, wie du den Unterricht vorangebracht hast?"

Achtklässler wollen die Welt verstehen. Aber wie geht man mit diesem Interesse um? Ich denke, wir sind als Lehrer aufgerufen, die Dinge gründlich, klar und einfach, aber nicht simplifizierend zu erklären.

In der Physik beispielsweise erkläre ich das Brechungsgesetz über Beobachtungen im Alltag und komme darüber zum Gesetz. Vom Menschen ausgehend führe ich zum Abstrakten. Wir gehen behutsam und sehr praktisch ans Werk, mit Erfahrungen, die jeder gemacht hat, und daraus formulieren wir das Gesetz. Einfallswinkel gleich Abstrahlwinkel. Danach kann ich Aufgaben stellen. Wo muss der Spiegel hängen, damit ich mich ganz sehen kann? Wie groß muss der Spiegel sein? Auf diese Weise lernen meine Schüler, dass das Gesetz allgemeingültig ist. Naturwissenschaften spielen in der ganzen Mittelstufe eine wichtige Rolle. Denn das kausale Denken will nun gefordert werden, da ist die Naturwissenschaft geradezu prädestiniert. Neben der Physik-Epoche gibt es in Klasse acht eine Chemie-Epoche und Menschenkunde, also Humanbiologie.

Wichtiges Thema im Deutschunterricht der achten Klasse ist die Biografie einer Persönlichkeit. Menschen, die die Welt bewegen: Das kann ein Straßenjugendlicher aus den Banlieus von Paris sein, der Häuser erklimmt. Ein Fluchthelfer, der in der Nachbarschaft wohnt. Oder das Ehepaar Steiger aus Winnenden, das nach dem Unfalltod seines Sohnes Notrufsäulen im ganzen Land errichten ließ. Diese Idee hat Leben gerettet. Das Biografiereferat darf kurz sein. Nicht die ganze Lebensgeschichte, denn die Mitschüler sterben sonst an Langeweile, dreißig Mal von der Wiege bis zur Bahre. „Sondern", sage ich ihnen, „ihr fokussiert euch auf den Punkt in der Biografie, der euch interessiert und den präsentiert ihr fantasievoll. Hängt einen Fahrradreifen auf beim Erfinder vom Fahrrad." Da reicht mir ein guter Vortrag, fünf bis zehn Minuten, lebendig erzählt, so dass ich merke, das genau hat den Schüler interessiert.

Das aktive Tun erscheint mir immer wichtiger in Zeiten, die junge Menschen in die Passivität zwingen. Unsere Schüler sollen lernen, dass man so viel tun kann, und nicht nur mit dem Finger auf dem Display.

Die Jahresarbeit der Achtklässler, die sogenannte Achtklass-Arbeit, kündige ich bereits in der Siebten an. Denn die Jugendlichen sollen frühzeitig nach einem Thema suchen, unterstützt durch ihre Eltern. Manche Schüler sind anfangs ratlos, was sie wählen sollen, und kommen dann zu mir. Ich sitze oft mit Jugendlichen vor mir, die anfangs nicht sagen können, was ihnen wichtig ist. Solche Gespräche liebe ich. Gemeinsam suchen wir danach, was Vierzehnjährige interessiert. Auf dem Sofa zu chillen und mit dem Smartphone zu zocken, scheidet aus, das gibt kein gutes Referat, erkläre ich ihnen gleich zu Anfang, „wir müssen schon was finden". Und dann landen wir in langen Gesprächen irgendwann bei einem spannenden Thema wie dem Insektenhotel, eine Nist- und Überwinterungshilfe für Insekten.

Einer meiner Schüler wählte einen verrückten Snowboarder. Ich sagte ihm: „Das ist mir zu wenig, wenn du denkst, das ließe sich mit ein bisschen Wikipedia-Recherche und Blättern im Snowboard-Magazin erledigen. Da steckt nichts von dir selbst drin. Mach bitte ein Praktikum in einem Snowboard-Geschäft." Das hat er dann gemacht. Er lernte außerdem Snowboard fahren und hat sogar ein Kunststück eingeübt. Ein Mitschüler baute einen Hühnerstall. Er hatte einen kleinen Garten und machte sich Gedanken, wie er den großen Hühnerstall dort unterkriegen könnte. Er entwickelte daraufhin einen mobilen Stall, handwerklich gut gemacht.

Ihre Arbeiten zeigen unsere Schüler dann voller Stolz allen Eltern der Klasse. Das ist großartig und herzbewegend. Denn sie beweisen damit: Ich habe etwas mit Herzblut geleistet, ich habe mich reingefuchst in ein schwieriges Thema. Es ist mir geglückt oder weniger geglückt, aber ich hab es ernsthaft versucht. Das muss man ja auch erst einmal lernen: Wie schaffe ich es, so ein Projekt über ein dreiviertel Jahr

„Ein Schüler entwickelte als Halbjahresarbeit einen mobilen Hühnerstall, handwerklich gut gemacht."

hinweg zu organisieren und zu gestalten? Dabei lernen sie nicht nur, Informationen für ihr Thema zu sammeln, sondern Geduld und Durchhaltevermögen zu üben. Eine Fähigkeit, die sie später für jede Langstrecke brauchen. Die Achtklässlerarbeit möchte ich übrigens handschriftlich haben. Einerseits ziehen die Schüler und Schülerinnen eine Schnute, manchmal auch die Eltern. Das verstehe ich, es sind ja nicht alle eingefleischte Anthroposophen. Sie sehen, dass der Realschüler aus der Nachbarschaft mittlerweile die ganzen Hausaufgaben per WhatsApp geschickt kriegt. Und wir machen so hausbackene Geschichten und lassen von Hand schreiben. Ich erkläre es den Eltern. Die Handschrift löst unglaubliche Vernetzungsvorgänge im Gehirn aus, es ist gesund und förderlich für die Entwicklung, mit der Hand zu schreiben.

Unsere Schüler sollen nicht nur ein Ergebnis abliefern und Wissen in sich aufsaugen. Sondern sich als Persönlichkeiten weiterentwickeln, ihre Aufgaben tiefer verstehen und vielschichtig lösen. In diesem Sinne also Antworten auf eigene Fragen finden. Und wirkliches Weltwissen erlangen. ———

In der achten Klasse vertiefen sich die Jugendlichen ein halbes Jahr lang in ein eigenes Projekt. Sie suchen sich ein Thema, recherchieren und präsentieren am Ende ihre Ergebnisse. Manchmal entsteht aus einer Idee ein Kunstwerk, das über die Schule hinaus strahlt. Bei Finn beispielsweise. Der Vierzehnjährige zeichnete schon immer gern. Für das Achtklass-Projekt nahm er sich das Thema Graffiti vor. Finn arbeitete als Praktikant in einem Geschäft für Graffitibedarf, diskutierte mit erfahrenen Sprayern über Farben, Formen und Konturen. Dabei hatte er eine weitere Idee: eine öffentliche Graffitiwand in Winterbach. Finn sprach beim Bürgermeister vor, schilderte sein Anliegen und erlebte eine Niederlage: Es gibt keinen Platz. Doch er gab nicht auf. Zusammen mit seinem Lehrer Hilger Schmerwitz und dem Künstler David Klopp fand er einen dunklen Tunnel in Winterbach und plante, ihn mit seinem Graffiti zu verzieren. Zunächst fertigte er ein Modell. Anschließend sprayte er den Dschungel in den Tunnel. Der Bürgermeister ist begeistert und Finn erlebt, dass sich Geduld und Durchhaltevermögen auszahlen.

Abenteuer Artenschutz

Seit 2016 beteiligen sich Schüler der Klasse acht an der Initiative „Bergwaldprojekt" im Schwarzwald

Das Auerhuhn ist ein seltener Vogel – und ein anspruchsvoller dazu. Damit sich das fasanenartige Federvieh wohlfühlt, braucht es einzeln stehende Bäume mit tiefliegenden Ästen. Nur so kann es sicher landen. Außerdem sollte um die Bäume kein Buschwerk wuchern. Denn das Gestrüpp bietet Füchsen, den Fressfeinden des Auerhuhns, Schutz, um sich unbemerkt anzuschleichen. Weil Lebensräume im modernen Wirtschaftswald immer kleiner werden, sind Auerhühner vom Aussterben bedroht. Im Schwarzwald, wo die größte Population Zentraleuropas lebt, flattern nur noch 200 Paare durch die Flora. Deshalb ist es naheliegend, dass die Schüler vom Engelberg im Rahmen ihres Forstpraktikums mithelfen, die seltene Art zu schützen.

Seit 2016 beteiligt sich die Schule am Bergwaldprojekt, einer Initiative, bei der Freiwillige am Erhalt unserer Ökosysteme mitwirken können. Jedes Jahr im Juli fahren die Achtklässler für eine Woche in eine abgelegene Berghütte in der Nähe des Städtchens Triberg im Schwarzwald. Dort bauen sie zunächst ihre Zelte auf und planen mit dem Revierförster und einem Experten vom Bergwaldprojekt ihren Einsatz.

Von dem profitiert nicht nur das Auerwild, sondern auch seltene Pflanzen, zugewachsene Wege und Wasserläufe, die die Schüler von Gehölz befreien. In einer Woche renaturieren sie ein kleines Habitat, schaffen Licht und Luft für Pflanzen und Tiere. Waldorflehrer Frank Hart, der das Projekt betreut, sagt: „Mit vierzehn oder fünfzehn Jahren suchen die Schüler nach ihrem Platz in der Welt, nach eigenen Werten, und deshalb ist es gut, wenn sie einen ökologischen Blick auf ihre Umgebung werfen."

Der Verein „Bergwaldprojekt" stellt einen Projektleiter, einen Koch und das Werkzeug. Maschinen, etwa Kettensägen, sind tabu. Damit wären die Schüler zwar schneller, aber sie sollen mit ihren Händen ein Gespür für die Natur entwickeln. Revierförster Johannes von Stemm vom Kreisforstamt Schwarzwald-Baar-Kreis erklärt: „In den Projektwochen lernen die Jugendlichen wichtige Funktionen des Waldes und seine Artenvielfalt kennen und leisten einen ganz persönlichen Beitrag zu dessen Erhalt." Den Teilnehmern werde zudem bewusst, wie gefährdet unsere natürlichen Lebensgrundlagen sind.

Die Fahrt in den Schwarzwald ist freiwillig. Aber die meisten Achtklässler wollen auf das Abenteuer nicht verzichten. „Für die Schüler sind das schöne Erlebnisse, für die Natur gute Ergebnisse", resümiert Frank Hart und fügt hinzu: „Auch der Förster war bisher immer sehr zufrieden." Johannes von Stemm bestätigt das. „Die freudvollen Erfahrungen bestärken sie darin, auch den eigenen Alltag naturverbundener, ressourcenschonender und nachhaltiger zu gestalten", sagt der Revierchef.

↖ *Für die Schülerinnen Stella und Lena schöne Erlebnisse, für die Natur gute Ergebnisse. Die Engelbergtruppe im Einsatz.*

„Zigeunermusik gefällt mir am besten. Die hat so viel Klang. Ich bin aber auch offen für andere Musikrichtungen."

Stella Tempes spielt seit sechseinhalb Jahren Klassik auf der Violine und hört selbst gerne Popmusik. Deutscher Gangsterrap ist nicht so ihr Fall.

Frank Hussung stammt aus dem Saarland. Er absolvierte seinen Zivildienst in einem anthroposophischen Heim für Behinderte in Walsheim, einem kleinen Dorf an der französischen Grenze. Während seines Studiums der Literatur und Philosophie an der Universität Heidelberg setzte er sich intensiv mit der Anthroposophie auseinander. Und ließ sich anschließend in Mannheim am Lehrerseminar zum Waldorflehrer ausbilden. Seit 1992 ist er am Engelberg.

Abenteuer Mittelstufe

**Distanz zum Lehrer. Stress mit dem Elternhaus.
Überall Widerspruch und Emotionen, die durchgehen**

Ich unterrichte Schüler der Mittelstufe, also die Klassen sieben bis neun. Die Neuner am liebsten, weil sie aufgeräumter sind und weil es ein unglaublich spannendes Alter ist. Es gibt vieles, was Jugendliche in diesen Jahren beschäftigt, der Stress mit dem Elternhaus, ihre Emotionen, die mit ihnen durchgehen. Widersprüche. Einerseits möchten sie auf sich aufmerksam machen mit gefärbten Haaren, geschorenen Köpfen oder Piercings an ungewöhnlichen Stellen. Andererseits sind sie scheu, schamhaft und verletzlich. Setzen Masken auf, um keinen Blick auf ihr Inneres zuzulassen: die Maske des Coolen, des Abgebrühten, die verbergen soll, wie verletzlich sie im Innern sind. Eigentlich leiden sie am meisten unter sich selber, sind zerrissen und wissen nicht, wo es geradeaus geht.

Neuntklässler werden meist schon wieder gelassener. In dieser Zeit beginnt, was später bei Erwachsenen eine wichtige Rolle spielt: die Fähigkeit, die eigenen Emotionen zu kontrollieren. Sie suchen Freunde, auch außerhalb der Schule. Sie nehmen die Klassengemeinschaft neu wahr. Ihnen wird erstmals bewusst, dass sie zwar schon mehr als acht Jahre zusammen lernen, aber den anderen eigentlich gar nicht richtig kennen oder vielleicht sogar Vorurteile haben. Mit fünfzehn Jahren erwacht auch das eigenständige Urteilen. Die Schüler sind in der Lage, Kausalitäten zu verstehen, Urteile zu fällen, oft unbestechlich und unerbittlich. Sie lernen allmählich, eine Sache aus verschiedenen Perspektiven zu sehen. Ich sage den Schülern oft in diesem Alter: „Erst wenn ihr beispielsweise als Anhänger der Linken den konservativen CDU-Wähler oder auch umgekehrt verstehen wollt, könnt ihr eine Sache beurteilen."

Das Verhältnis zum Lehrer wird distanzierter. Sie wollen selbständig werden. Das heißt nicht, dass sie nicht manchmal auch das Bedürfnis haben, dass ich mich kümmere.

Neuntklässler brauchen Verantwortung und das geht nur, wenn man ihnen auch den nötigen Freiraum dazu gibt. Ich gebe ihnen diesen Spielraum zum Beispiel beim Martinsmarkt. Dann sage ich ihnen: Ihr macht das Café. Allein. Schaut, dass ihr klar kommt. Es ist zwar kein Unterrichtsfach, aber ein Projekt, das sie erstmals selbst in die Hand nehmen, und dabei lernen, wie schwierig es ist, an alles zu denken. Das können sie anfangs noch nicht richtig. Sie wählen ein Organisationsteam. Ich frage nach, gebe Tipps, aber halte mich im Hintergrund. Habt ihr an alles gedacht? Die Deko, das Backen, die Schichten für den Thekendienst? Sie lernen, wie man jenseits von Sympathie und Antipathie etwas gemeinsam als Klasse auf die Beine stellt. Dafür gebe ich auch mal eine Mathe- oder Deutschstunde her. Eine tolle Erfahrung. Irgendwann läuft es.

Eine wichtige Rolle spielt das Klassenspiel. Wir räumen ihm in Klasse neun viel Zeit ein, mindestens sechs Wochen. In dieser Zeit gibt es morgens nur den Hauptunterricht, danach wird geprobt, täglich. Wir machen viele theaterpädagogische Übungen, wie gewinnen wir die bewusste Handhabe für unsere Sprache? Wie schaffe ich es, aus mir herauszugehen, in die andere Rolle zu schlüpfen? Wie gehe ich auf meine Mitspieler ein?

Im Fachunterricht spielt das kognitive Lernen eine immer größere Rolle. Neuntklässler erleben beispielsweise in Physik und Chemie, dass man durch genaues Beobachten komplexe Zusammenhänge verstehen kann, die an den Alltag anknüpfen. Sie lernen zu reflektieren. Warum ist eine Pellet-Heizung besser für die Umwelt als eine Erdölheizung? Stimmt es, dass bei der Verbrennung von Holz Wasser entsteht, und wie können wir das verstehen? Wie kann es sein, dass das Produkt einer heftigen Explosion das alles Leben durchdringende Element Wasser ist? Wie kann man damit ein Auto antreiben?

In Mathematik entwickeln sie ein abstrakteres Denken. Wie gewinnt man eine allgemeingültige Formel? Wie und weshalb kann man damit Volumen und Flächen berechnen, Preise und Kreise? Es ist ein Übungsfeld für formales, logisches Denken.

Doch es geht dabei nicht nur um Faktenwissen. Vierzehnjährige wissen oft schon viel, aber sie verstehen dieses Wissen noch nicht, können es nicht einordnen. Ich frage sie deshalb immer wieder: Du hast diesen Text gelesen, du hast gesehen, dass eine brennende Kerze Luft benötigt, jetzt geht es darum, das zu verstehen. Ja, sie braucht Sauerstoff, aber was ist das? Sei kritisch, glaube nicht zu früh, glaube auch mir nicht, schau hin und denke nach.

In der Deutsch-Epoche behandle ich das Lachen und Weinen, wir nehmen uns dazu gute Literatur, aber auch Cartoons und Kabarett. Das Thema passt, weil es um seelische Zustände geht, die Jugendliche kennen und an die sich anknüpfen lässt. Sie können jetzt reflektieren: Was ist Sarkasmus, was ist Ironie. Was ist tragisch, was komisch? Lachen ist oft befreiend. Dabei gibt es ganz unterschiedliches Lachen. Wir schauen auch mal einen dieser fiesen Youtube-Filme an, wo Unfälle passieren und man lacht darüber. Was ist das für ein Lachen, was ist anders, wenn es hämisch wird?

Sie reflektieren das Weinen in meinem Unterricht am Beispiel von Adalbert Stifters Novelle „Waldgänger". Es gibt in dieser Erzählung eine ergreifende Szene. Ein Ehepaar hat keine Kinder, nach dreizehnjähriger Ehe sagt die Frau zu ihrem Mann: „Eine Ehe sollte Kinder haben, ich biete dir die Scheidung an." Der Mann ist entsetzt, will das nicht, aber nach einigem Überlegen sagt er zu. „Dann trennen wir uns, so dass jeder noch einmal die Möglichkeit hat, eine neue Beziehung einzugehen." Er heiratet, bekommt zwei Söhne. Nach vielen Jahren trifft er seine ehemalige Frau wieder. Sie hat nicht geheiratet. Er geht abends nach Hause, entkleidet sich und – weint die ganze Nacht.

Die Schüler machen eine Inhaltsangabe und interpretieren, welche Funktion das Weinen hat. Ist es traurig, mitleidig, wehmütig, versöhnend?

Es gibt auch einen berühmten, schwierigen Text aus der „Ilias" von Homer, einem der ältesten schriftlich festgehaltenen Werke Europas. Es schildert einen Abschnitt des Trojanischen Krieges. Dort wagt sich der alte König Priamos zu seinem Todfeind Achill ins Lager der Griechen und bittet ihn um den Leichnam seines Sohnes Hektor, er möchte ihn beerdigen. Diese Textstelle endet damit, dass Achill und Priamos zusammen weinen. Durch das Weinen löst sich etwas zuvor Verkrampftes. Mit Hilfe dieses Textes können wir gut herausarbeiten, dass Weinen einen Konflikt lösen kann, Priamos darf seinen Sohn mitnehmen und beerdigen. Das ist eine ergreifende Szene.

> „Vierzehnjährige wissen oft schon viel, aber sie verstehen dieses Wissen noch nicht, können es nicht einordnen."

Die neunte Klasse ist die richtige Zeit, um mit Sprache neu umzugehen, ein Gefühl für schöne Sprache zu entwickeln. Meine Schüler sollen das Beste aus der Weltliteratur lesen, um auf den Geschmack zu kommen. Ich lese ihnen immer wieder Passagen aus der Lyrik und Prosa Johann Wolfgang von Goethes vor. Auch von Friedrich Schiller und Hugo von Hofmannsthal, aber auch aus ihren eigenen Aufsätzen. Denn es liegt sehr oft an der Art des Lesens, ob man die Schönheit einer sprachlichen Formulierung bemerkt. Hört doch mal, welch eine elegante Formulierung ein Schüler aus der Klassengemeinschaft gefunden hat: herrlich! Und was passiert nicht alles in einem Gedankenstrich. Sie brauchen Anregungen und Vorbilder.

In dieser Klassenstufe ist der Kontakt mit den Eltern immer noch sehr intensiv. Es gibt ja diesen Spruch: Pubertät ist, wenn Eltern schwierig werden, und da ist etwas dran. Eltern sind manchmal ein bisschen hilflos gegenüber ihren Söhnen und Töchtern. Sie möchten gerne Verantwortung an die Schule abgeben, wenn sie daheim nicht damit fertig werden. Ich habe das als Vater auch erlebt, deshalb ist es mir ein Anliegen, Eltern nicht erziehen zu wollen. Manche Eltern sind ungeduldig und fragen auch: Wann fängt das richtige Lernen an? Sie bombardieren ihre Kinder mit Nachhilfe, doch das braucht es nicht und dazu rate ich nicht. Ich erkläre ihnen, Mittelstufe heißt nicht, dass wir straff aufs Abitur zugehen. Gar nicht. Lassen Sie den Kindern Zeit.

Wieder andere Eltern dagegen protestieren gegen Überforderung: „Herr Hussung, wie können Sie einen Fausttext mit den Kindern lesen, das ist doch viel zu schwierig." Ich frage sie dann: Warum eigentlich nicht? Ich erwarte, dass meine Schüler mitarbeiten, so gut sie können. Wenn jemand nur eine Inhaltsangabe macht, dann ist das auch in Ordnung. Aber es gibt Schüler, die schreiben Aufsätze, die könnte man in der Oberstufe vorlesen. Und darum geht es mir: Jeder bekommt seine Möglichkeiten und nutzt sie.

Natürlich ist auch bei uns das Smartphone ein Thema. Ich gehe damit sehr offen um, habe ja selbst eines, erlaube auch hin und wieder, dass meine Schüler ein Experiment in Chemie auf Video einfangen oder etwas von der Tafel abfotografieren. Ich mache ihnen klar, dass das Handy bis auf wenige Ausnahmen in der Schule und auch auf Klassenfahrten tabu ist. Weil wir Wichtigeres zu tun haben, als zu zappen. Smartphones, Computer und Tablets sind natürlich auch Thema beim Elternabend. Ich halte es als Lehrer für wichtig, den Medienkonsum genau anzuschauen. Wir wollen ihn weder verteufeln, noch wollen wir auf den Hype der Digitalisierung in vielen Schulen aufspringen. Ich bin sehr skeptisch, was den so genannten digitalen Unterricht angeht. Das möchte ich den Eltern vermitteln und sie stärken, um gemeinsam das richtige Maß zu finden.

„Ich staune immer wieder über die Schüler"

Der Schularzt Wolfgang Kersten über kleine und große Wehwehchen, seinen ersten Unterrichtstag und Kampfsport für Mädchen

↗ *„Ich runde das Wissen ab."*
Wolfgang Kersten, Mediziner und Lehrer.

Warum braucht eine Waldorfschule einen festangestellten Arzt?

Das geht auf Rudolf Steiner zurück. Für ihn war Schule nicht nur Wissensvermittlung, sondern auch Grundlage für ein gesundes Leben. Deshalb etablierte Steiner an den Schulen Heileurythmie, Maltherapie und engagierte schon in der ersten Waldorfeinrichtung, die er 1919 gegründet hatte, einen Arzt. Seitdem haben zumindest die großen Waldorfschulen einen eigenen Mediziner.

Um unter Schülern für einen achtsamen Lebensstil zu werben, braucht es doch keinen Arzt. Würde Gesundheitserziehung, etwa im Biologieunterricht, nicht genügen?

Ich unterrichte auch in der neunten und zehnten Klasse Menschenkunde – also die Biologie vom Menschen. Ich spreche mit den Jugendlichen über Bau und Funktion von allen Organen. Hinzu kommen ein Erste-Hilfe-Kurs, bei dem die Schüler lebensrettende Sofortmaßnahmen kennenlernen, und natürlich Sexualkunde.

Dann sind sie fünfzehn. Ist das nicht etwas spät für Sexualkunde?

Nein, es ist das richtige Alter. Ich weiß, dass viele Schulen Sexualität bereits in der sechsten Klasse thematisieren. Ich habe das auch gemacht. Da sitzen dann vor mir kichernde Teenager, scheinbar heiß darauf, spektakuläre Neuigkeiten über sich und das andere Geschlecht zu erfahren, ernsthaft interessiert sind sie aber nicht die Bohne.

Mit fünfzehn Jahren haben einige Schüler schon erste Erfahrungen gemacht.

Das stimmt. Aber das ist ja kein Widerspruch. Ich mache, was Schule machen soll: Ich runde Wissen ab, erkläre Zusammenhänge, beleuchte spezielle Teilbereiche – wie Verhütungsmethoden oder Transsexualität – und spreche über die Folgen von Sex: Schwangerschaft, Geburt und was es bedeutet, Eltern zu sein. Selbst Generationskonflikte gehören für mich dazu.

Vor einer Schulklasse zu stehen, gehört nicht zu den Kernaufgaben eines Arztes. Wie kamen Sie zu dieser Rolle?

Nach einem halben Jahr am Engelberg erklärten mir die Kollegen, dass ich auch unterrichten müsse. Die Idee gefiel mir gar nicht, denn ich hatte keine Ahnung davon. Als dann der bei den Schülern sehr beliebte Biologielehrer erkrankte, musste ich quasi über Nacht ins kalte Wasser springen. Der Lehrer faxte mir einige Arbeitsblätter, empfahl, etwas über Aids zu machen, und am nächsten Morgen stand ich vor der Klasse, wo mir der Angstschweiß den Rücken runterlief.

Wie haben Sie sich aus dieser Lage gerettet?

Inhaltlich war ich im Thema, aber mir war unklar, wie ich das rüberbringen sollte. Die Schüler waren total nett. Ein Junge, ich weiß bis heute seinen Namen, sah, wie ich

schwitzte, und meinte trocken: „Ziemlich heiß hier, was?" Sofort entspannte sich die Situation. Seitdem mögen die Schüler, wenn ich unterrichte.

Unterricht gehört aber nicht zu Ihren einzigen Aufgaben?

Selbstverständlich nicht. Im Vordergrund steht die medizinische und psychologische Betreuung der Schüler. Außerdem führe ich Gespräche mit den Eltern und berate die Lehrer. Mir geht es darum, den Gesundheitszustand der Kinder zu kennen und falls nötig meine Expertise einzubringen.

Worum geht es in den Beratungen von Lehrern und Eltern?

Beispielsweise um die Frage, ob ein Kind Heileurythmie bekommen sollte. Oder ob ein erhöhter Förderbedarf besteht. Letztlich repräsentiere ich in Gesprächen oder Konferenzen die therapeutische Seite der Schule. Aber meine Arbeit beginnt schon viel früher – im Kindergarten. Dort übernehme ich Untersuchungen für Kinder mit viereinhalb Jahren und später noch einmal zur Einschulung mit fünfeinhalb Jahren. So wissen wir im Kollegium, ob ein Kind vor dem Schulstart im September bestimmte Hilfen braucht.

Welche können das sein?

Die Einschulungsuntersuchung besteht aus zwei Teilen. Die Lehrer beobachten, wie sich die Kinder in einer Unterrichtssituation verhalten. Ich untersuche unter anderem Sehvermögen, Hör- und Sprechvermögen und Bewegungskoordination. Bei bestimmten Defiziten empfehle ich Heileurythmie, weitergehende Diagnostik oder fachärztliche Beratung.

Derzeit gibt es die Tendenz, Kinder immer früher einzuschulen. An staatlichen Schulen lernen Kinder schon ab dem fünften Lebensjahr, in Frankreich teilweise ab dem vierten. Wie sind Ihre Erfahrungen?

Wir wehren uns gegen diese Entwicklung. Grundsätzlich richten wir uns nicht nach einem bestimmten Alter, sondern nach den körperlichen und seelischen Voraussetzungen. Aus meinen Untersuchungen weiß ich, dass es einen großen Unterschied macht, ob man einen knapp Sechsjährigen vor sich hat oder ein Kind, das schon im siebten Jahr ist und deutlich reifer wirkt. In der vierten Klasse folgt eine weitere, sehr umfangreiche Anamnese zum Entwicklungsstand.

Abgesehen vom Unterricht und den turnusmäßigen Untersuchungen – wie sieht Ihr Schulalltag aus?

Der Alltag unterscheidet sich kaum von dem einer Allgemeinarzt-Praxis. Die Kleinen kommen mit Bauchweh, einem schmerzenden Auge, die Älteren mit Prellungen vom Sport. Dann verbinde ich Wunden, verabreiche Tröpfchen, trage Salbe auf, beruhige. Mädchen klagen häufig über Unterleibsschmerzen, oft hilft eine Wärmflasche. Mir geht es darum, den Kindern zu zeigen, dass jemand da ist, der ihre Sorgen anhört, dem sie sich anvertrauen können.

Das sind ja eher harmlose Wehwehchen.

Es gibt auch sehr ernsthafte Probleme. Manche Kinder leiden unter ständiger Unruhe, können sich kaum konzentrieren. Das kann aus der ständigen Handynutzung resultieren, die wir versuchen, in Absprache mit den Eltern zu reduzieren. Bei einigen älteren Schülern spielen auch Drogen oder Essstörungen eine Rolle.

Drogenkonsum vermutet man eher an Brennpunktschulen in Berlin-Neukölln, nicht am idyllischen Engelberg.

Das dachte ich auch. Aber meine Tochter war auch auf dem Engelberg und sie erzählte mir, in welchen Ecken gekifft wird. Sie nannte keine Namen, aber dass es ein Problem gab, war klar. Schon rein rechnerisch wäre es ungewöhnlich, wenn eine Schule komplett verschont bliebe. Wenn Sie davon ausgehen, dass fünf Prozent aller Erwachsenen suchtkrank sind, dann müsste in einer Oberstufenklasse mit 20 Schülern statistisch gesehen mindestens ein Schüler betroffen sein. Dazu kommen die suchtgefährdeten Jugendlichen. Es nützt also nichts, die Augen zu verschließen.

Wie reagieren Sie, wenn klar ist, dass ein Schüler raucht, trinkt oder kifft?

Wir haben seit 2003 ein detailliertes Drogenkonzept, das darauf abzielt, dass unsere Absolventen mit einem gesunden Körper und einem gesunden Geist die Schule verlassen.

Soweit die Theorie. Was unternehmen Sie konkret?

Drogenprävention beginnt für uns schon im Kindergarten. Aus der Waldorfpädagogik wissen wir, dass Kinder in den ersten sieben Jahren in einer Nachahmungsphase leben. Daraus ergibt sich eine Vorbildfunktion der Erwachsenen, der Lehrer und Eltern gerecht werden sollten. So tolerieren wir auf Schulveranstaltungen, Landheimaufenthalten oder Praktika weder Alkohol noch illegale Substanzen. Das betrifft Eltern, Lehrer und Schüler.

Wirken solche Verbote abschreckend?

Im Mittelpunkt der Prävention stehen nicht die krankmachenden Risiken, sondern gesundheitsfördernde Faktoren. Wir unterstützen in der Unterstufe ein bewusstes Ernährungs- und Genussverhalten, indem wir diese Themen im Unterricht ansprechen. Mit älteren Schülern üben wir unter anderem Strategien gegen Gruppendruck, vermitteln altersgerechte Informationen zum Thema Sucht und stärken Kompetenzen im Umgang mit Drogen.

Und wie reagieren Sie, wenn Schüler Drogen konsumieren?

Der erste Schritt ist, Suchtmittelmissbrauch überhaupt zu erkennen. Unsere Lehrer haben das nötige Wissen über Aussehen und Wirkung entsprechender Substanzen. Am Anfang steht oft die Frage: „Ich habe das Gefühl, du könntest XY genommen haben, stimmt das?" Sollte sich der Verdacht bestätigen, folgen verschiedene Interventionsstufen. Dazu zählen wiederholte Gespräche mit dem Schüler, Hilfsangebote, verbindliche Vereinbarungen über Verhaltensänderungen, schriftliche Ermahnungen, notfalls ein Drogentest. Stoßen Eltern und Lehrer an ihre Grenzen, schalten wir externe Experten wie Suchtberater oder Psychologen ein. Das ist jetzt sehr vereinfacht dargestellt. Tatsächlich umfasst unser Drogenkonzept eine detaillierte Vorgehensweise, abgestimmt auf unterschiedliche Situationen.

Inwieweit beziehen Sie die Eltern mit ein?

Die Elternarbeit spielt eine große Rolle und das nicht nur beim Thema Drogen. Im Prinzip bin ich eine Anlaufstelle für Probleme aller Art: Schulängste, Leistungsdruck, Pubertät, Medien und Gewalt. Zu diesen Aspekten biete ich spezielle Elternabende an. Dazu kommen Einführungsveranstaltungen für neue Eltern.

Wie können Eltern, Lehrer und Schularzt zum Beispiel zusammenarbeiten?

Meist fällt Lehrern als erstes auf, wenn ein Schüler Hilfe braucht. Das können auch unauffällige Schüler sein, deren Verhalten auf den ersten Blick normal scheint. Das Mädchen zum Beispiel, das still in der hinteren Reihe sitzt, lieb guckt und nie stört.

Aber irgendwann merkt der Lehrer, dass sie dem Unterricht nicht folgen kann. Meist bittet mich der Kollege dann, zu hospitieren. Falls ich den Eindruck des Lehrers teile, bieten wir ihr Unterstützung an, Nachhilfestunden etwa. Bleibt das erfolglos, treffen wir uns mit den Eltern, hören, wie es zu Hause läuft, fragen, wie die Eltern ihre Tochter unterstützen können, suchen nach Möglichkeiten, Konzentrationsfähigkeit und Selbstbewusstsein zu stärken.

Welche gibt es?

Heileurythmie hilft häufig. Aber gerade Mädchen empfehle ich, Kampfsport zu betreiben, damit sie mutiger werden und merken, was sie drauf haben. Ein gutes Mittel, um sich nicht mehr hinter seinen Ängsten verstecken zu müssen. Anderen Kindern nützt musizieren. Ein Cello im Arm und der tiefe Klang dieses Instruments führen nicht selten zu einer inneren Ruhe, die Kinder auch im Unterricht beibehalten können. Auch mit Posaunen habe ich gute Erfahrungen gemacht. Um das jeweils richtige Instrument zu finden, bespreche ich mich mit dem Musiklehrer.

Welches Resümee ziehen Sie nach dreißig Jahren als Schularzt?

Bis heute überraschen mich die Schüler. Ich staune immer wieder, wie reflektiert sie sind und wie viel mehr sie mitbringen, als man auf den ersten Blick vermutet. Unsere Schüler entwickeln tolle Ideen. Manchmal sitze ich hinten in der Klasse, höre Schülerreferate und bin begeistert über ihre Begeisterung. Selbst Schüler, die in bestimmten Fächern desinteressiert sind, verblüffen mit unerwarteten Stärken in anderen Bereichen. Zu sehen, in welche Richtung sich die Kinder und Jugendlichen entwickeln – das ist mit das Schönste an meinem Beruf.

Wolfgang Kersten wusste schon mit einundzwanzig Jahren, dass er als Schularzt an einer Waldorfschule praktizieren möchte. Er studierte Medizin in Berlin und trat noch während seiner Ausbildung der Anthroposophischen Gesellschaft bei. Seit 1990 arbeitet er als Arzt und Lehrer an der Waldorfschule am Engelberg. Parallel dazu behandelt Wolfgang Kersten Patienten in der Christopherus Lebens- und Arbeitsgemeinschaft Laufenmühle in Welzheim und betreibt eine Kassenarztpraxis.

Wo Töne erziehen

Musik spielt eine wichtige Rolle auf dem Engelberg. Sie ist nicht nur Unterrichtsfach, sondern hilft Kindern und Jugendlichen, Teamplayer zu werden

↗ *Freude am Zusammenspiel in der Bigband. Wer wagt ein Solo?*

Es gibt diese Momente, in denen Camilla Wulf denkt: Deshalb bin ich Waldorflehrerin geworden. Da war der Fünftklässler, der an Krebs erkrankte und eine schwere Operation hinter sich hatte. Sie gab ihm eine Trommel, weil Flöten zu kompliziert für ihn war. Doch er schaffte es nicht, Takt zu halten, schlug mal zu früh drauf, mal zu spät und meistens zu laut. Doch am Ende des Schuljahres setzte er immer dann ein, wenn sie ihm ein Zeichen gab. Die Klasse klatschte Beifall – nicht hämisch, sondern ehrlich.

Oder die Neuntklässlerin, die viel weiter auf ihrem Cello war als ihre Mitschüler. Sie brillierte selbst in hohen Lagen, bekam eine Solostimme im Orchester. Doch ständig eilte sie davon und hörte nicht auf die Gruppe. Auch sie lernte, sich in die Gemeinschaft einzufügen – miteinander zu musizieren, statt ihr eigenes Ding zu machen.

Beide Beispiele klingen nach winzigen Erfolgen. Doch für den Einzelnen sind sie riesig. „Das ist für mich ein Lernziel: aufmerksam zu werden und sich differenziert einzufügen", sagt Camilla Wulf, „nicht Preisträger zu produzieren."

Damit spricht sie ein häufiges Missverständnis an: Dass Waldorfschüler nur deshalb musikalisch gefördert werden, damit sie später einmal Musiker werden. Musikunterricht nimmt an Waldorfschulen zwar eine zentrale Stellung ein. Jedes Kind lernt von der ersten Klasse an, Flöte zu spielen, viele erlernen später noch ein zweites Instrument. Doch in der Waldorfpädagogik sind Flöte, Geige und Klavier nicht mehr und nicht weniger als Lerninstrumente.

„In kaum einem Fach zeigt sich so deutlich wie in der Musik, was lernen heißt, indem man etwas begreift", sagt Camilla Wulf. Man könne eine Tonleiter an die Tafel schreiben und dem Kind erklären: Da geht es rauf, da geht es runter. Das merkt es sich bestenfalls, vielleicht ohne es verstanden zu haben. „Wenn das Kind aber schon eine Tonleiter geflötet hat, weiß es: Immer wenn ich einen Finger draufsetze, geht es einen Ton abwärts, wenn ich einen wegnehme, einen Ton aufwärts." Sie vergleicht das gerne mit dem muttersprachlichen Sprechen: Man macht es automatisch richtig, nach Gehör – und lernt dann erst, welche Regeln dahinterstehen.

An der Waldorfschule soll nicht nur musiktheoretisches Wissen oder musikalisches Können vermittelt werden. „Wir betrachten Musik auch als Entwicklungshelfer", sagt Camilla Wulf. Viele Fächer werden unterrichtet, weil sie Schülern helfen, sich zum Erwachsenen zu entwickeln, selbständig zu werden, Fähigkeiten auszubilden und sich im Leben zurechtzufinden. Musizieren fördert nachweislich Teamfähigkeit und Empathie, Konzentration und logisches Denken. Deshalb richtet sich Musikunterricht an der Waldorfschule – wie auch andere Fächer – nach den Entwicklungsphasen der Kinder und Jugendlichen. „Man liest an der Entwicklung ab, was die Kinder gerade brauchen", sagt Camilla Wulf, „und gestaltet den Unterricht so, dass er ihnen dabei hilft."

In den ersten drei Klassen flöten und singen die Kinder nur nach Gehör. Der Lehrer singt oder spielt ihnen ein Lied vor, die Kinder machen es mit. Es wird einstimmig musiziert und in der Pentatonik, also mit fünf Tönen, die immer zusammenpassen. Notenwerte sind nicht streng vorgegeben, die Kinder bekommen Zeit zum Atmen und lernen hinzuhören.

Mit etwa neun Jahren nehmen sich Kinder nicht mehr nur als Teil einer Gruppe wahr, sondern etwas mehr als eigenständiger Mensch. Sie hinterfragen, was Eltern und Lehrer sagen, merken vielleicht, dass ein Schüler anders ist als die anderen, was ihnen vorher egal war. Sie stellen Fragen wie: „Was passiert, wenn du stirbst, Mama? Lebe ich dann weiter?" Oder: „Wenn Gott die Welt gemacht hat, wer hat dann Gott gemacht?" In der Waldorfpädagogik nennt man diesen Schritt in die Welt, den Rubikon zu über-

schreiten. Im Musikunterricht begegnet man dieser Verunsicherung mit mehrstimmigem Singen. Das Kind erlebt: Ich singe anders als die anderen – und es passt doch. Camilla Wulf beginnt mit einfachen Kanons, bei denen man an jeder Stelle einsteigen kann, weil sie auf Dreiklängen oder pentatonisch aufgebaut sind, es folgen kompliziertere Kanons, bei denen es bestimmte Einsätze gibt. Die Kinder lernen: Es gibt Regeln, an die man sich halten muss – Rhythmus, Harmonie und Dynamik – und die umgekehrt einem selbst Halt geben. „Man muss das nie moralisch korrigieren, sondern es korrigiert sich immer über die Sache: Es klingt dann nicht mehr gut", erklärt Camilla Wulf. Gleichzeitig beginnen die Schüler, Noten zu schreiben. Camilla Wulf malt Lieder, die sie kennen, an die Tafel: Als Vögel, die je nach Tonhöhe mal höher und mal niedriger fliegen. Oder als Sterne: für lange Töne große, für kurze kleine. Stück für Stück reduziert sie die Figuren, bis nur noch Punkte übrig bleiben – die Noten. Nun können die Kinder die Musik festhalten, was ihnen wiederum ein Gefühl von Sicherheit gibt.

In der vierten Klasse weitet die Musiklehrerin die Mehrstimmigkeit aus. Eine Stunde in der Woche bilden die Schüler im Halbkreis ein Klassenorchester. Die Waldorfschule empfiehlt, dass jeder Schüler neben der Flöte im Privatunterricht ein weiteres Instrument lernt. Wer schon eines spielt, kann es ins Klassenorchester mitbringen, die anderen spielen Flöte. „Wir legen Wert darauf, dass die Kinder ein Melodieinstrument lernen", erklärt Camilla Wulf, „weil das alle drei Bausteine der Musik beinhaltet: Melodie, Harmonie und Rhythmus." Da Kinder unterschiedlich begabt und fleißig sind, passt sie Stücke und Stimmen an das Können jedes Einzelnen an. Der Geiger, der schon sehr gut ist, bekommt eine Oberstimme, die Cellistin, die erst angefangen hat, Liegetöne. „Da lernen sie sich gegenseitig schätzen, denn auch die Guten merken: Ohne Begleittöne wäre die Melodie langweilig, wie ein Hamburger mit nur Belag und Ketchup, ohne Brot oben und unten." Parallel wird die Musiktheorie ausgebaut und viel gesungen: hauptsächlich fröhliche Lieder in Dur, auch mehrstimmig. „Wenn man mit zu kleinen Kindern zu viele Moll-Lieder singt, bedrückt sie das."

Das ändert sich ab der siebten Klasse. Aus Kindern werden Jugendliche, sie stecken in der Pubertät, beschäftigen sich viel mit sich selbst, verlieben sich – „da passen Molltonarten, die etwas in sich Gekehrtes haben", sagt Camilla Wulf. Sie singen dann Lieder anderer Länder und Kulturen, in der achten Klasse Songs wie „Yesterday" und „Wind of Change" – wieder einstimmig. Denn der eine steht noch vorm Stimmbruch, der andere steckt mittendrin. Wohl fühlen sich die wenigsten Jungen mit ihrer Stimme in diesem Alter.

Neben dem Musikunterricht üben die Schüler weiterhin eine Stunde in der Woche im Orchester. Jahrgangsübergreifend finden sich drei Gruppen zusammen: Streicher, Bläser und Flöten, die einmal im Jahr gemeinsam ein Konzert geben. Ab der neunten Klasse ist das Spielen im Orchester freiwillig, ab der zehnten ein Wahlpflichtfach neben anderen wie Chor, Eurythmie, Bigband oder Englisch-Konversation. „Wer sehr gut auf seinem Instrument ist, kann auch schon als Achtklässler mitspielen", sagt Camilla Wulf, die das Oberstufenorchester leitet. Dass vier bis fünf Jahrgangsstufen in einem Ensemble spielen, hat seinen Reiz: Die Jüngeren genießen es, anspruchsvolle Werke zu spielen, mit den Großen auf Orchesterfahrt zu gehen und Gastkonzerte zu geben. Die Älteren dürfen Gruppenproben leiten oder ein Solokonzert spielen und werden vom Orchester begleitet. „Eine tolle Möglichkeit, die die meisten nie wieder haben in ihrem Leben."

Vor gut zehn Jahren kam zum Orchester noch ein zweites Ensemble hinzu: die Bigband. Ein Zwölftklässler hatte sie als Jahresarbeit gegründet und fragte Musiklehrer Harry Schröder, ob er sie nicht weiterführen wolle. „Wir haben immer in der Mittagspause eine halbe Stunde gespielt", erinnert sich Harry Schröder, der die Band bis heute leitet. Ein Kollege, der Jazzpianist ist, klinkte sich ein, ein anderer spielte auf dem Saxofon mit und immer mehr Schüler kamen dazu. „Irgendwann waren wir wirklich eine Bigband: vier Saxofone, vier Posaunen, bis zu acht Trompeten." Inzwischen sind es wieder etwas weniger, doch die Bigband-Proben haben sich ebenfalls als Wahlpflichtfach etabliert. Auch die Bigband gibt Konzerte in der Schule und auswärts, lädt Ensembles ein, und vor ein paar Jahren kam sogar die SWR-Bigband an den Engelberg. Die Schüler lernten von Profis und gaben anschließend ein gemeinsames Konzert. „Innerhalb der Band gibt es eine unglaubliche Verbundenheit unter den Leuten", sagt Harry Schröder.

Im Musikunterricht gleicht die Oberstufe einem Gang durch die Musikgeschichte – was den Entwicklungsstufen der Jugendlichen entspricht. In der neunten Klasse geht es um Barockmusik, bei der sich ein Motiv scheinbar immer wiederholt und dennoch weitergeht. Ähnlich unnachgiebig stellen Schüler in diesem Alter ihre Fragen, viele Warums, auch um Lehrer zu nerven. Auch in den Fugen von Bach geht es immer weiter und weiter, doch es gibt feste Regeln, die Lehrer und Schüler gemeinsam heraushören.

Noch chaotischer wird es in der zehnten Klasse, in der Jugendliche unausgewogen wachsen, mit Kleidern und Schminke experimentieren. „Mit sechzehn sehnen sie sich nach Ausgewogenheit", sagt Camilla Wulf. Deshalb steht die Epoche der Wiener Klassik auf dem Lehrplan. Stücke von Beethoven und Mozart werden analysiert, die nach klaren Mustern funktionieren.

In der elften Klasse fühlen sich viele Schülerinnen und Schüler allein, haben mit ihren Gefühlen zu kämpfen, lehnen sich gegen die Eltern auf, schwanken zwischen Hochgefühl und Durchhängern. Sie experimentieren mit Extremsituationen: Wie weit kann ich im Umgang mit Lehrern gehen, mit Schlafentzug, mit Rauschmitteln? „Liebe und Todessehnsucht sind Pole der Romantik", sagt Camilla Wulf. Deshalb singen die Jugendlichen in der elften Klasse romantische Lieder aus der „Winterreise" von Schubert oder dem „Zigeunerleben" von Schumann, in denen diese Stimmungen anklingen und die Individualität des Künstlers im Mittelpunkt steht – genau das, was den Schülern gerade am Herzen liegt.

„In der zwölften Klasse soll der fast Erwachsene zum Zeitgenossen werden", sagt Camilla Wulf. Nichts eignet sich dafür besser als Zeitgenössische Musik, jene Epoche, die mit vielem gebrochen hat: Sie löste sich von der Tonalität, vom Takt, es wurden Feuerwehrsirenen und Autohupen als Instrumente entdeckt und Stücke komponiert, die ausschließlich aus Pausen bestanden. „Es ging darum, alles neu zu denken, einen eigenen Weg zu gehen", erklärt die Lehrerin, eben das, was Jugendliche beim Eintritt

↖ *Ein Gang durch
die Musikgeschichte.
Camilla Wulf
dirigiert das Ober-
stufenorchester.*

ins Erwachsenenalter bevorsteht. Fragen wie: Was esse ich? Was glaube ich? Wie gehe ich mit meinen Gefühlen um? Wo folge ich meinen Eltern und wo werfe ich ihre Ansichten über Bord? Die Schüler lernen, Verantwortung zu übernehmen und sich in der heutigen Welt zurechtzufinden.

Am Ende der Schulzeit steht kein Musiker, meistens auch keiner, der Musiker werden will, sondern einer, der sich im kulturellen Leben ein wenig auskennt, Mozart von Strauß unterscheiden kann und vielleicht merkt, aus welchen Akkorden ein Popsong besteht, der im Radio gespielt wird. Dazu hat er gelernt, im wahrsten Sinne des Wortes auf andere zu hören und sich dennoch nicht von seiner Aufgabe abbringen zu lassen. „Nur im Sport und in der Musik ist es möglich, die Erfahrung zu vermitteln, dass sich Erfolg und Selbstbewusstsein auch als Teammitglied einstellen", sagt Camilla Wulf. „Das braucht man später in allen sozialen Zusammenhängen: in der Wirtschaft, Politik und im Familienleben."

Dabei kommt es nicht darauf an, wie begabt ein Kind ist. Harry Schröder beobachtet das in seiner Bigband: „In der vierten Trompete habe ich zwei Leute aus der achten Klasse, einer ist neu dabei", sagt er. „Der spielt einfach mit und wenn er nicht weiter weiß, zeigt ihm einer der Älteren, wie's geht." Irgendwann rücke der Ältere auf und der Jüngere betreut einen Neuen. „Dieses Prinzip finde ich genial."

Es ist ein wenig wie mit dem krebskranken Kind oder der hochbegabten Cellistin. „Dass man die alle integrieren kann, dass jeder an seinem Platz eine wichtige Aufgabe erfüllt, ist für mich ein Bild der Gesellschaft", sagt Camilla Wulf. „Wir brauchen einander."

Mit Hammer, Feile und Köpfchen

Im Praktisch-Künstlerischen Unterricht lernen die Schüler,
wie sie Papier, Holz, Ton und Metall in kleine Kunstwerke verwandeln

W ie ein Watteteppich legt sich an diesem Novembermorgen der Nebel über Wälder, Wiesen und Weiler rund um Winterbach. Graue Schwaden verschlucken den Lärm von Menschen und Maschinen im Remstal. Nur oben auf dem Engelberg herrscht geschäftiges Treiben. Dort, wo die Landstraße einen großen Bogen macht, bevor sie sich Richtung Remstal schlängelt, strömen Schülerinnen und Schüler vom Pausenhof in die Werkstätten. Schnell noch wollen die letzten Erlebnisse vom Wochenende ausgetauscht werden. Gleich werden die Jugendlichen hämmern, malen, modellieren, schnitzen, löten und töpfern. Es ist kurz vor zehn und in wenigen Minuten beginnt der Praktisch-Künstlerische Unterricht, kurz PKU genannt.

Angeleitet von Lehrern, die Erfahrung als Künstler oder Handwerker haben, entstehen Geschirr, Gemälde, Schmuck und jede Menge andere schöne oder nützliche

↙ Wichtig ist die Farbe der Funken. Im Feuer bereitet diese Schülerin das Eisen auf die Verarbeitung vor.

Accessoires. Ein willkommener Ausgleich zu kopflastigen Fächern wie Mathematik und Französisch. Rudolf Steiner wusste, dass eine einseitige Beanspruchung des Gehirns ungesund ist für uns Menschen. Deshalb legen die Pädagogen der Waldorfschule am Engelberg Wert auf eine ausgewogene Mischung aus kognitiven, bewegungsbetonten und künstlerischen Fächern.

In den fertigen Werkstücken steckt neben jeder Menge Fingerfertigkeit auch viel von der Persönlichkeit des jeweiligen Schöpfers. Denn die Schülerinnen und Schüler lernen nicht nur, mit Hammer, Feile und Säge umzugehen, sondern erfahren auch einiges über sich selbst und über ihre Klassenkameraden. Am Ende verbirgt sich hinter PKU mehr als eine Lehrstunde in Sachen Geschicklichkeit. Der Unterricht fördert Gemeinschaftssinn und erdet das Denken. Ein Rundgang durch die Werkstätten demonstriert, wie das funktioniert.

Mit bloßen Händen in die Zukunft: Plastizieren

Lorenz Attinger sitzt zwischen knapp einem Dutzend Schülerinnen und Schülern im Stuhlkreis und sagt: „Als erstes wollen wir über die Modelle sprechen, die ihr in der vergangenen Stunde geformt habt." Dann greift er nach einer konservendosengroßen Doppelpyramide aus Ton, die neben anderen geometrischen Figuren auf einem runden Tisch in der Mitte drapiert ist, hebt sie in die Höhe, fragt: „Wo habt ihr so etwas außerhalb des Unterrichts schon gesehen?" Louis, ein schmaler Junge, antwortet: „In Star Trek." Seine Mitschüler kichern. Lorenz Attinger staunt. „Vielleicht sollte ich mir die Filme einmal anschauen." Tatsächlich spielt ein Oktaeder, wie Mathematiker solche Körper nennen, eine Rolle in der berühmten Science-Fiction-Serie. Doch bevor der Lehrer in die Zukunft blickt, reist er mit der Klasse in die Vergangenheit. Lorenz Attinger, Bildhauer und seit 2016 am Engelberg, erzählt vom griechischen Philosophen Platon, der Oktaeder zu den fünf Weltfiguren zählt, die Feuer, Erde, Wasser, Kosmos und Luft symbolisieren. „Ein Oktaeder steht bei Platon für die Luft", sagt Lorenz Attinger. Die Neuntklässler lauschen interessiert. Es ist ihre dritte Woche im Kurs „Plastizieren". Ihr Klassenzimmer erinnert an einen Zoo aus Tontieren. Pinguine bevölkern das Fensterbrett, ein Gorilla bewacht den Tisch, Robben räkeln sich auf dem Regal. Heute wird eine Schafherde dazustoßen.

Zu Beginn der Epoche hatten die Waldorfschüler Tonkugeln geformt. Manche mit verbundenen Augen.

↗ Den menschlichen Kopf in die richtigen Proportionen bringen. In der elften Klasse steht Plastizieren auf dem Lehrplan.

Lorenz Attinger sagt: „So sensibilisieren die Schüler ihren Tastsinn." Wichtig sei ihm, dass bei der Übung alle zur Ruhe kommen. Denn Stille ist wichtig beim Plastizieren. Eine Woche nach dem Kugelkurs folgten die platonischen Körper. „Schaut euch die harmonischen Formen an", ermuntert Lorenz Attinger die Schüler.

Nachdem er seinen Exkurs in Platons Welt der Oktaeder, Tetraeder und Hexaeder beendet hat, starten die Schüler in Sachen Schafe. Tonklumpen werden zu eiförmigen Gebilden, aus denen später Köpfe, Ohren, Nasen und Felle wachsen. Am Ende der Stunde ist die Herde vollständig. Nur das Schaf von Louis erinnert eher an einen Saurier. Aber das war wohl beabsichtigt. „Plastizieren erfordert Willenskraft, man braucht den Willen, etwas umzugestalten – und das ohne Werkzeug, nur mit den Händen", erklärt Lehrer Attinger. Am Schluss, als alle Schafe zusammen auf einer Tonplatte grasen, fragt er die Schüler: „Möchtet ihr etwas dazu sagen?" Gemurmel im Raum. „Sieht sehr schön aus", sagt Sophia schließlich und die anderen nicken.

Ein paar Türen weiter beugt sich Lea in der Holzwerkstatt über einen Schraubstock, in dem ein halbfertiger Holzkochlöffel steckt, und lässt ihre Feile in einem atemberaubenden Tempo über den Löffelstil flitzen. So als wolle die Siebtklässlerin einen neuen Weltrekord in der Holzspäneproduktion aufstellen. Der Griff ist schon beängstigend dünn, aber Lea feilt engagiert weiter, minutenlang.

Mit dem Beil und der Axt zum Löffelstil: Werken

Die Dreizehnjährige und ihre Mitschüler haben sichtlich Spaß an der Arbeit und sind kaum zu bremsen. Eine Pause? Will hier niemand. Werklehrerin Christiane Jahn, gelernte Schreinerin, hat die Kinder ständig im Blick. Immerhin hantieren sie auch mit Äxten und Beilen. Damit hacken und hauen sie zunächst die grobe Löffelform aus einem unförmigen Holzklotz. „Das ist schon eine Kunst", sagt Christiane Jahn. „Man braucht eine genaue Vorstellung, wie der Löffel aussehen soll." Später sorgen die Schüler mit Raspel, Feile und Schleifpapier für den Feinschliff. Es gehe ihr darum, so Christiane Jahn, dass die Schüler Selbstbewusstsein, Geschick und Mut bekommen, mit ihren eigenen Händen etwas zu erschaffen. Ihre Willenskräfte stärken.

↘ *Die Mädchen in der siebten Klasse machen bei ihren Kochlöffeln den Feinschliff. Anschließend müssen die Werkstücke nur noch geölt werden.*

Jetzt tritt sie zu Lea. „Immer schön Schicht für Schicht feilen", rät sie der Schülerin. Lea schaltet einen Gang herunter und arbeitet langsamer. Christiane Jahn begutachtet den Löffel. „In die Löffelschale muss noch etwas mehr Wölbung rein." Lea widmet sich der Löffelschale und sagt: „Es ist schön, wenn ich meinen Eltern etwas Selbstgemachtes schenken kann."

Neben ihr arbeiten Lisander und Moritz. Lisander, in Berlin-Shirt und kunstvoll zerlöcherter Jeans, entgratet seinen Löffelstil aus Ulme, entfernt die Späne. „Der muss noch gerader werden", erklärt er und wendet sich wieder seinem Werkstück zu. Moritz sucht derweil seine Feile – und ein bisschen Aufmerksamkeit. Mit gespielter Empörung ruft er: „Ich bin der Coolste hier, aber trotzdem klauen mir die anderen immer das Werkzeug." Schließlich findet er seine Feile doch noch. Kurz vor Stundenende steht er wie die anderen stolz vor Christiane Jahn und präsentiert ihr seinen schönen Holzlöffel.

Deutlich ruhiger geht es im Gebäude gegenüber zu. Dort befindet sich die Werkstatt, wo Schülerinnen und Schüler der dreizehnten Klasse im Keramikkurs für den beruflichen Teil der Fachhochschulreife kneten, mixen und modellieren. In den Regalen um sie herum stehen Vasen, Kannen und Teelichter, Exponate ihrer Vorgänger.

Brennen für guten Geschmack: Töpfern und Keramikherstellung

Florian und Jacob formen Tonklumpen so groß wie Fußbälle. Den homogenisierten Ton reichen sie weiter an Mathis. Der Achtzehnjährige übernimmt den gekneteten Ton, den er Schicht um Schicht übereinanderlegt und zu einem großen Tonquader zusammenklopft. Ein bisschen erinnert das alles an eine Backstube. „Plattentechnik" heißt dieses Verfahren, bei dem es darum geht, den Ton möglichst ohne Lufteinschlüsse zu verdichten. Daraus entstehen Platten, die weiterverarbeitet werden. Mit Hilfe dieser Technik werden Fliesen, Kacheln oder, wie in diesem Fall, rechteckige oder

↙ *Schüler bereiten den Ton vor, um daraus später Fliesen, Kacheln und Gefäße zu machen.*

quadratische Dosen oder Vorratsbehälter für den Haushalt hergestellt. Doch bis es soweit ist, müssen die drei Jungs noch jede Menge kneten. Ihr Lehrer, Keramikmeister Herbert Pauli, sagt: „Da fehlt mindestens noch ein Kilogramm."

Herbert Pauli hat an diesem Tag einiges zu beaufsichtigen. Neben Florian, Jacob und Mathis rühren drei Mädchen mit Mundschutz vorm Gesicht aus Quarz, Feldspat, Oxiden und Wasser eine Glasurmischung an. Darin werden die Tongefäße getaucht, bevor sie bei über 1100 Grad Celsius gebrannt werden.

Am anderen Ende des Raums sitzt Franka vor einer Art Murmelbahn. Tatsächlich baut die Achtzehnjährige am Modell einer Kräuterspirale. An diesem Modell testet sie, wie sie die komplexe Konstruktion nach der Fertigstellung so in Einzelteile schneiden kann, dass sie in den Ofen passen und gebrannt werden können. „Die untere Platte der großen Kräuterspirale soll einen Me-

↖ Die achtzehn-jährige Franka baut als Jahresarbeit eine Kräuterspirale. Lehrer Herbert Pauli gibt Hilfestellung.

ter Durchmesser haben. Das wird meine Jahresarbeit", erzählt Franka, während sie sorgfältig den Ton glattstreicht. Die Schwierigkeit besteht darin, der filigranen Form Stabilität zu verleihen. Ob das funktioniert, weiß sie erst in der kommenden Woche. Allein das Brennen mit der langen Abkühlphase dauert etwas länger als zwei Tage.

Am Tisch nebenan sagt Mathis: „Fertig", und schaut zufrieden auf seinen Tonquader. Lehrer Pauli ist noch nicht hundertprozentig überzeugt und begradigt die Oberfläche. Anschließend greift er zur Drahtsäge und schneidet eine dünne Schicht vom Quader. „Wir versuchen hier, so genau wie möglich zu arbeiten", sagt er zu seinen Schülern, die ihre Arbeiten mittlerweile unterbrochen haben und beobachten, wie ihr Lehrer zehn Millimeter dicke Platten abtrennt und zum Vortrocknen auslegt. Vor allem Mathis schaut konzentriert. In wenigen Monaten erwirbt er die Fachhochschulreife und im Fach Keramik wird seine Abschlussarbeit ein handwerklich gefertigter und kunstvoll gestalteter Zimmerspringbrunnen aus Ton sein.

Ein Stockwerk höher ist der Schulabschluss noch kein Thema. Im geräumigen Atelier malen und zeichnen die Zehntklässler. Ein halbes Dutzend Staffeleien verteilt sich im Raum, kaum ein Fleck an der Wand ohne Bilder. Selbstporträts hängen neben Monotypien und Stillleben. Im Regal lagern die zwischen Buchdeckel gepressten Klassiker der Kunstgeschichte, angestrahlt vom Licht, das sich seinen Weg durch die schrägen Dachfenster bahnt.

Die Welt auf einem Blatt Papier: Malen und Zeichen

Kolja, sechzehn, blickt aufmerksam in die Landschaft. Vor ihm ruht malerisch der Bleder See, dessen blasses Blau sanft eine kleine Insel mit Kirchturm umspült. In der Ferne färbt die Sonne den Himmel orange, bevor sie jeden Augenblick hinter den Alpen versinkt. Kolja greift zur Kreide, und über die Berge legt sich ein dunkler Schatten.

Fast drohend thront er nun über dem See. „Das ist in der Nähe von Bled, einer slowenischen Stadt", erklärt Kolja seine Pastellkreidezeichnung. Neben ihm schaut Beatrice Dumon auf die Landschaft und sagt: „Das ist toll geworden, über dem See liegt ein richtiger Schmelz." Die studierte Kunstpädagogin und Malerin hat schon an anderen Schulen unterrichtet. An der Waldorfschule gefällt es ihr am besten. „Hier habe ich mehr Möglichkeiten, auf die Interessen der einzelnen Schüler einzugehen", betont sie. Mancher Schüler entdecke eine spezielle Technik für sich, die er dann individuell umsetzen könne. „Mir ist es wichtig, dass sie experimentieren und gut gelaunt hinausgehen", sagt Beatrice Dumon.

Kolja und die anderen Zehntklässler stehen nicht nur an der Schwelle zum Erwachsensein, auch ihre Sehgewohnheiten verändern sich automatisch in diesem Alter. Beatrice Dumon sagt: „Schülern der neunten Klasse fehlt es oft noch an einem Verständnis von Tiefe und räumlichem Sehen, ein Jahr später in der zehnten Klasse ist das anders." Über abstrakte Bilder zu diskutieren, sei dagegen noch schwierig. Das lohne sich erst ab der elften Klasse.

So gesehen ist Valerie ihrer Zeit voraus. Die Sechzehnjährige greift sich mehrere Farbtuben und bestreicht eine Acrylplatte mit diversen Blau- und Rottönen. Dann drückt sie die Platte auf ein weißes Blatt Papier, fährt mit einem Roller darüber. „Dadurch bekommt das Bild eine spezielle Struktur", erläutert Valerie das an den Urknall erinnernde Chaos auf ihrem Bild. Was ist die Idee dahinter? „Die Idee dahinter ist Kreativität", sagt Valerie und lacht. Beatrice Dumon nickt anerkennend. „Das Gute an dieser Technik ist, dass man unbekümmert loslegen kann."

Unbekümmert loslegen kann Philip nicht. Der Sechzehnjährige sitzt einen Ballwurf weiter in der Goldschmiedewerkstatt und ist angespannt. Mit seiner Lupenbrille auf der Nase, der kleinen Zange in der Hand und dem griffbereiten Lötkolben neben sich wirkt er wie ein Zahnarzt kurz vor seiner ersten Wurzelbehandlung.

Schmuck im Stundentakt: Goldschmieden und Kupfertreiben

Zehn Schüler werkeln in der modern eingerichteten Werkstatt. Bohrmaschine, Walzmaschine und Schleifmaschine stehen bereit; sogar eine Drehmaschine wartet in der Ecke auf ihren Einsatz. Doch Maschinen braucht Philip heute nicht. Er nimmt sich einen winzigen Silberring, kaum größer als der Kopf einer Reißzwecke, fädelt ihn mit der Zange in den letzten Ring der halbfertigen Silberkette, träufelt Lötflüssigkeit darauf und lötet ihn an den künftigen Armschmuck. „Dazu braucht man sehr viel Geduld", sagt Philip. Drei Stunden hat er bereits an der Kette gearbeitet und dreißig Ringe miteinander verflochten. „Die Schüler sollen ihre Geschicklichkeit trainieren", sagt Dennis Handte. „Das ist ziemlich anstrengend", sagt Philip. Dennis Handte erwidert: „Das stimmt."

Seit 15 Jahren unterrichtet der gelernte Goldschmiedemeister am Engelberg. Er zeigt den Schülern, wie man aus schlichten Silberplättchen wunderschönen Schmuck fertigt. Dennis Handte öffnet eine Schublade. Darin: kunstvoll gearbeitete Ringe, die auch einem Juwelier alle Ehre machen würden.

An der Werkbank daneben sägt Bosse, ebenfalls sechzehn, aus einem streichholzschachtelgroßen Stück Kupferblech ein T-Profil aus. Es ist das letzte Teil seiner Kupferschale. Die hat er in den vergangenen drei Wochen aus einem viereckigen Stück Kupferblech zu einer Halbkugel gedengelt. Sogar ein Muster hat Bosse in die Schale gehämmert. Künftig soll das Teil als Backform dienen. „Ich bin sehr zufrieden", sagt Bosse stolz. Nur noch der Henkel fehlt. Kupfertreiben nennt sich dieses jahrtausendealte Handwerk, bei dem die Schüler eine Fläche zu einem Körper umformen.

Es ist Mittag. Kurz nach zwölf strömen die Schüler aus ihren Werkstätten. Plötzlich ist es ruhig auf dem Werkstattgelände der Waldorfschule am Engelberg. Niemand mehr, der hämmert, feilt oder klopft.

↘ *„Dazu braucht man sehr viel Geduld." Philip biegt die Glieder für eine silberne Kette zurecht.*

↖ *Wenn die Schüler*
sich ihre Kupfer-
gefäße zurecht-
hämmern, wird es
so laut, dass sie sich
einen Ohrenschutz
aufsetzen.

Lorenz Attinger, der mit seinen Schülern bis eben noch über Platon und die Oktaeder philosophiert hat, muss zu seinem nächsten Kurs: Steinhauen. Christine Jahn räumt in der Werkstatt die halbfertigen Holzlöffel in den Schrank, wo sie auf ihre Vollendung warten. Herbert Pauli bindet sich die Arbeitsschürze ab und kontrolliert ein letztes Mal die Konsistenz der Glasurflüssigkeit. Beatrice Dumon steht vor Koljas Pastell-kreidezeichnung und sagt: „Die Farben hat er wirklich gut getroffen." Dennis Handte schaut aus dem Fenster hinunter ins Tal, wo sich die letzten Nebelschwaden verzogen haben, dann tritt er auf den Schulhof und verschließt die Tür zur Goldschmiede.

Draußen, etwa einhundert Meter Luftlinie entfernt, im Schulgarten, streifen drei Siebtklässler ihre Wanderschuhe über und verstauen Bücher und Handys in ihren Rucksäcken.

Eine Ernte für das Leben: Gartenbauunterricht

Normalerweise sind Smartphones nicht erwünscht im Unterricht. Doch an diesem sonnigen Tag im April sagt der Lehrer Frank Hart zu seinen Schülern: „Nehmt eure Handys und fotografiert heute Douglasien, Haseln und Buchen." Gartenbauunterricht am Engelberg. Auf dem Stundenplan steht die Waldrallye. Die Siebtklässler schnappen sich ihre Aufträge, Kompasse, Maßbänder und ziehen mit der Karte in den Wald. Stoßen die Schüler auf das entsprechende Gewächs, dokumentieren sie ihren Fund mit Fotos. Zu anderen Jahreszeiten werden natürlich auch Suchaufträge für heimische Gräser oder Blumen erteilt. „So können die Schüler zeigen, dass sie die heimische Flora kennen, ohne Pflanzen herausreißen zu müssen", erklärt Frank Hart.

Von der sechsten bis zur neunten Klasse haben die Waldorfschüler Gartenbau-unterricht. Eine Doppelstunde pro Woche. Den Stundenplan schreibt die Natur. Direkt nach den Sommerferien beginnt die Haupterntezeit. Bohnen und Mais müssen

geerntet werden, bevor sie in den Töpfen der Schulküche landen. Gut fünfundzwanzig Beete bewirtschaften die Schüler im dreitausenddreihundert Quadratmeter großen Schulgarten. Dazu kommen zwei Obstwiesen und ein kleines Wäldchen.

Im Herbst pflücken die Schüler Äpfel und Quitten und verarbeiten die Früchte zu Saft. Ab Oktober verwandeln sie Gartenkräuter und Salz in Kräutersalz, das sie Anfang November auf dem Martinsmarkt anbieten. Im Winter ziehen sie Kerzen aus Bienenwachs, backen Brot oder lernen aus Büchern alles über Giftpflanzen, Heilpflanzen und fleischfressende Pflanzen. „Die kalte Jahreszeit nutzen wir für einen theoretischen Zugang zur Botanik", sagt Pädagoge Hart. Ab dem Frühjahr folgt erneut die Praxis – und das geht Schlag auf Schlag.

Bevor die Bäume ihre ersten Blätter zeigen, wollen Zäune gebaut, Wege gepflegt und Beete umgegraben werden. Aus alten Obstbäumen wird Brennholz. Nach der Ernte wird dem Boden das Entnommene in Form von Humus zurückgegeben, damit langfristig die Fruchtbarkeit zunimmt. Dazu dient die schuleigene Kompostanlage, wo Sägespäne aus den Holzwerkstätten, organische Abfälle der Mensa, Blätter der Grünanlagen und der Mist zweier Esel zu wertvoller Erde aufgebaut werden. Denn gesunde Pflanzen können nur auf gesundem Boden wachsen. Im Frühling pflanzen die Waldorfschüler Mais, Bohnen, Kohl und diverse Kräuter. Bereits Ende Juni beginnt erneut die Erntesaison. Basilikum wird zu Pesto, Johannisbeeren zu Marmelade. „Unsere Erzeugnisse dürfen die Schüler mit nach Hause nehmen", erzählt Frank Hart. Doch dieses Privileg hat seinen Preis. Als Hausaufgabe müssen sie in der elterlichen Küche Konfitüren und Pasten nach eigenen Rezepten zubereiten. Als Beleg für die kulinarische Prüfung dienen wieder Handybilder. „Die Schüler sollen lernen, dass die Natur unsere Lebensgrundlage ist", sagt Frank Hart. „Unser Ziel ist es nicht, kleine Gärtner zu züchten, sondern den Jugendlichen ein Gefühl für Erde, Pflanzen und Tiere zu vermitteln."

↗ *Elefant nach Maß. Den Schnitt entwerfen die Kinder selbst. Viel hängt vom richtigen Ausstopfen ab, sonst fällt das Tier um.*

Von Stufe zu Stufe

Dass ein Kind mit Kopf, Herz und Händen lernen soll, forderte schon der Schweizer Pädagoge Johann Heinrich Pestalozzi. Rudolf Steiner hat diese Idee aufgegriffen. Waldorfpädagogen entwickelten daraus ein Konzept, bei dem künstlerische und handwerkliche Fächer gleichberechtigt neben naturwissenschaftlichen und geisteswissenschaftlichen Fächern stehen. Am Engelberg nimmt dieser Praktisch-Künstlerische Unterricht (PKU) eine besondere Stellung ein.

In der ersten Klasse beginnen die Schüler mit Handarbeiten. Zunächst steht Stricken auf dem Stundenplan. Denn dabei sind beide Hände beteiligt, was die Fingerfertigkeit verbessert und Denkstrukturen vernetzt. Zeichnen mit Kohle oder Bleistift korrespondiert mit der Situation von Neuntklässlern. Im Alter von fünfzehn beginnen Jugendliche, eigene Urteile zu bilden und erkennen viele Grautöne zwischen Schwarz und Weiß. Ihre wachsende körperliche Kraft können sie in der Schmiede einsetzen. Mit Kupfertreiben in der zehnten Klasse und Goldschmieden in der elften gestaltet sich die Metallverarbeitung immer filigraner, was den Anforderungen auch anderer Fächer entspricht und von älteren Schülerinnen und Schülern erwartet wird. Ob Holz, Textil, Metall, Malen und Zeichnen, Ton oder Stein – überall stehen ihnen Künstler und Handwerksmeister mit authentischem Material und professionellem Werkzeug zur Seite. Dass zur Schreinerei eine Kreissäge und Hobelmaschine gehören, die Zwölf- und Dreizehntklässler nach erfolgreichem Abschluss des Maschinenkurses bedienen dürfen, ist keineswegs selbstverständlich.

Ziel jeder Klassenstufe ist es, Schülern einen Überblick über ihre handwerklichen und künstlerischen Möglichkeiten zu verschaffen und Vorlieben entdecken zu lassen, die sie vertiefen können. Höhepunkt der Ausbildung ist der Künstlerische Abschluss in Klasse zwölf, wenn sie vor Mitschülern, Lehrern, Eltern und Freunden ihre Ergebnisse im Malen, Steinhauen oder Eurythmie präsentieren.

„Ich gehe gern raus und spaziere mit meinen Freundinnen an der Rems entlang."

Lucy Heser hat gerade ihr Remstal für drei Monate verlassen für einen Auslandsaufenthalt in England. Seither ist Englisch ihr Lieblingsfach und hat Mathe und Deutsch abgelöst.

Claudia Bandeff ist in München aufgewachsen und studierte Deutsch
und Geschichte fürs Lehramt am
Gymnasium. Schon als Referendarin
wurde ihr das staatliche Schulsystem
zu eng, deshalb unterrichtet sie seit
2016 Deutsch und Geschichte in der
Oberstufe am Engelberg.

„Diese Freiheit gebe ich nicht mehr auf"

**Claudia Bandeff kommt aus dem staatlichen Schulsystem.
Seit drei Jahren ist sie Lehrerin am Engelberg und will hier bleiben**

D ie Schülerinnen und Schüler der zehnten Klasse haben die stürmischsten Zeiten der Pubertät weitgehend hinter sich gelassen, jetzt treten sie in die Phase der Adoleszenz ein. Es ist eine Zeit tiefgreifender seelischer Veränderungen. Eltern und Familie sind nicht mehr so wichtig wie in der Kindheit, Gleichaltrige umso mehr. Jugendliche mit gemeinsamen Interessen tun sich zusammen. Die Mädchen, die im Gegensatz zu den Jungen häufig ausgewachsen sind, werden jetzt von den Jungen eingeholt und bald schon überragt. Es gibt aber auch Jungs, die noch kindlich wirken und darunter unausgesprochen leiden. Sie kompensieren dies häufig durch Frechheiten und Grenzüberschreitungen. Manchmal ziehen sie sich auch total zurück.

Das Zauberwort in diesem Alter heißt Latenz. Den Jugendlichen treiben lebenswichtige Fragen um, die er aber nicht offen stellt. Als Lehrerin muss ich wissen, dass die raue Schale nur Fassade ist. Es gilt also, ein Gefühl für Gerechtigkeit zu vermitteln, für Maß, Schönheit und sinnvolle Ordnung, die Sicherheit verleiht und ihr Urteilsvermögen fördert. Sie lieben strukturiertes und selbständiges Arbeiten, auch wenn sie sich damit noch schwer tun. Meine Klasse ist lebhaft, die Jungs sind noch diskussionsfreudiger als die Mädchen, und natürlich wollen sie ihre Lehrerin auch testen. Allen gemeinsam ist, dass sie als Individuum gesehen und behandelt werden wollen. Ich kann maßregeln, eine Strafarbeit geben, nachsitzen lassen, aber die Gründe meiner Entscheidung müssen ihnen einleuchten. Dann akzeptieren sie es.

Nach drei Jahren an der Waldorfschule weiß ich, dass ich meinen Platz gefunden habe. Gerade in der Oberstufe erlebe ich, dass Schüler von sich aus lernen wollen und nicht, weil sie unter Notendruck stehen. Wir genießen größere Freiheiten als an staatlichen Schulen, greifen viel weniger zu Lehrbüchern, reden stattdessen mehr miteinander. Die Schüler können zuhören, sind es seit der ersten Klasse vom Erzählteil des Hauptunterrichts gewohnt. Alle diese Vorzüge bestärken mich, nicht mehr in ein staatliches Gymnasium zurückzugehen. Die Freiheit, die mir am Engelberg gewährt wird, gebe ich nicht mehr auf.

Allein die Epochen! In der Staatsschule wird ein Thema über mehrere Wochen auf einige Einzelstunden und höchstens mal eine Doppelstunde verteilt, wodurch immer wieder Brüche entstehen. Hier bleibe ich drei oder sogar vier Wochen jeden Tag bei einem Thema und tauche in die Details regelrecht ein. Darauf kann ich mich konzentrieren und muss nicht zwischen Jahrgangsstufen hin und her hetzen. Epochenunterricht bedeutet, sich schwerpunktmäßig einer Klasse und einer Thematik zu widmen. In Deutsch beschäftigen wir uns zur Zeit mit den Ursprüngen der deutschen Sprache am Beispiel des Nibelungenlieds. Natürlich ist die Klasse nicht begeistert, wenn ich verkünde, dass wir uns drei Wochen lang mit einem achthundert Jahre alten Lied mit zweitausendvierhundert Versen beschäftigen werden. Es ist zwar das erste große Werk deutscher Sprache, aber im Wortlaut schwer zu verstehen. Dafür gibt die Handlung einiges her, wenn Held Siegfried die schöne Kriemhild erobern will und dafür bereit ist, bis zum Letzten zu kämpfen. Wir reden darüber, ob es denkbar wäre, das Thema in unsere Zeit zu übertragen und plötzlich sind sie dabei, begleiten Kriemhild und Siegfried durch ihre Geschichte aus Liebe, Eifersucht, Rache, Kampf und Tod.

In Geschichte beginnen wir noch einmal ganz von vorn, gehen von der Steinzeit über zur Sesshaftigkeit und kommen also zu Gesellschaften, die nicht mehr umherziehen. Da sie sich nicht aus dem Weg gehen können, arbeiten sie zusammen, teilen Aufgaben auf und entwickeln ein soziales System. Genau das ist interessant für Sechzehnjährige: sich selbst finden, eigenverantwortlich sein.

Hat man ihre Aufmerksamkeit gewonnen, sind sie konzentriert und fragen nach. Zum Beispiel ob es im Fall des preußischen Reiches unter Bismarck gewisse Parallelen zu heute gibt. Es wird immer dann für meine Schüler interessant, wenn wir einen Bogen zu heute schlagen: Ging es nicht Bismarck in erster Linie darum, die Macht Preußens innerhalb des Deutschen Reiches und Europas zu festigen? Wie weit gleichen damit seine Absichten denen des Präsidenten Donald Trump?

Wir erörtern in der zehnten Klasse auch aktuelle Themen. Zum Beispiel die Rolle der neuen Medien. Haben soziale Medien nur Vorteile? Wo nützt uns das Smartphone, wo stört es? Wo lauern Gefahren? Wir lesen dazu Zeitungsartikel und wissenschaftliche Aufsätze und diskutieren darüber. Am Ende sehen alle den Umgang mit neuen Medien differenzierter – auch wenn sie ihr Smartphone nie hergeben würden.

Andere Themen, die uns beschäftigen, werfen die Frage auf, ob Ehrenämter sinnvoll sind. Oder ob jede und jeder nach der Schule ein soziales Jahr absolvieren sollte. Und ein drittes Thema liegt mir besonders am Herzen: Rassismus und Rechtsextremismus. Weil es die Welt bewegt. Wir forschen nach, aus welchen historischen Gründen sich diese Haltung entwickelt hat und mit welchen Folgen noch zu rechnen ist.

In einem Praktikum der Klasse zehn beschäftigen wir uns mit der Frage, was die Erde hervorbringt. Dieses Landwirtschaftspraktikum dauert vier Wochen, die zwischen den Oster- und Pfingstferien liegen, so dass Schüler, die ins Ausland gehen, auf sechs Wochen verlängern können. Viele nutzen die Gelegenheit, ihre Sprachkenntnisse zu erweitern, suchen sich einen Bauernhof in England, Frankreich oder noch weiter weg und kommen ein bisschen erwachsener zurück.

Mit sechzehn ist es wichtig, mal von zu Hause wegzukommen. Es ist ein Alter, in dem der Mensch das Gefühl hat, Maß aller Dinge zu sein. Das wird zurechtgerückt, wenn er bei einem älteren Ehepaar auf einem entlegenen Hof der Schweizer Alpen die Krise kriegt. Doch er hält durch und die Bauern erweisen sich dankbar für die Hilfe. Er lernt dafür, mit einem Balkenmäher steile Hänge zu bearbeiten, kommt mit muskulösen Armen und dem Bewusstsein zurück, Verantwortung für Kühe, Schweine und Pferde getragen zu haben. Ein wichtiger Moment ist es, wenn die Jugendlichen Menschen mit einem völlig anderen Lebensentwurf treffen, zum Beispiel einen Demeterbauern, der sagt: Ich habe Philosophie studiert, aber gemerkt, ich will mit der Erde arbeiten. Meine Freundin und ich haben einen Hof gegründet und jetzt bauen wir Kohl und Kartoffeln an.

Wie im Konzept einer Gesamtschule ordnen wir im Sprachunterricht die Schüler beider zehnten Klassen je nach Niveau in Leistungsstufen ein, was erstmals ins Bewusstsein ruft, dass im Lauf der nächsten Schuljahre die Weichen für die Abschlüsse

„Mit sechzehn ist es wichtig, mal von zu Hause wegzukommen. Es ist ein Alter, in dem der Mensch das Gefühl hat, Maß aller Dinge zu sein.“

gestellt werden, was Eltern und Schüler gleichermaßen bewegt. Im Französischen können Schüler, die überfordert sind, ins Fach Technisches Zeichnen wechseln. Das sind jedes Jahr sechs, acht Jugendliche aus beiden Klassen, die sich dadurch auf Englisch konzentrieren können, und das tut ihnen gut.

Eine Besonderheit unserer Waldorfschule ist die Poetik-Epoche. Bald werde ich meine erste haben, ich freue mich sehr darauf, auch weil mir keiner ein Überthema vorschreibt. Ich schau, was die Klasse interessiert und was ich selbst mag. Mir schwebt eine Art Geschichte der Lyrik vor, in der wir Dichter aus verschiedenen Zeiten begleiten. Was erleben sie in ihrer Zeit und wie gehen sie damit um? Schließlich dichten wir selbst. Wie kann man sein eigenes Innere in Worte fassen, die Schutzmauer öffnen, hinter der sich Sechzehnjährige noch verstecken? Vielleicht haben sie ja sogar Lust auf einen Poetry-Slam, bei dem sie sich vor Publikum gegenseitig in Metaphern und Sprüchen überbieten.

Gesine Brücher ergänzt: Am liebsten Poetik-Epoche

Auch für mich ist die Poetik-Epoche eine meiner liebsten Erfahrungen an unserer Schule. Wir steigen in die rhythmisierte Sprache ein, Takt, Reim und Klang werden in ihrer Regelhaftigkeit erkannt und lassen ahnen, welche Freiheit in ihnen zum Ausdruck kommen kann. Wenn ich Glück habe, erleben die Schülerinnen und Schüler im richtigen Maß die Schönheit „verdichteter" Empfindungen und Gedanken. Gäbe man ihnen die Aufgabe: Schreiben Sie ein Gedicht über die Natur! Oder gar: Schreiben Sie ein Gedicht über Ihr erstes Verliebtsein! Dann verstieße man zutiefst gegen die Forderung nach Latenz, die Sechzehnjährige beanspruchen.

Gilt es, kurze Gedichte unter Einhaltung strenger Regeln zu schreiben, wie sie zum Beispiel der japanische Haiku vorgibt, zählen die Schülerinnen und Schüler zunächst nur Silben. Aber sie spüren in diesem knappen Rahmen, welches Wort vom Klang und Sinn her passt. Wo es zunächst einmal nur darauf anzukommen scheint, einen Gedanken in drei genau bemessenen Versen zu beschreiben, entsteht schließlich echte Poesie.

Meine Erfahrung zeigt, dass es Schülerinnen und Schülern oft Freude bereitet, sich in große Werke der Dichter zu vertiefen, ihren Aufbau zu entschlüsseln, ihre Bedeutung zu erahnen und zu interpretieren. Zu den stärksten Erfahrungen gehört, dass wir unsere Ausflüge in die Welt der Dichter einmal mit der Exkursion nach Dachau verknüpften. Dachau und Poesie? Ja, das steht in einem stringenten Zusammenhang, wenn in jedem Jahrgang beide zehnten Klassen gemeinsam zwei Tage das Konzentrationslager Dachau und das Nürnberger Reichsparteitagsgelände besuchen. In diesem Jahr haben wir den Zusammenhang zwischen Poesie und brutaler Staatsgewalt am Beispiel der sogenannten Moabiter Sonette behandelt. Der Schriftsteller Albrecht Haushofer, der zu den Widerstandskämpfern gegen das Nazi-Regime gehörte, schrieb sie im Gefängnis, bevor er durch die SS ermordet wurde.

Natürlich gönnen wir uns aber auch lebensfrohe Momente, zum Beispiel, wenn die Zehntklässler ihren Tanzkurs absolvieren. Da geht es um nichts anderes als Maß am eigenen Leib zu erleben, zu berühren, zu halten, führen und geführt werden. Wir haben seit vielen Jahren einen Tanzlehrer, der in sämtlichen Waldorfschulen der Umgebung Tanzkurse gibt. Ihm gelingt es, die Schüler fürs Tanzen zu begeistern, wobei es in jeder Klasse immer zwei, drei Leute gibt, die sich mit Händen und Füßen gegen das Tanzen wehren, Jungen wie Mädchen. Die lassen wir dann auch. Alle anderen machen mit. Und beim Abschlussball sind sie alle so unheimlich schön und erwachsen.

Wald und Wiesen im Visier

Beim Feldmesspraktikum wird aus trockener Trigonometrie ein spannendes Abenteuer in freier Natur

Ausgerechnet jetzt gießt es in Strömen. In wenigen Minuten wollen die Schülerinnen und Schüler der Klasse 10 b Richtung Wald aufbrechen, um dort das erste Mal Entfernungen, Höhenunterschiede und Himmelsrichtungen zu bestimmen. Doch die jungen Entdecker lassen sich von den Widrigkeiten des Wetters wenig beeindrucken. Sie schlüpfen in ihre Regenkleidung und spannen Schirme über die wasserempfindlichen Theodoliten, also über jene Instrumente, mit denen in der Natur Winkel gemessen werden. „Immerhin hagelt es nicht", verkündet einer der Schüler optimistisch.

Ein Montagmorgen Mitte April. Zwanzig Zehntklässler, die Lehrer Gesine Brücher und Gunther Geuppert erkunden in den Österreichischen Alpen unbekanntes Terrain. Vor ihnen liegt eine Woche Feldmesspraktikum. In den kommenden Tagen werden sie Wald, Wege, Wiesen und Felder inspizieren, markieren, dimensionieren und die Ergebnisse protokollieren. Ziel ist es, mit einfachen Methoden ein Gelände zu kartografieren. Angewandte Mathematik also. So verwandelt sich Trigonometrie von einem trockenen Unterrichtsthema in eine praktische Herausforderung in freier Natur. Aus Zahlen werden Bilder, aus Formeln Formen und Fehler sind keine roten Korrekturzeichen am Klausurenrand, sondern Ausgangspunkt engagierter Debatten.

Einen Tag zuvor waren die Schüler mit dem Bus in Hittisau angekommen, hatten ihr Quartier in einem geräumigen Gruppenhaus inmitten idyllischer Landschaft bezogen. Die kleine Gemeinde Hittisau liegt im Bregenzerwald, direkt hinter der Grenze zu Deutschland und etwa drei Autostunden von der Schule in Winterbach entfernt. Im Vorfeld hatten einige Eltern gefragt: „Warum fahrt ihr so weit weg?" Schließlich könne das Feldmesspraktikum auch vor der heimatlichen Haustür stattfinden.

Wolf Altemüller, ehemaliger Lehrer in Winterbach und Mitarbeiter der Pädagogischen Forschungsstelle beim Bund der Freien Waldorfschulen, nennt vor allem einen Grund: „Das Feldmesspraktikum ist mehr als ein Fachlehrgang." Die Schüler sollen auch lernen, wie sie im Team komplexe Aufgaben bewältigen. Deshalb kehren sie nach getaner Arbeit nicht in die eigenen vier Wände zurück und lassen die Lehrer Messprotokolle auswerten, sondern diskutieren abends im Gemeinschaftsraum über mögliche Messfehler und Rechenwege.

Nachdem die Nachwuchs-Landvermesser am regnerischen zweiten Tag das Gelände mit Fluchtstäben abgesteckt haben, die die Eckpunkte eines Vielecks (Polygon) markieren, treffen sie die ortsansässigen Bauern. Trotz dialektbedingter Verständigungsschwierigkeiten verläuft die Begegnung zur beiderseitigen Zufriedenheit.

In den darauffolgenden Tagen, mittlerweile sind die Wolken der Sonne gewichen, geht es an die eigentliche Vermessung der abgesteckten Polygone. Mit dem Kompass bestimmen sie Richtungen, mit Latten Längen und mit Theodoliten

Winkel. Das ist komplizierter, als man denkt. Ein fehlerhafter Messwert genügt, um das Ergebnis zu verfälschen. Darum prüfen die Schüler jedes Messprotokoll ganz genau. Und dann kommt die Mathematik ins Spiel: Mit Hilfe des Sinussatzes können in einem Dreieck die einzelnen Seiten berechnet werden. Dieses Verfahren der Triangulation („Tri angle" entspricht drei Winkel, also Dreieck) ermöglicht es, die gemessenen Längen mit den berechneten Werten abzugleichen. Dadurch hat die Klasse ein Kontrollinstrument zur Hand, wodurch falsch gemessene oder falsch berechnete Werte schnell aufgedeckt werden können. Wenn alles passt, zeichnen die Schüler die neuralgischen Landschaftspunkte in das fertige Vieleck – Bäume, Büsche, Flüsse, Häuser, Straßen. Nach vielen weiteren Schritten haben es die Zehntklässler geschafft: Vor ihnen liegt das im Maßstab 1 : 1000 gezeichnete Bild einer Landschaft in den Alpen. Am Ende kennen die Mädchen und Jungen nicht nur die Geheimnisse einer Landschaftsvermessung, sie haben auch sehr viel über sich selbst erfahren.

Freitagmorgen, Tag sechs des Feldmesspraktikums. Die Schülerinnen und Schüler putzen das Gruppenhaus, packen ihre Rucksäcke, verstauen die empfindlichen Messgeräte. In wenigen Minuten wird der Bus eintreffen, der die Gemeinschaft zurück nach Winterbach bringt. Mathelehrer Gunther Geuppert ist zufrieden: „Unterm Strich können wir von einer gelungenen Feldmessfahrt sprechen, auch wenn manchmal viel Ausdauer und Frustrationstoleranz vonnöten waren, wenn die Messergebnisse nicht ganz exakt passten." Aber auch das, so der Pädagoge, gehöre schließlich zu einem Feldmesspraktikum. ────────

↖ *Immerhin hagelt es nicht. Gunther Geuppert mit Nachwuchs-Landvermessern.*

„In meinem ersten Krimi ermordete ein Zimmermädchen seine Chefin. Und in meinen Liebesgeschichten sind meine Freundinnen die Hauptfiguren."

Clara Liehr schreibt lieber selber Geschichten, als fernzuschauen. Kater Balduin, neun Jahre, schaut ihr dabei über die Schulter.

Susanne Bock, ursprünglich Gymnasial-
lehrerin für Französisch und Geschichte,
besuchte nach einem zweijährigen Aufent-
halt in Indien das Lehrerseminar Uhlandshöhe in Stuttgart und machte eine Zusatz-
ausbildung zur Waldorflehrerin. Sie arbeitete in der Software-Industrie, bis sie sich
2004 entschied, eine Klasse am Engelberg
zu übernehmen. Inzwischen sitzt sie im
Vorstand des Trägervereins und leitet die
Oberstufenkonferenz.

Jeder findet seinen Platz

Abitur ist kein Muss. Für manche ist Fachhochschulreife oder Realschulabschluss der bessere Weg

Unterrichten in der elften Klasse finde ich vergleichsweise einfach, denn man hat so gut wie keine Disziplinprobleme mehr. Die Schüler wissen, dass dieses Jahr über ihren Abschluss entscheidet. Es ist zugleich das Ende der ursprünglichen Klassengemeinschaft, denn diese gewachsene Einheit löst sich auf. Meine Klassen entwerfen manchmal aus diesem Anlass einen Kapuzenpulli, sie nennen ihn Hoodie, mit einem speziellen Motto. Meine letzte Klasse hatte den doppeldeutigen Spruch gewählt: „Mit einer Tüte fing alles an." Vorne war eine Schultüte drauf und hinten der Name des Schülers.

Gelegentlich haben sie auch über die elfte Klasse hinaus noch miteinander zu tun, beispielsweise in Kursen, die zu einem künstlerischen Abschluss führen. Da finden sich Realschüler mit Fachhochschülern und Abiturienten zusammen. In der Elften aber sind noch alle zusammen, außer im Fach Französisch, das nur noch diejenigen besuchen, die sich aufs Abitur vorbereiten.

Für Schüler, die nicht das Abitur anstreben, bieten wir die Vorbereitung auf das Diplom der so genannten europäischen DELF-Prüfung an. In Klasse zehn und elf stehen von September bis Ostern Wahlpflichtfächer auf dem Stundenplan, unterteilt in drei Perioden, die Schüler wählen drei Kurse in Fächern wie Chorsingen, Gebärdensprache, Wirtschaft oder Sport. In diesem Rahmen bieten wir auch Konversationskurse mit Vorbereitung auf DELF an. Damit Schüler, die kein Abitur machen möchten, die Mittlere Reife in Französisch nachweisen können.

Nach dem ersten Halbjahr fragen die Klassenbetreuer die Schüler, welchen Abschluss sie anstreben. Wir Lehrer besprechen die Wünsche in einer Klassenkonferenz und geben danach den Schülern eine Einschätzung. Das Gespräch, das ich mit jedem Schüler führe, dauert in der Regel eine Viertelstunde. Zu fünfundneunzig Prozent decken sich unsere Einschätzungen. Vereinzelt gibt es jedoch Schüler, die sich nicht realistisch sehen. Es kann sein, jemand will unbedingt Abi machen, wir sehen aber seine Grenzen. Das liegt häufig an Erwartungen der Eltern, die glauben, dass man ohne Abi nicht glücklich wird, doch das ist Unsinn. Wichtig ist, dass jeder seinen Platz findet.

Schüler selbst akzeptieren eher, dass ein Abitur nicht in Frage kommt, wenn sie das Jahr über nichts getan haben. Sie haben aber Gelegenheit, sich selbst in dem verbleibenden Halbjahr zu prüfen. Am Ende steht dann oft eine Vernunftentscheidung: Statt Abi mach ich lieber Fachhochschulreife oder Realschulabschluss.

Ich unterscheide drei Lerntypen, die an der Waldorfschule Abitur machen wollen. Zum ersten gehören die Disziplinierten, die aus eigenem Antrieb arbeiten. Daneben gibt es Schüler mit rascher Auffassungsgabe, die allerdings faul wie die Nacht sind. Man weiß als erfahrener Lehrer, der Bursche oder das Mädchen wird irgendwann das Nötigste tun und dann ein Dreier-Abitur machen und damit ist es gut.

Dann gibt es pro Jahrgang fünf oder sechs Schüler, die den Lernstoff eher langsam aufnehmen, die aber fleißig sind. Bei uns schaffen sie das Abitur. Wir begleiten und unterstützen sie dabei. Auf einem Gymnasium hätten sie es eher nicht geschafft.

Natürlich täuschen wir uns manchmal. Wir vertrauen darauf, dass ein Schüler, der das Abitur anstrebt, fähig zur Selbsterziehung ist. Denn Begabung reicht nicht, es braucht eine konsequente Arbeitshaltung, gerade im dreizehnten Schuljahr. Jedes Jahr gibt es zwei, bei denen ich zittern muss, die dann oft auch tatsächlich durchfallen. Erstaunlich, dass diese Schüler oft auch später uneinsichtig in ihrer Selbsteinschätzung sind.

Das Schuljahr ist sehr kurz. Es dauert de facto nur bis Ostern, dann gehen die Elftklässler vier Wochen ins Sozialpraktikum. Danach findet schon bald das Theaterprojekt statt. Wir bieten den Parallelklassen zwei Stücke zur Auswahl an, die Schüler entscheiden sich und dadurch mischen sich automatisch auch die Klassen. Aus diesen bilden wir später die drei Abschlussklassen. Es ist hilfreich, dass sie sich durch das Theaterspiel besser kennen.

Gesine Brücher ergänzt: Die raren Momente der Demut

Bei aller Fokussierung auf die künftigen Abschlüsse: Waldorfpädagogik geht weiter und begleitet die Jugendlichen von sechzehn und siebzehn Jahren in ihrer Entwicklung. In der elften Klasse kann man den Zusammenhang zwischen der speziellen Situation der Jugendlichen und dem Lehrplan wunderbar sehen. Das heißt, die größten Stürme der Pubertät haben sich gelegt. Neuntklässler dagegen lehnen sich noch weit zum Fenster hinaus, schreiben manchmal zauberhafte Gedichte oder tolle Literaturkritiken, bei denen man schaudert, weil es so wagemutig ist, was sie preisgeben. In der zehnten Klasse sind sie eher zurückgenommen, da werden die handwerklich-künstlerischen Fächer besonders wichtig. Sie wollen beispielsweise ein CD-Regal bauen und werkeln solange herum, bis die CDs nicht mehr reinpassen. Es geht darum, das richtige Maß zu finden. Sie merken an vielen Stellen, dass sie ihre Selbsteinschätzung korrigieren müssen.

Aber in der Elften machen sie sich Gedanken darüber, wo ihr Platz in dieser Welt ist. Was kann ich wirklich und kann ich mich darauf verlassen? Wo bin ich schwach? Kann ich das noch ändern? Sie sind auf dem Weg und sind sich dieses Prozesses bewusst, das gilt nicht nur für die Wahl des Schulabschlusses. Sie spüren, dass es weitergehende Fragen gibt, Zukunft generell kann ja nicht nur von einem Schulabschluss abhängen. Wer bin ich, wer braucht mich? Dafür ist zum Beispiel das Sozialpraktikum sehr wichtig.

Sie fürchten sich ein wenig davor, weil sie in Behinderteneinrichtungen gehen sollen. Nicht in Krankenhäuser oder Altenheime. Gleichzeitig erleben sie es als eine Herausforderung, die sie meistern wollen. Das Sozialpraktikum hängt mit der sogenannten Parzival-Epoche im Deutschunterricht zusammen. Das mittelalterliche Epos handelt von einem jungen, völlig naiven Menschen, der aus engen Familienbanden ausbricht, um die Welt zu entdecken. Auch heute beschäftigen junge Menschen auf der Schwelle zum Erwachsenenalter diese Fragen: Welchen Weg wähle ich? Welche Begegnungen werden wichtig? Wie begreife ich, worauf es ankommt?

Die Menschen, denen unsere Schüler im Sozialpraktikum begegnen, wurden in eine Situation hineingestellt, für die sie nichts können. Ihr Dasein wird im körperlichen

„Die Seele eines Behinderten ist nicht behindert. Nur der Leib. Das ist etwas, das die Schüler fordert."

Sinne auch nicht mehr gut werden. Aber die Seele eines Behinderten ist nicht behindert, nur der Leib. Das ist etwas, das die Schüler fordert. Sie haben erst einmal Angst davor. Der Mensch, mit dem sie am Tisch sitzen, hat einen langen Spuckefaden an der Lippe hängen oder gibt seltsame Töne von sich. Oder kann gar nicht sprechen, kneift den Betreuer aber plötzlich in die Backe. Ihm fehlen zivilisatorische Bremsen, die man von anderen Menschen erwartet. Doch wer sich auf ihn einlässt, spürt, dass sich ein Verständnis entwickelt, das man lernen kann wie eine Sprache.

Elftklässler müssen über ihr Praktikum einen Bericht schreiben und einen Vortrag vor der Elternschaft halten. Diese Berichte sind oft berührend. Ich erinnere mich an einen Schüler, der einen Epileptiker betreute, einen mehrfach schwerstbehinderten Mann, der im Rollstuhl saß. Er musste fixiert werden, weil er mehrmals am Tag Anfälle hatte, bei denen die Gefahr bestand, dass er stürzen würde. Unser Schüler gestand, dass er bei der ersten Begegnung einen riesigen Schrecken bekam. Natürlich hatte er Mitarbeiter des Heims, die ihm zur Seite standen, doch bewundernswert war es schon, wie er es schaffte, diesen schwer behinderten Mann zu betreuen, mit ihm einkaufen zu gehen und das total toll fand. Er wusste irgendwann, was sein Schützling wollte, ob es darum ging, ihm die Nase zu putzen oder ihm etwas überzuziehen. Wenn der Mann im Rollstuhl bestimmte Laute ausstieß, fühlte er sich wohl. Wenn nicht, machte er andere Laute. Der Schüler sagte, ich habe seine Sprache erlernt. Das gehört zu den wichtigen Erfahrungen des Praktikums, die Erkenntnis, helfen zu können, wirksam zu sein.

Ich denke, unserer Gesellschaft ist die Demut abhandengekommen, und diese vier Wochen sind rare Momente der Demut. Unsere Schüler begegnen in dieser Zeit Menschen, die ein Schicksal annehmen mussten, das uns Gesunden furchtbar erscheint. Doch sie beweinen sich nicht, sondern können lachen und genießen. Schon deshalb ist es richtig, dass unser Praktikum in einer Behinderteneinrichtung angesiedelt wird und nicht in einem Altenheim oder Krankenhaus.

Wir erleben oft, dass die Schüler aus diesen Praktika gereift zurückkommen. Sie haben eine besondere Liebe entdeckt: die Menschenliebe. Ich konnte sie beispielhaft erleben, als ich einen Schüler besuchte, der in seinem Praktikum in der Diakonie Stetten einen Reitkurs mit Behinderten leitete. Ich kam dazu, als er in der Mitte des Parcours stand und aufpasste, dass um ihn herum alle auf ihren Ponys schön im Kreis ritten, während sie laut und begeistert sangen: Life is life nana nanana … ———

Jeder hat sein Bestes gegeben

Frank Hussung erlebte vier anstrengende, begeisternde Wochen mit einer elften Klasse, die ihn bei den Theaterproben mit Einfällen und Engagement überraschte

In der elften Klasse, wenn andere Schulen zum Endspurt aufs Abitur beginnen, setzen wir mit dem Unterricht vier Wochen nahezu aus. Unterrichtet wird nur noch zwei Stunden am Morgen, von acht bis halb zehn, danach singen und spielen wir.

Diese Klassenspiele mögen ja sehr schön sein, aber warum ausgerechnet so kurz vor den anstehenden Prüfungen, wenn alles andere als Spielerei gefragt ist? Der Grund liegt auf der Hand: Schüler können sich mit siebzehn Jahren auf eine andere Weise mit einem Theaterstück verbinden als in den Klassenstufen davor. Erst in diesem Alter sind sie so weit gereift, eine Rolle zu verkörpern und das Bühnenstück als Kunstwerk in seiner Ganzheit mit ihren Mitspielern gemeinsam zu erleben und zu realisieren. Wir als Lehrer möchten ihnen dies ermöglichen. Solche Erfahrung bildet ihre Persönlichkeit in einer anderen Weise als das reine Prüfungswissen.

Wir machen an der Waldorfschule von Anfang an Klassenspiele. Sie bilden schon in der Grundstufe die Persönlichkeit, aber eben anders. Auch dass sie in Zyklen wiederkehren, geschieht mit Absicht. Wir lernen, aufeinander zu achten, bilden Empathie aus, vertrauen darauf, dass der Andere seine Rolle so ausfüllt, wie es das Stück verlangt.

Als Regisseur muss man das Stück von außen im Blick behalten. Schüler, die siebzehn, achtzehn Jahre als sind, erleben es von innen heraus. Es gibt mitunter deshalb Auseinandersetzungen: „Nein, Herr Hussung, ich stelle mir den Tevje anders vor." Daran merke ich, dass der Schüler eine eigene Vorstellung der Rolle entwickelt hat, sodass ich spüre, welch zauberhaften Witz sie besitzt. Ich verstärke das, indem ich frage, welchen „Status" er in dieser Szene einnehmen möchte, ob er darin sehr stark oder eher vorsichtig agieren will.

Auch die Schülerinnen, die Tevjes Töchter darstellten, entwickelten andere Vorstellungen von ihren Rollen als ich. Ein paar Klassen früher sind sie viel kindlicher, ich sage ihnen, wie sie ihre Rolle gestalten sollen und das übernehmen sie. Bei Siebzehnjährigen frage ich: „Welches Gefühl hast du, wenn du über die Bühne gehst?"
„Ich bin zornig! Soll ich doch auch!"
„Aber ich sehe jetzt nicht den Zorn."

Solch eine Inszenierung ist spannend, aber auch aufwändig. Junge Menschen können die vielfältigen Aufgaben sehr viel schneller umsetzen als Erwachsene. Ich jedenfalls wäre nicht imstande, innerhalb von vier Wochen den Text einer Hauptrolle zu lernen. Aber die Jugendlichen schaffen es und nicht nur das. Denn bei diesem Musical „Anatevka" kam noch die Arbeit mit Musiklehrer Harry Schröder dazu, der aus den Reihen der Schüler die Band zusammenstellte und Musiknummern einstudierte. Eine große Hilfe war Claire Richter, Mutter

↘ *Wer nicht will, muss nicht auf die Bühne. Schneider Mottel zeigt Freundinnen und Kundinnen voller Stolz seine neue Nähmaschine.*

ehemaliger Schülerinnen. Sie war früher Balletttänzerin und weiß, wie man sich auf einer Bühne bewegt. Es war deshalb ein Geschenk, dass sie die Choreografie des Stücks übernehmen und uns Lehrern auch in der Regie wichtige Anregungen geben konnte. Eine ähnlich wichtige Aufgabe war das Bühnenbild, das ebenfalls von Schülern gestaltet wurde. Spätestens in diesem kreativen Miteinander spürten alle, dass sie nicht nur Bühnenrollen ausfüllten, sondern Teil eines Gesamtkunstwerks waren.

Dabei war die Teilnahme freiwillig. Keine und keiner musste auf der Bühne stehen, wenn er das nicht wollte. Man konnte auch Aufgaben hinter den Kulissen übernehmen.

Ich hatte die Regie des Musicals Anatevka übernommen. Harry Schröder hatte die Idee und es vorgeschlagen. Bedenken, ob das berühmte, vielfach aufgeführte

OBERSTUFE

↗ *Anatevka ist ein aktuelles Stück, das an die Flüchtlingstragödien der heutigen Zeit erinnert. Die Zeitungen berichten von den ersten Pogromen russischer Behörden gegen die jüdische Bevölkerung.*

und verfilmte Stück nicht eine Nummer zu groß für die Schüler wäre, zerstreute Schröder mit der optimistischen Prognose: „Unsere Elfer, die packen das. Die sind musikalisch so gut drauf."

Allerdings – ein Solo zu singen, dazu gehört neben dem Mut auch Können. Deshalb organisierten wir ein kleines Casting, um für beide Besetzungen Schüler und Schülerinnen zu finden, die sich dieser Herausforderung stellen konnten. Allen voran Tevje, der ebenso arme wie fromme Jude, der sich und seine Familie in einem russischen Dorf als Milchmann durchschlagen muss, er steht fast das gesamte Stück auf der Bühne, philosophierend über Gott und die Welt, singend und tanzend im Dialog mit seinen drei Töchtern, von denen jede einen anderen Mann heiraten wird als den vom Vater erwählten. Ein wenig gleicht er dem biblischen Hiob, dieser Tevje, der sich in einem Meer aus Plagen über Wasser halten muss, nachdem er schließlich mit der Familie aus dem Heimatdorf flieht, weil ein Pogrom droht.

Anatevka ist ein aktuelles Stück, das an die Flüchtlingstragödien unserer Zeit mahnt. Darüber haben wir von Anfang an gesprochen. Die Parallele zur Gegenwart zeigte sich zum Schluss der Aufführung in projizierten Bildern der Flüchtlingstrecks während der Judenpogrome in Russland, die denen der vergangenen Jahre in Europa glichen. Wie Tevje und seine Familie ihr Heimatdorf verlassen müssen, das zu zeigen war mehr als ein Spiel – es war ein Erlebnis. Solch eine Erfahrung macht den Wert des Klassenspiels aus.

↖ *„Oft hatten die Schüler andere Vorstellungen von ihrer Rolle als ich." Auch im Musical Anatevka geht es mal wieder um das Thema Arm liebt Reich.*

Aus unserem Casting kristallisierten sich zwei völlig unterschiedliche Tevjes: einer, der eher fordernd und selbstbewusst auftrat, und ein anderer, der sparsam und trocken agierte, was einen eigenen Witz besaß, der mir mindestens so gut gefiel wie der Auftritt des „lauten" Tevje. Dass beide singen konnten, wussten wir, aber die bange Frage blieb, ob sie als Solisten vor dem Publikum standhalten würden. Sie konnten, wie es sich zeigte – und nicht nur sie. Denn auch andere hatten Soli zu singen, darunter die drei Töchter des Tevje. Kein Problem, wie wir bald erkannten, die wussten, auf was sie sich einließen. Schon bei der ersten Probe fragte ich die Mädchen: „Traut ihr euch die Rolle zu?"

„Wie jetzt, sollen wir singen?", fragten sie.

„Ja, macht doch mal, damit wir einen Eindruck kriegen."

Wie aufs Stichwort legte die erste los und gleich darauf sprang ein Mädchen ans Klavier und spielte die Begleitung. Manchmal war ich stumm vor Staunen.

Es gab allerdings auch Momente, in denen ich ausflippte, zum Beispiel, weil in der Generalprobe die Texte nicht saßen. Schwieriger war es, als ich einmal einen der Jungen aufbauen musste, der den Tevje darstellte. Er wirkte müde und ein wenig lustlos. Das gibt es natürlich auch, dass der Regisseur immer wieder „nein, nochmal!" fordert, und „kannst du nicht mehr aus dir rausgehen". Auf einmal merkte ich, das war jetzt einmal zu viel. Jetzt ist gut. Ich kann bequem vom Stuhl aus sagen, wo's langgehen soll, aber der Junge muss es auf der Bühne durchziehen.

Nach vier Wochen Proben, zwei Abendvorstellungen und zwei Schülervorstellungen wollen sie gar nicht mehr aufhören. Sie spüren: Wir haben was geleistet und erreicht. Jede und jeder hat sein Allerbestes gegeben. Das schweißt zusammen. Auch mich mit ihnen. Diese Nähe, die sich während des Klassenspiels zu den Schülern ergibt, hat man sonst nie. Das schätze ich als pädagogische Möglichkeit, dass man anders ins Gespräch kommt. Mit ihnen ringt: Wie kann man den Körper einsetzen? Wie kann man Angst spielen? Und dann gibt es diese wunderbaren Momente, in denen man erlebt, wie sie selbst ihre Rolle erobern. Ohne dass ich mich noch einmische. In solchen Proben sitze ich nur da und sage gar nichts mehr. ───────

Wie Planeten im Weltall

„Ich freue mich darauf. Es entspannt mich."
Szenen aus dem Eurythmiesaal

An einem Donnerstagvormittag, viertel vor elf, schreitet Lucius auf leisen Sohlen durch einen Saal im Erdgeschoss der Schule. Konzentriert setzt er einen Fuß vor den anderen, läuft zehn Schritte nach vorne und zehn rückwärts zurück. Dann beginnt er erneut. Erst langsam, dann immer schneller. Vorwärts, rückwärts. Von draußen schickt die Sonne Herbststrahlen durch bodentiefe Fenster und taucht den Raum in ein mildes Licht. Drinnen gleitet Lucius weiter übers Parkett, begleitet von Georg Friedrich Händels „Chaconne", gespielt von Elisabeth Meissner am Piano. Der sechzehnjährige Teenager steckt in Kapuzenpullover, Jeans und Eurythmieschuhen und ist hochkonzentriert. Genauso das andere Dutzend Schüler aus Klasse elf neben ihm. Was auf Außenstehende auf den ersten Blick seltsam anmuten mag, ist Alltag für die Schülerinnen und Schüler. Eurythmieunterricht in der Waldorfschule am Engelberg.

Die Aufgabe zu Beginn der Stunde: das innere Gleichgewicht finden. Gar nicht so einfach. Die Schule begann um acht Uhr; seitdem ließen Fakten, Formeln und Vokabeln die Köpfe der Elftklässler rauchen. Deshalb durchmessen Lucius und seine Klassenkameraden den Saal jetzt zu klassischen Klängen. „Die Schüler sollen auf ihren Atem, ihren Puls, die Musik achten und sich darin fallenlassen", sagt Tomoko Morio. Seit siebzehn Jahren unterrichtet sie am Engelberg. Zuvor arbeitete sie elf Jahre als Eurythmistin und Waldorfpädagogin in ihrer japanischen Heimat. „Unsere Schüler haben viel im Kopf – den Unterrichtsstoff, dazu ein kleines Universum auf ihren Smartphones. Bei der Eurythmie finden sie wieder zu sich selbst und können ihr Inneres stärken", erzählt Tomoko Morio.

Sie beobachtet genau, wie sich ihre Schülerinnen und Schüler bewegen, wie sie ihre Arme heben, ihre Füße aufsetzen. „Daran kann ich ablesen, in welcher Verfassung sie sind." An diesem Vormittag in einer guten. Doch das war auch mal anders. Lucius meint: „Früher fand ich Eurythmie ganz schlimm." Die gleichaltrige Gwendolin neben ihm, die am liebsten Hip-Hop hört, meint: „Ich hab eigentlich immer gerne Eurythmie gemacht oder es war mir egal, Hauptsache bewegen." Fiona dagegen war „total gegen Eurythmie, ich war eigentlich gegen alles". Tomoko Morio erinnert sich: „Das war meine schwierigste Klasse, allein Lucius musste mindestens ein Dutzend Mal vor die Tür, weil er gestört hat."

Lucius grinst verlegen. Mittlerweile weiß er Eurythmie zu schätzen. „Ich freue mich darauf, es entspannt mich, gerade nach einer Mathestunde", sagt er. Gwendolin ebenso: „Eurythmie zwischendurch ist ziemlich cool, weil ich mich zwar auch konzentrieren muss, aber anders und mit Bewegung." Tomoko Morio betont: „Das Niveau dieser Gruppe ist inzwischen sehr hoch." Für die Pädagogin ist es normal, dass Jugendliche in der Pubertät Probleme damit haben, sich vor Mitschülern zur Musik zu bewegen. Sie versucht trotzdem, ihre Schülerinnen und Schüler zu motivieren. Mit viel Geduld und ein bisschen Strenge. Wer mit ihr spricht, spürt, wie wichtig ihr diese Art der Bewegungskunst ist.

Das Wort Eurythmie stammt aus dem Altgriechischen und bedeutet „schöner Rhythmus" oder „harmonische Bewegung". Entwickelt wurde sie vom Begründer der Anthroposophie, Rudolf Steiner, und seiner Ehefrau, der deutsch-russischen Schauspielerin Marie von Sievers. Schülerinnen und Schüler sollen zu anspruchsvollen Kompositionen oder Gedichten ihre Fantasie anregen, musikalische und motorische Fähigkeiten entwickeln sowie durch gemeinsames Üben ein soziales Miteinander lernen. Die Schüler der Waldorfschule am Engelberg präsentieren ihr Können regelmäßig vor Publikum bei Darbietungen aus dem Unterricht im großen Saal und beim sogenannten Künstlerischen Abschluss der zwölften Klasse.

Bis zur nächsten Aufführung sind es noch einige Monate. Tomoko Morio erklärt die zweite Übung der Stunde: „Verteilen Sie sich im Raum und gehen Sie dann alle zu einer Stelle, an der Sie noch nicht waren." Elisabeth Meissner spielt am Piano und die Elftklässler schweben mit ausgebreiteten Armen durch die Halle wie Planeten im Kosmos. Sie laufen, als folgten sie den Seitenlinien von Dreiecken, Vierecken und Halbkreisen. Die jungen Eurythmisten können ihre Positionen frei wählen, müssen aber aufpassen, die Bahnen der Mitschüler nicht zu stören. Tomoko Morio will herausfinden, wie harmonisch die Gruppe agiert. An diesem Tag sehr harmonisch. Keiner kollidiert, obwohl sich die Schülerinnen und Schüler nicht absprechen, wer wohin tanzt. Tomoko Morio erklärt: „Das kann nicht jeder."

Letzte Übung. Vom Piano klingt Musik von Franz Schubert durch den Raum. Elisabeth Meissner spielt eine Passage aus einem Impromptu, eine Melodie, bei der Schubert mehrmals zwischen Dur und Moll wechselt. Lucius, Gwendolin, Fiona und die anderen schwenken ihre Arme im Takt. Bei den fröhlichen Dur-Tönen ausladend weg vom Körper, so als würden sie den gesamten Raum umfassen wollen, zu den melancholischen Moll-Klängen zum Körper hin. Jeder Ton ist eine Bewegung. Moll ist die Herzensseite, Dur die Willensseite. „Kosten Sie diese Musik aus", empfiehlt Tomoko Morio.

Während der Sommerferien sucht die Lehrerin nach passenden Kompositionen. So hat sie im Laufe der Jahre viele Noten gesammelt. Die Kunst besteht darin, zu jeder Gruppe die passenden Stücke zu finden. Für Sechzehnjährige darf die Musik nicht zu pathetisch sein, aber auch nicht zu schlicht. Manche jüngere Eurythmisten wählen Kinomusik oder Popsongs, um die Heranwachsenden zu begeistern. Tomoko Morio lehnt das ab. „Die Jugendlichen merken es, wenn man sich anbiedern will."

Für Lucius, Gwendolin und Fiona ist die Eurythmiestunde zu Ende. Wie reagieren sie eigentlich auf Vorurteile oder wenn Freunde frotzeln: „Tanz doch mal deinen Namen." Gwendolin sagt: „Ich erkläre ihnen, dass es kein Tanz ist, sondern eine Verbindung von Bewegung und Raum." Fiona zuckt die Achseln. Lucius reagiert pragmatisch. „Wenn Freunde außerhalb der Waldorfschule wollen, dass ich meinen Namen tanze", sagt er und lächelt, „dann tanze ich eben meinen Namen."

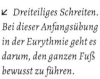

↙ Dreiteiliges Schreiten. Bei dieser Anfangsübung in der Eurythmie geht es darum, den ganzen Fuß bewusst zu führen.

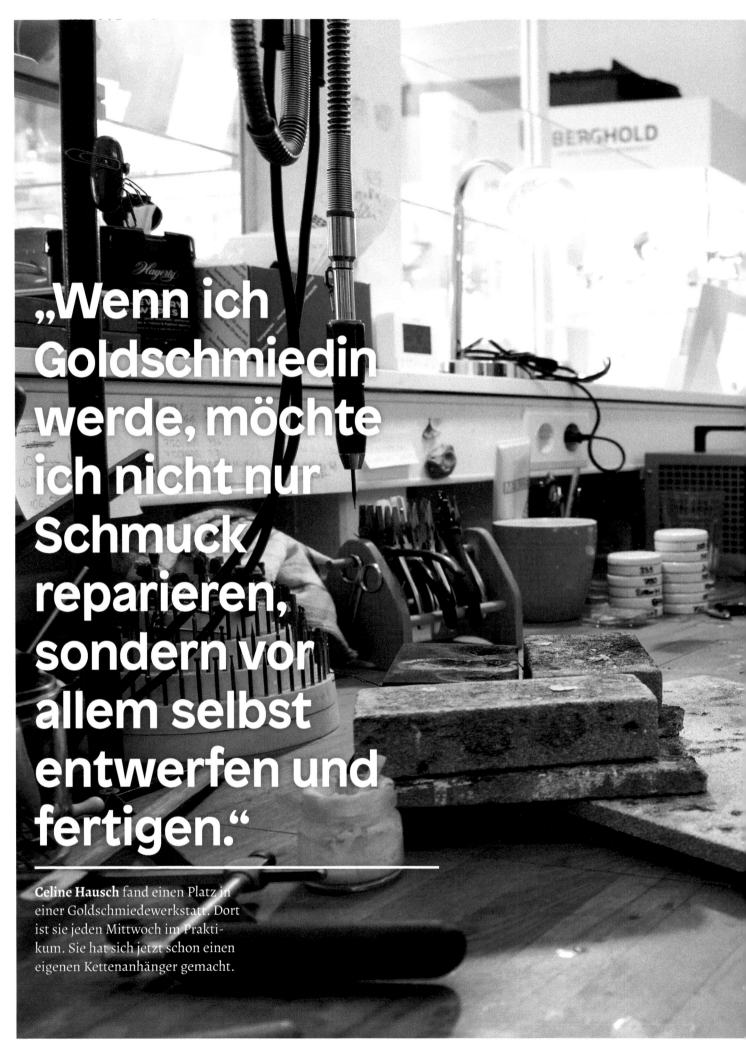

„Wenn ich Goldschmiedin werde, möchte ich nicht nur Schmuck reparieren, sondern vor allem selbst entwerfen und fertigen."

Celine Hausch fand einen Platz in einer Goldschmiedewerkstatt. Dort ist sie jeden Mittwoch im Praktikum. Sie hat sich jetzt schon einen eigenen Kettenanhänger gemacht.

Dennis Handte besuchte das technische Gymnasium in Nagold und leistete seinen Zivildienst im anthroposophischen Heim „Burghalde" für behinderte Kinder und Jugendliche. Anschließend besuchte er das Seminar für Waldorfpädagogik an der Freien Hochschule in Stuttgart, studierte Forstwissenschaft und machte seinen Meister als Goldschmied. Seit 2002 unterrichtet er Goldschmieden, Schmieden, Kupfertreiben und technisches Zeichnen für die Klassen zehn und elf am Engelberg und betreut das Berufspraktikum.

Daniel Kemter besuchte das Gymnasium in Freudenstadt und das Freie Hochschulkolleg in Stuttgart. Er studierte Mathematik und Physik in Freiburg und Stuttgart und war anschließend Wissenschaftlicher Angestellter am Mathematischen Institut der Uni Stuttgart und Lehrbeauftragter der Hochschule für Technik. Eine Zeit lang arbeitete er am Mathematisch-Physikalischen Institut beim Goetheanum im schweizerischen Dornach. Seit 1999 unterrichtet er in der Waldorfschule am Engelberg, die auch seine vier Kinder besuchten.

Was ist unsere Aufgabe in der Welt?

Die zwölfte Klasse bildet den Übergang vom schulischen zum selbstbestimmten Leben. Der Lehrer Daniel Kemter erzählt zuerst

Die zwölfte Klasse bildet den Abschluss und damit die „Krone" der Waldorfschule. Die Schulzeit neigt sich dem Ende entgegen. Schülerinnen und Schüler sind in der Regel achtzehn oder neunzehn Jahre alt und lösen sich Schritt für Schritt aus dem elterlichen, begrenzten Umfeld. Der vertraute Raum in der Schule bietet sich an, um in Bereiche vorzudringen, die nicht nur der Berufsvorbereitung dienen, sondern echte Erkenntnisse ermöglichen. Die jungen Leute sehen sich nach den Zweifeln der Pubertät gewichtigen Fragen gegenüber, erleben Euphorie und Krisen. Wer bin ich? Wer braucht mich? Was kann meine Aufgabe in der Welt sein? Was will ich? Sie setzen sich mit Gerechtigkeit auseinander, mit Partnerschaft und Lebensgestaltung.

In unserer Pädagogik geht es um Unterricht u n d um Persönlichkeitsbildung, also um das werdende Ich, das sich neben Wissen auch viele Fähigkeiten, beispielsweise die zur Selbstreflexion aneignet. So ist zum Beispiel im Deutschunterricht Faust nicht nur eine von vielen Lektüren, sondern behandelt exemplarisch die Situation des modernen jungen Menschen und gibt eine Antwort auf seine latenten Lebensfragen.

Alle Schülerinnen und Schüler sind in der Waldorfschule bis zur zwölften Klasse zusammen, unabhängig davon, ob sie Mittlere Reife, Fachhochschulreife oder Abitur machen. Wir gehen davon aus, dass Menschen bis zum achtzehnten Lebensjahr einen Raum brauchen, in dem sie sich frei entwickeln können. Erst die zwölfte Klasse bildet den Übergang vom schulischen zum selbstbestimmten Leben. Jetzt erst können junge Leute anfangen, existenzielle Entscheidungen zu treffen, beispielsweise welchen Beruf sie ergreifen wollen.

In der zwölften Klasse teilen wir Schülerinnen und Schüler in drei Prüfungsklassen auf. Schulabschlüsse stehen an, die Jugendlichen und ihre Eltern erwarten eine gute Vorbereitung. Der Engelberg hat seine eigene Lösung gefunden, um in diesem Dilemma zurechtzukommen: Eine zwölfte Klasse macht den Realschulabschluss, die beiden anderen bereiten sich auf die Fachhochschulreife oder das Abitur in der dreizehnten Klasse vor. So lässt sich die Prüfungsvorbereitung effektiver gestalten und dennoch vieles von dem verwirklichen, was uns wichtig ist. In gewisser Weise gelingt uns so ein Spagat.

Wir haben in der zwölften Klasse noch typische Waldorf-Epochen, beispielsweise zu Grundlagen der Architektur und Stadtentwicklung oder zur Wirtschaftsgeografie mit den Themen Globalisierung und Politik. In anderen Fächern geraten wir in Zeitdruck. Beispielsweise im Fach Geschichte. Statt uns Zeit zu nehmen für einen Überblick über die großen Fragen der Menschheit, müssen wir uns im Galopptempo mit Prüfungsstoff beschäftigen.

Zeit nehmen wir uns aber für den künstlerischen Abschluss in Eurythmie, Bildhauen oder Malen. Realschüler, Fachhochschüler und Abiturienten wählen, in welchem dieser drei Fächer sie ihren Abschluss machen wollen. Gemeinsam arbeiten sie vier Stunden pro Woche und schaffen wunderbare Kunstwerke. Sie bekommen dafür keine Note im Zeugnis, werden aber dennoch bewertet.

In allen anderen Fächern unterrichten wir die Schüler nun getrennt nach Prüfungsklassen. In der Faust-Epoche beispielsweise ist das literarische und sprachliche Niveau sehr hoch. Wir gehen den Faust auch mit Realschülern durch, aber in einer eigenen Klasse, in der wir den Stoff mit ihnen gezielter erarbeiten können.

Dennis Handte: Schüler, die den Realschulabschluss machen, absolvieren in der zwölften Klasse ein Berufspraktikum, bei dem ich sie betreue. Den Platz suchen sie sich selbst zu Beginn des Schuljahres. Spätestens Anfang Oktober müssen sie eine Stelle haben. Die einen lassen sich dabei von ihren Interessen leiten, andere gehen in die Firma eines Onkels oder Freundes der Eltern. Das Praktikum beginnt in den Herbstferien, nach einer Woche Blockpraktikum sind die Schülerinnen und Schüler bis Ostern jeden Mittwoch im Betrieb, insgesamt 26 Arbeitstage lang. Sie führen ein Berichtsheft und bereiten einen Vortrag vor. Manche finden durch das Praktikum sogar ihre spätere Lehrstelle. Selbst wenn eine Schülerin oder ein Schüler im Laufe des Praktikums schmerzhaft erfährt, dass das gewählte Berufsfeld ganz und gar nicht passt, ist dies eine positive Erfahrung, weil sie angeregt werden, sich anders zu orientieren. Die meisten werden aber in ihrer Berufswahl bestärkt. Das Feedback aus Betrieben und Werkstätten ist positiv. Unsere Schülerinnen und Schüler können mit Werkzeug umgehen und kennen sich mit Maschinen aus. Die Erfahrungen helfen beim Sprung ins Berufsleben. Sie erfahren im Werkunterricht die eigene Wirksamkeit: Ich kann etwas, ich bin jemand. Ich sehe einen Sinn in dem, was ich tue. Ich habe gelernt, Zusammenhänge herzustellen, mir einen Überblick zu verschaffen, ich weiß, was in bestimmten Situationen richtig ist. Ich kann mich auf mich verlassen.

Daniel Kemter: Wie in der staatlichen Realschule gibt es auch bei uns zum Abschluss der Mittleren Reife eine sogenannte fächerübergreifende Kompetenzprüfung. Zu Beginn des zwölften Schuljahres bilden sich Teams und wählen ein Thema, das sich auf die Bildungsstandards von zwei Fächern bezieht. Die Prüfung besteht aus einer Präsentation des Themas und einem daran anknüpfenden Prüfungsgespräch. Es geht darum, dass Schüler im Team eine komplexe Fragestellung bearbeiten und ihre Ergebnisse dokumentieren, präsentieren und reflektieren. Diese Aufgabe erfordert die Fähigkeit, im Team zu planen, das gewählte Thema fächerübergreifend zu bearbeiten, eine Thematik zu vertiefen und eine Meinung dazu zu vertreten. Jeder Schüler muss zugleich einzeln bewertbar sein. Ein Team wählte zum Beispiel die Kombination Musik und Englisch und nahm am Beispiel der legendären Beatles die Sechzigerjahre und die sozialen Bedingungen der Industriestadt Liverpool unter die Lupe.

Die externen Prüfer sind oft begeistert von den Präsentationen. Es ist ein Unterschied, ob Schülerinnen und Schüler bei der Prüfung zur Mittleren Reife sechzehn oder schon achtzehn Jahre alt sind. Zudem ist in diesen Momenten die Präsenz zu spüren, die unsere Schüler in den Klassenspielen und bei Monatsfeiern erworben haben.

Manche unserer Realschüler hätten die Prüfung an einer staatlichen Realschule mit sechzehn Jahren in Klasse zehn wahrscheinlich nicht bestanden. Die Mathematikprüfung hat die Besonderheit, dass es eigene Aufgaben für die Waldorfschulen gibt, die unseren Lehrplan berücksichtigen. Dazu gehört die Analytische Geometrie, ein Teilgebiet der Geometrie, das algebraische Hilfsmittel zur Lösung geometrischer Probleme bereitstellt oder Aufgaben zur Analysis. Damit werden die Realschüler auf das Rechnen in der

Berufswelt vorbereitet. Die Prüfungsaufgaben in Deutsch und Englisch sind identisch mit denen der öffentlichen Realschulen. Übrigens haben wir auch Jugendliche, die den Hauptschulabschluss machen wollen, sie besuchen die Realschulklasse und machen am Ende doch oft die Mittlere-Reife-Prüfung. Wer einen Notendurchschnitt von mindestens 2,8 in den schriftlichen Prüfungen vorweisen kann, kann sogar die Fachhochschulreife machen. Jedes Jahr schaffen dies drei oder vier Schüler.

Dennis Handte: Viele Waldorfschulen bieten die Fachhochschulreife als regulären Abschluss an, oft in der 12. Klasse. Dann folgt ein mehrmonatiges Praktikum, an unserer Schule integrieren wir ein sechsmonatiges Praktikum in die 12. Klasse. Die Schülerinnen und Schüler haben anfangs rund sechs Wochen Unterricht und gehen anschließend sechs Monate am Stück ins Berufspraktikum. Erst im Mai kommen sie zurück in die Schule und haben Unterricht bis zum Ende des Schuljahres. Wer die Fachhochschulreife macht, hat den Abschluss erst in der 13. Klasse.

Mit dem langen Praktikum haben wir gute Erfahrungen gemacht. Die jungen Leute kommen motiviert zurück, sehen klarer, für welche berufliche Richtung sie sich interessieren, und machen sich mit mehr Sicherheit an die schulischen Inhalte. Außerdem erleben sie in den Unternehmen große Wertschätzung für das, was sie bisher gelernt haben. Das steht auch in den Praktikumszeugnissen, die sie mitbringen. Natürlich schreibt keiner harte Kritik in ein Zeugnis, aber bei der Lektüre kommt es uns doch so vor, als ob unsere Schüler aufrichtig gelobt werden. Sie sind freundlich, arbeiten selbständig, können zuhören und selbst etwas entscheiden. Sie sind teamfähig und tragen Verantwortung.

Unsere Abiturienten wählen in der zwölften Klasse zwischen einer Seminarfacharbeit oder einer Jahresarbeit. Bei der Seminarfacharbeit geben wir ein Thema vor, zum Beispiel „Ideen, die die Welt bewegen". Sie ist freiwillig, aber die Schüler wissen, dass der Anspruch hoch ist, wir erwarten wissenschaftliches Arbeiten. Die Seminarfacharbeit zählt im Abitur und kann die Gesamtnote verbessern. Alternativ können die Schülerinnen und Schüler ein Thema für eine Jahresarbeit wählen, die nicht zum Abitur zählt. Sie schreiben ein Referat mit einem festgelegten Umfang und präsentieren es vor der Klasse. Eine Schülerin hat beispielsweise monatelang Flüchtlingskinder betreut und ihre Erfahrungen aufgeschrieben, eine andere hat einen chronisch herzkranken Jungen und seine Familie begleitet.

Wir lassen uns von der Hypothese leiten, dass man den Kern der Persönlichkeit, das „Ich", nicht erziehen kann. Jede Erziehung ist Selbsterziehung, sagte Rudolf Steiner. Wir Lehrer schaffen eine günstige Umgebung dafür. Wenn das gelingt, erfüllt die Schule ihren Bildungsauftrag und die Jugendlichen werden in der Oberstufe auf das Leben nach der Schule vorbereitet. Unser Oberstufenlehrplan ist auf dieses Alter ausgerichtet: ein Unterricht für Kopf, Herz und Hand. ⎯⎯⎯⎯

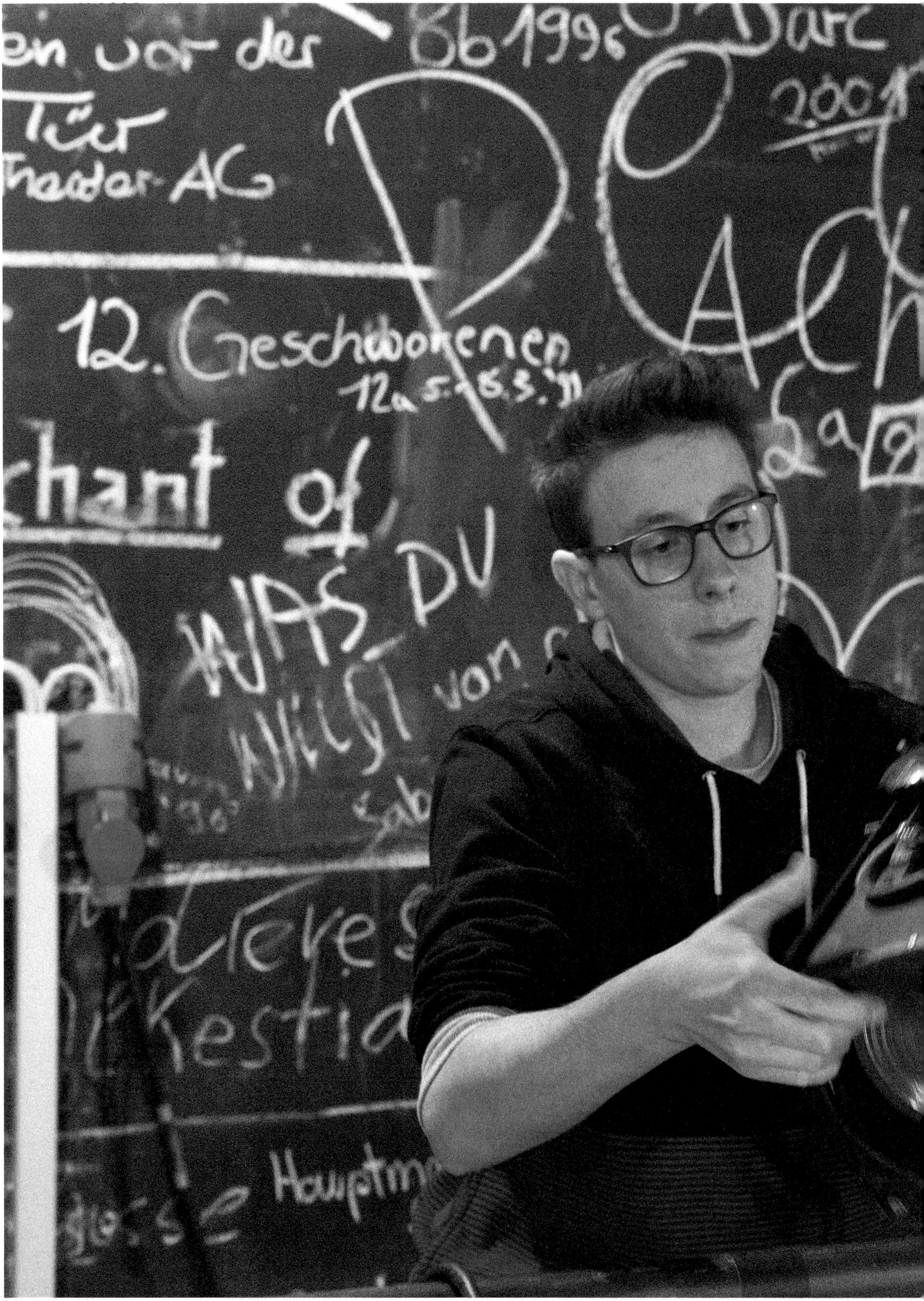
en vor der
Tür
Theater-AG
12. Geschworenen
WAS DU
von
Hauptm

„Ich kreiere aus einer Theaterszene heraus eine Lichtstimmung, spontan oder minutiös, wenn genug Zeit dafür ist. Daraus möchte ich auch meinen Beruf machen."

Jakob Kuhnle ist schon jetzt ein gefragter Beleuchtungstechniker. Eine Lehrstelle am Theaterhaus in Stuttgart hat er bereits sicher.

Christian Kleinheins wuchs in Esslingen auf und machte nach dem Abitur eine Schreinerlehre. Nach der Meisterprüfung betrieb er mehr als zwanzig Jahre die eigene Schreinerei und fand zur Waldorfpädagogik, weil seine Kinder die Waldorfschule besuchten. Er sattelte nochmal um, gab den Betrieb auf, machte am Waldorfseminar eine berufsbegleitende Ausbildung und arbeitet seit 2004 als Werk- und Schreinerlehrer am Engelberg.

Dr. Sigrid Reich stammt aus dem Remstal, machte ein Musikabitur am Gymnasium in Großsachsenheim, studierte jedoch Biologie und promovierte in Immunbiologie. Sie arbeitete an der Uniklinik im Forschungsbereich Leukämie und leitete ein Labor für Mikrobiologie und Serologie an einem medizinisch-diagnostischen Institut. Danach absolvierte sie das dreijährige berufsbegleitende Waldorfseminar in Stuttgart auf der Uhlandshöhe und unterrichtet seit 1995 Biologie und Chemie in der Oberstufe.

Harry Schröder stammt aus Kassel und absolvierte nach dem Abitur ein Musikstudium mit den Fächern Dirigieren und Komposition. Er unterrichtete an der Stuttgarter Musikschule und arbeitete als Notengrafiker und Herausgeber für Musikverlage. Als 1986 am Engelberg ein Pianist für den Eurythmieunterricht gesucht wurde, machte er das, obgleich er keine Ahnung von Eurythmie hatte. Seit 2001 unterrichtet er Musik in der Oberstufe und dirigiert die Bigband der Schule.

Waldorfschüler können gut zuhören

Christian Kleinheins: Sie wollen etwas Schönes gestalten, das lange überdauert. Wir Lehrer begleiten die Arbeit, beraten, ermuntern

er an der Waldorfschule die Fachhochschulreife macht, hat Glück, weil in Baden-Württemberg eine Prüfungsordnung gilt, die unserer Pädagogik entgegenkommt und berücksichtigt, dass wir von der ersten Klasse an während der gesamten Schulzeit künstlerisch-praktisch arbeiten. Die Fachhochschulreife besteht aus zwei Teilen: einem schulischen Teil mit den Prüfungsfächern Deutsch, Englisch, Mathematik und Biologie sowie den Nebenfächern Chemie, Geschichte und Bildende Kunst. Der zweite, sogenannte berufliche Teil der Fachhochschulreife hat wiederum drei Teile, die denen einer Gesellenprüfung ähneln. Für den ersten Teil arbeiten jedes Mal um die zwanzig Schülerinnen und Schüler das ganze Jahr über sechs Stunden die Woche an ihrer Jahresarbeit. Sie wählen zwischen den Fächern Schreinern, Keramik und Schneidern.

Im Fach Schreinern fertigen sie ein Möbelstück. Schon in der zwölften Klasse werden sie darauf vorbereitet, lernen technisches Zeichnen und üben, die einschlägigen Maschinen zu bedienen. In Klasse dreizehn gehen sie konkret ans Werk. Wichtig dabei ist ein projektorientiertes Vorgehen. Sie beginnen mit einer Idee und einem weißen Blatt Papier, zeichnen, planen und bauen ein Modell, das sie umsetzen müssen.

Es gibt dafür bestimmte Vorgaben: Es soll beispielsweise ein Möbelstück mit Schublade und Türchen, das heißt mit einem Schiebe- und Drehteil werden. Wir beobachten übrigens, dass die Möbelstücke über die Jahre immer größer werden. Die Schülerinnen und Schüler fertigen Schreibtische, Badezimmerschränke mit Spiegeln, Couchtische und Kommoden. Sie wollen etwas Schönes gestalten, das lange überdauert. Am Ende wird regelmäßig die Zeit knapp, sie bleiben bis in den Abend, kommen am Wochenende und in den Ferien – und wir Lehrer natürlich auch, denn sie dürfen nicht ohne Aufsicht arbeiten. Wir begleiten die Arbeit, beraten, ermuntern und geben Impulse. Aber letztlich fertigen die Schüler ihr Werk selbst und nehmen etwas mit fürs Leben.

Der zweite Teil besteht aus einer mündlichen Prüfung zur jeweiligen Fachtheorie, sei es Schreinern, Schneidern oder Keramik. Sie findet am Ende der dreizehnten Klasse statt und ist mit dem dritten Teil, einer praktischen Prüfung, gekoppelt, in der Schülerinnen und Schüler die Aufgabe bekommen, eine Arbeitsprobe nach einer Zeichnung innerhalb einer Zeitvorgabe zwischen sechs und zehn Stunden zu fertigen. Sie haben keine Zeit zu trödeln, das Werkstück muss auf Anhieb klappen. Im Fach Keramik kann es eine Vase mit vorgegebenen Maßen sein. Beim Schreinern ein Flaschenträger mit verzinkten Eckverbindungen, beim Schneidern eine Kapuzenjacke mit Bauchtasche und eingesetztem Reißverschluss nach einem vorliegenden Muster.

Das Ergebnis des beruflichen Teils beeinflusst zwar nicht den Notenschnitt der Fachhochschulreife, steht aber in einem Zusatzzeugnis, das bei Bewerbungen eine große Rolle spielt. Die Erfahrung zeigt, dass unsere Schülerinnen und Schüler, die sich zum Beispiel für eine Schreinerlehre bewerben, mit Handkuss genommen werden, weil sie einiges vorzuweisen haben, darunter einen Maschinenschein, der dokumentiert, an welchen unserer professionellen Maschinen sie eingewiesen wurden.

↖ Johanna sägt an der Formatkreissäge ein Brett der Länge nach durch. Sie baut einen Schrank als Jahresarbeit für die Fachhochschulreife.

Harry Schröder: Auch vor dem Abitur noch sechs Stunden Musik pro Woche

Es ist dieser Freiraum an der Schule, den ich schätze. Als ich zum Beispiel die Idee hatte, eine Bigband aufzubauen, legte mir keiner Steine in den Weg. Der Freiraum endet allerdings in Klasse dreizehn, die nicht im Stil der Waldorfpädagogik durchgeführt wird, deshalb reden wir in ihrem Fall von Klasse zwölf plus eins: zwölf Jahre Waldorfpädagogik, ein Jahr Prüfungsvorbereitung. In diesem Jahr werden ausschließlich prüfungsrelevante Inhalte wiederholt, um die Schüler auf das zentrale Abitur vorzubereiten. Im Gegensatz zu öffentlichen Schulen zählen an der Waldorfschule ja nur die Noten aus den Prüfungen und nicht die aus dem gesamten Abschlussjahr. Ich eile also in der dreizehnten Klasse durch den Lehrplan und kann nicht mehr viel mit den Schülern musizieren. Dennoch haben wir in diesem Jahr noch sechs Stunden Musik pro Woche.

Im Musikabitur behandeln wir drei große Themen in der schriftlichen Analyse: die Passionsvertonungen im Barock am Beispiel der Johannes-Passion von Bach, das Klavierquintett f-Moll op. 34 von Johannes Brahms und das Konzert für Orchester von Béla Bartók. Schüler und Schülerinnen analysieren die Werke, üben Textvertonung, Gehörbildung, Tonsatz und Harmonielehre. Wikipedia-Wissen nützt dabei nichts. Die Schüler müssen es verstanden haben. Ich unterrichte nicht mehr direkt Musik, sondern versuche, anhand der Musik Kompetenzen zu vermitteln. Das hat sich gewandelt. Als ich 1975 Musikabitur machte, war ich schon auf der sicheren Seite, wenn ich den Stoff beherrschte und wiedergeben konnte. Das reicht heute nicht mehr.

Es gibt eine schriftliche, mündliche und eine fachpraktische Prüfung, bei der die Abiturienten ein selbst gewähltes Stück auf ihrem Instrument vorspielen. Bewertet wird, ob der Schüler das Stück wirklich beherrscht und nicht aus falschem Ehrgeiz heraus ein Stück gewählt hat, dem er nicht gewachsen ist. Wir benoten nicht nur die Schwierigkeit, sondern auch die Weise, wie es gespielt wird. Zusätzlich suche ich gemeinsam mit dem Instrumentallehrer ein Pflichtstück aus, das die Schüler acht Wochen vor der Prüfung erarbeiten sollen. Dieses Pflichtstück müssen sie anschließend im Gespräch interpretieren.

Unser Musikkurs befähigt die Abiturienten, eine Aufnahmeprüfung an der Musikhochschule zu machen. Es kommt immer wieder vor, dass sich unsere Schüler qualifizieren.

Dr. Sigrid Reich: Übrigens geht es in der Biologie nicht nur ums bloße Büffeln

Es gibt diesen einen Satz, den muss ich auf jeder Abi-Feier wiederholen. Er lautet: Bei der semikonservativen Reduplikation des Erbmaterials in der S-Phase des Zellzykluses wird der eine Matrizenstrang kontinuierlich, der zweite Matrizenstrang diskontinuierlich durch Bildung von Okazakifragmenten repliziert.

Das Bemerkenswerte an diesem Satz ist, dass meine Schüler schon in der zwölften Klasse verstehen, was damit gemeint ist, und das, obgleich sie in einem anderen Rhythmus lernen als Gymnasiasten, denen schon in der Mittelstufe viel Lehrstoff vermittelt wird. Dafür haben Waldorfschüler die Fähigkeit erlernt, gut zuzuhören. Seit der ersten Klasse nehmen sie Erzählungen auf, es beginnt mit Märchen und zieht sich wie ein roter Faden durch jeden Hauptunterricht in Unter- und Mittelstufe. Meine Erklärungen können sie darum innerhalb kurzer Zeit aufnehmen und sich relativ schnell in dieser Terminologie bewegen, mit Fachbegriffen in Latein, Griechisch, Englisch oder Deutsch. Um Molekulargenetik, Zytologie, Neurophysiologie und Immunbiologie geht es in Klasse zwölf. Um Gentechnologie und Evolution in Klasse dreizehn. Der Stoff entspricht dem der Klassen elf und zwölf am Gymnasium. Wir setzen drei Übungsklausuren an. Das Niveau ist mindestens ebenso hoch wie im Abitur, aber die Noten zählen nicht. Es ist eine gute Vorbereitung, die Schülerinnen und Schülern hilft, sich einzuschätzen.

Übrigens geht es in Biologie nicht um bloßes Büffeln. Was die Grundlagen betrifft zunächst schon. Aber die übertragen wir auf biologische Zusammenhänge, die uns noch neu sind. Was eine neurologische Synapsenfunktion ist, muss ich lernen. Aber danach kann ich wunderbar erklären, warum unsere Erstklässler zuerst stricken und nicht häkeln lernen. Der Grund ist, dass wir zwei Gehirnhälften haben, die rechte ist für die linke Körperseite zuständig und umgekehrt. Die Nervenbahnen kreuzen sich also. Wenn ich mit sechs Jahren beidhändig stricke, bahne ich diese Kreuzung. Beim Häkeln benutze ich nur eine Hand, es bahnt sich also eine Nervenleitung bevorzugt. Das ist wissenschaftlich belegt.

Ich kann auch erklären, welche Wirkung Gedichte auf den Körper ausüben. Oder was Individualität ist. Das verstehen aber nur Schüler, die mit Hilfe der Epigenese, Immunbiologie und Neurophysiologie gelernt haben, was einen Menschen individuell macht. Was hat er erlebt? Wie hat er es verarbeitet?

Unsere Schülerinnen und Schüler können zusätzlich zu den Pflichtfächern als Leistungsfach entweder Musik oder Biologie wählen. Auch wenn sich nicht alle für Biologie begeistern, sind sie mit Interesse dabei, wenn sie erkennen, dass ihnen das Fach viel über Medizin vermittelt. Mir selbst ging es ähnlich, als ich mich mit einer Tumorerkrankung auseinandersetzen musste und aufgrund meiner Medizinkenntnisse Entscheidungen treffen konnte.

Meine Abiturienten erreichen jedes Jahr mindestens den Notendurchschnitt des Landes. Wir erleben, dass immer mehr Abiturienten mit Biologieabschluss anschließend ein biologisches Studienfach wählen. Das freut mich natürlich. ———

Sie hatten eine Vision

Einer kleinen Gruppe Gleichgesinnter ist die Gründung der Freien Waldorfschule Engelberg zu verdanken. Eine aufregende und oft mühsame Geschichte, die nach dem zweiten Weltkrieg begann und noch lange nicht zu Ende ist

Im Süden von Winterbach erhebt sich ein kleiner Bergvorsprung, der zwischen zwei Tälern aus dem Schurwald ins Remstal ragt. Dieser Bergrücken hat eine besondere und lange Geschichte, die ihn aufs Innigste mit dem Ort Winterbach im Tal verbindet. Heute wird er für jeden, der das Remstal durchfährt, durch die großen, hellen Gebäude der Freien Waldorfschule Engelberg markiert.

Wie kommt man dort hinauf? Mit dem Auto, wie sonst. Es gibt Zeiten, da bilden Parkplätze und Wiesenränder ein Meer aus Autos. Unübersehbar, wenn Feste in der Schule gefeiert werden im Sommer oder im Herbst der Martinsmarkt stattfindet. Auch zum Unterrichtsbeginn herrscht reger Verkehr.

Bemühen wir unsere Vorstellungskraft und begeben uns 140 Jahre zurück: Erst 1878 wurde die heutige Straße gebaut. Wenn wir wissen wollen, welcher Weg davor zum Engelberg führte, können wir Schülern folgen, die heute noch von Winterbach aus zu Fuß in die Schule gehen und mittags den selben Weg zurück. Er ist kaum drei Meter breit und heißt „Am Pflaster". Nach der Straßenunterführung führt er durch Obstwiesen hinauf und heißt „Rudolf-Steiner-Weg".

Warum erzähle ich das? Weil diejenigen, die dort zu Fuß gehen, uralten Boden betreten, nämlich die antike römische Straße, die das Remstal einst über den Goldboden hinweg mit Filstal und Neckartal verbunden hat. Wenn auch heute davon nichts mehr zu sehen ist, so hat man bei Grabungen Befestigungen und Pflasterungen aus römischer Zeit gefunden. Schaut man auf Landkarten, stellt man fest, dass der Weg fast schnurgerade durch die Engelberger Schlossanlagen und den Wald zum Goldboden hinaufführt. Das entspricht der Art römischen Straßenbaus, die immer die kürzeste Strecke wählte, unabhängig von Berg und Tal. Der steilste Teil ist das Stück in Winterbach „Am Pflaster", das noch stellenweise die mittelalterliche Pflasterung zeigt, also Steine, die so gesetzt sind, dass sie nach oben hin eine Kante bilden, an der die Hufe der Pferde beim Hinaufziehen der schweren Lastwagen Halt fanden. Das war schon in römischer Zeit so, denn die Straße war nicht nur militärische Verbindung zum nahe gelegenen Limes, sondern vor allem Handelsweg zwischen Nord und Süd. In Winterbach gab es mindestens einen Hof, der schwere Pferde besaß, die vier- oder sechsspännig Fuhren den Berg hinaufkarrten.

Die Römerzeit ging bekanntlich zu Ende, als der Limes keinen Schutz mehr gegen Germanen zur Zeit der Völkerwanderung bot. In der Folge besiedelten Alemannen unsere Gegend, die bald das Christentum annahmen. Ihr Schutzheiliger war Erzengel Michael, für den sie nach germanischem Brauch überall auf Bergen Heiligtümer errichteten. Ein solches Heiligtum lag auf dem Engelberg. Meist knüpften Orte der Michael-Verehrung an vorchristliche Kultstätten an. Diese Heiligtümer der germanischen Frühzeit waren keine Bauten, sondern Orte, die Ausstrahlung

besaßen. Dazu gehörten ein Eichenhain und eine Quelle auf dem Engelberg. Es gab in Winterbach wahrscheinlich Persönlichkeiten, die so etwas wie eine Priesterfunktion ausübten, wobei das Christentum, das irische und schottische Missionare eingeführt hatten, noch keiner überregionalen Kirche angehörte. Bei den Alemannen gab es also ein Christentum, in dem lokale Gegebenheiten eine Rolle spielten und mit ihnen Menschen, die Verantwortung für christliches Leben übernahmen. In dieser Zeit entstand eine Vorläuferkapelle für Michael in Winterbach. Der Kult um den Heiligen ging lange gut, bis in der Merowingerzeit die Franken das Land beherrschen wollten. Verständlich, dass sich einflussreiche Persönlichkeiten und Familien dieser Herrschaft verweigerten. Es kam zur Rebellion des Alemannenadels, die 746 im Blutbad von Cannstatt ihr Ende fand. Danach versuchten die Franken, in unserer Gegend ihre Herrschaft zu festigen – auch durch zwangsweise Umfunktionierung der Kirchen: Die Michaelskirchen wurden in Martinskirchen umgetauft, weil Bischof Martin von Tours Schutzheiliger der Franken war. Bemerkenswert, dass Winterbach seine Michaelskirche behielt, offenbar weil eine standhafte, selbstbewusste und freiheitsliebende Bevölkerung den kleinen Ort bewohnte. Eine Haltung, die heute noch die Winterbacher auszeichnet.

Geschichtsschreibung verzeichnet immer nur Siege, eine Geschichte der Niederlagen wurde noch nicht geschrieben. Dennoch leben diese oft länger im Gedächtnis des Volkes, noch über die kurzfristige Existenz der Sieger hinaus. Das zeigt sich auf dem Engelberg am Beispiel der Quelle, die bis Mitte des vergangenen Jahrhunderts sauberes Wasser spendete und seit dem Mittelalter der Jungfrau Maria geweiht war. Ihr Wasser galt als Heilmittel. Sicher reicht diese Verehrung bis in vorchristliche Zeiten zurück. Durch sie wurde der Engelberg ein Pilgerort. Die Überlieferung spricht von einer kleinen Marienkapelle. Aber erst im Jahre 1466 übergab Graf Ulrich von Württemberg den Eremiten des Augustinerordens die Kapelle und gründete ein kleines Kloster, das die Mönche zu einer größeren Kirche auszubauen versuchten, was aber aus Geldmangel nur in Ansätzen gelang. Auch war die Zeit der Klostergründungen vorbei; religiöses Leben spielte sich in Städten ab. Winterbach und vor allem Schorndorf wurden Zentren kirchlichen Lebens. Die Bauernkriege vor rund fünfhundert Jahren, in denen sich Bauern von Zwangsabgaben für Adel und Klerus befreien wollten, führten dazu, dass auf dem Engelberg die Klostergebäude zerstört und die Mönche vertrieben wurden. Damit fand das eigenständig kirchlich-religiöse Leben auf dem Engelberg ein Ende.

Nachdem die Fürsten den Bauernaufstand niedergeschlagen hatten, wurde das Leben des einfachen Volkes härter. Aber die Zeit hatte im 15. und 16. Jahrhundert

einen anderen Charakter bekommen. Nicht mehr religiöse Innigkeit und zurückge-
zogenes Leben von Mönchen und Einsiedlern galten als Lebensziel, sondern profane
Ideale. Kultur und Wirtschaft verlagerten sich vom Land in die Städte, städtisches
Bürgertum wurde die aufstrebende Schicht. Herzog Ulrich von Württemberg nutzte
den Zeitgeist und baute Schorndorf zur Festung aus. Das von ihm gestiftete Engelberger Kloster mit seiner unfertigen Kirche war zerstört und lieferte Baumaterial
für die Schorndorfer Burg.

Der Engelberg wurde herzoglicher Besitz. Wo früher Kultstätten lagen, eine heilen-
de Marienquelle floss, betende Mönche den Ort schützten, entstand ein Lustort. Jagden
fanden in den Wäldern statt, die Lust zu töten trat an die Stelle des Heilens. Diese Lust-
barkeiten erforderten Unterkünfte für große Gesellschaften. So wurde im Jahr 1602 von
Herzog Friedrich I. das heutige Schloss an der Stelle des alten Klosters gebaut – und
damit haben wir den Punkt erreicht, der die Geburt der Freien Waldorfschule markiert.

Die Geburt der Waldorfschule Engelberg

Wie in der menschlichen Biografie, so gibt es auch in der Biografie eines Ortes Ereignisse, von denen man zunächst nicht glaubt, dass sie schicksalsverändernd wirken.
So etwas gilt auch für den Engelberg. Nachdem die Herzöge das Jagdschloss verlassen hatten und auch das folgende Forstamt aufgegeben war, ging das Schlossgut in
Privatbesitz über. Damit wurde es auf dem Engelberg still; der Ort verlor seine Ausstrahlung. Erst im 19. Jahrhundert wurde der Versuch unternommen, den Engelberg
zu beleben: Eine Zeit lang nutzte eine Brauerei das gute Engelberger Wasser. Dann
wurde sie am Ende des 19. Jahrhunderts in ein Kurhaus umgewandelt. Deshalb wird
bis in unsere Zeit das Gebäude neben dem alten Schloss als „Kurhaus" bezeichnet.

Der Gedanke, Erholung auf dem Land zu suchen, spielte im 20. Jahrhundert für
die Stuttgarter Industriellenfamilie Kempter eine besondere Rolle. Sie gab dem Engelberg eine neue Funktion und den Impuls zur Gründung der Waldorfschule.

Der Vater, Fritz Kempter, war technischer Direktor einer Stuttgarter Maschinen-
fabrik. Die Familie führte in ihrem Stuttgarter Haus mit ihren vier Kindern, zwei
Töchtern und zwei Söhnen, von denen einer in jungen Jahren starb, ein ruhiges,
großbürgerliches Leben. Sohn Friedrich spielte schon als Gymnasiast während des
Ersten Weltkriegs in der Schauspielgruppe von Gottfried Haaß-Berkow mit, durch
den er die Anthroposophie kennenlernte. Haaß-Berkow war Lehrer an der Schau-
spielschule des legendären Max Reinhardt in Berlin. Dort fand er in Rudolf Steiner
ein Vorbild, dem er lebenslang verbunden blieb. Bekannt wurde der engagierte Thea-
terpädagoge durch seine Mysterienspiele, die er mit Laien inszenierte.

Die Begegnung mit der Anthroposophie bedeutete für Friedrich Kempter einen
prägenden Einschnitt in seiner Biografie. Schon in jungen Jahren verinnerlichte er
deren Gedankengut, was nicht im Sinne des praktisch denkenden Vaters war und
immer wieder zu Auseinandersetzungen führte. Immerhin konnte Friedrich Kempter das Studium der Kunstgeschichte beginnen – einer brotlosen Kunst, wie der Vater sagte –, das er 1923 abschloss. Als er 1921 Mitglied in der Anthroposophischen
Gesellschaft wurde, suchte er oft, auch für längere Zeit, die Nähe von Rudolf Steiner,
der in Dornach, zehn Kilometer südlich von Basel, mit dem Goetheanum das spi-
rituelle Zentrum der Anthroposophie begründet hatte. In dieser Zeit entstand eine
tiefe Beziehung zu dem Schweizer Dichter Albert Steffen, der später Vorsitzender
der Anthroposophischen Gesellschaft wurde. Diese Beziehung hielt ein Leben lang.
Friedrich Kempter wurde der Verleger der Dichtungen Albert Steffens. Daraus ergab

↖ *Idyllische Anfänge:*
Margarete Kempter
1946 mit Schülern vorm
ersten „Schülchen",
einem umgebauten
Gartenhaus.

sich der Gedanke, zunächst ganz in Dornach zu leben und zu wirken. Hier traf er seine spätere Frau, Margarete Behr, wieder, die Eurythmistin an der Bühne war und die er schon bei Haaß-Berkow kennengelernt hatte.

Zu Hause aber traten Ereignisse ein, die seine Anwesenheit forderten und das Leben der Familie ganz veränderten. 1930 starb der Vater. Das bedeutete nicht nur für die äußere Existenz der Familie einen tiefen Einschnitt, sondern auch innerlich war vor allem die lebensfreudige Mutter von einer bleibenden Trauer erfüllt. Hinzu kam, dass die jüngere Schwester sehr schwer erkrankte und ständige Pflege benötigte. Ein anthroposophischer Arzt riet den beiden, das Leben in der Stadt aufzugeben und auf dem Land in der Nähe der Natur Ruhe und Erholung zu finden. Nach langem Suchen fanden sie den Engelberg. 1932 kaufte die Familie das Gut mit Schloss, Landwirtschaft und Ländereien. Die Mutter bekam damit eine Aufgabe, die ihr wieder Lebensmut verlieh. Friedrich Kempter hatte dem Kauf zugestimmt und erinnerte sich an einen Ausspruch Rudolf Steiners, dass man in Zukunft „Kulturzentren auf dem Land" errichten sollte.

Für Friedrich Kempter ergab sich so die Freiheit, seinem Lebenswunsch nachzugehen und in Dornach mit Vorträgen und Seminaren für die Anthroposophische Gesellschaft zu wirken. 1934 heiratete er dort Margarete Behr, die Tochter des Gründers der Möbelfabrik Behr in Wendlingen. 1936 kam der Sohn Georg Friedrich zur Welt. Kurz nach der Geburt verstarb die Großmutter. Und nun trat eine Lebenswende für das junge Paar ein. Die politischen Verhältnisse in Deutschland hatten sich spürbar verändert. Die Anthroposophische Gesellschaft war schon im November 1935 verboten worden. Das nationalsozialistische Regime störte vor allem, dass sich Anthroposophen als Teil einer weltweit spirituellen Gemeinschaft empfanden und den Menschen

in seiner individuellen Prägung zu verstehen suchten und nicht im Gleichmaß einer geschlossenen Gruppe oder gar einer Rasse. Hauptgründe waren vor allem ihre internationale Ausrichtung und die Betonung der Pflege der Individualität gegenüber der Gruppenzugehörigkeit. Das Verbot verhinderte, dass von Deutschland aus Geld in die Schweiz geschickt werden durfte, so dass sich die junge Familie entscheiden musste, das Schlossgut auf dem Engelberg zu übernehmen. Friedrich Kempter war nun von seiner anthroposophischen Wirksamkeit abgeschnitten. Er widmete seine Aufmerksamkeit dem Schlossgut als Landwirt und gestaltete es mit Hilfe von erfahrenen Menschen in der noch jungen landwirtschaftlichen Bewegung zum biologisch-dynamischen Hof um. Das war die Grundlage dafür, dass das Schloss den Zweiten Weltkrieg überstehen konnte.

Der landwirtschaftliche und gärtnerische Betrieb schaffte während des Krieges eine Existenzgrundlage für alle Mitarbeitenden. Schon bald kamen vereinzelt Flüchtlinge aus dem Osten und suchten Unterkunft, gegen Ende des Krieges kamen Stuttgarter, deren Wohnungen durch Bomben zerstört worden waren. Oft waren es Menschen aus dem Bekanntenkreis, aber auch Fremde, die aufgenommen wurden. Man rückte zusammen und brachte sie unter, wo es nur möglich war. Ende des Krieges bevölkerten mehr als dreißig Personen das Schloss, wurden versorgt und arbeiteten in Garten und Feldern mit. Unter ihnen auch Kinder, mit und ohne Eltern. Margarete Kempter musizierte mit ihnen, las ihnen Geschichten vor und führte sie in die Eurythmie ein. Die Menschen konnten hier fern der dramatischen Kriegsereignisse relativ geborgen leben.

Schließlich kam das Jahr 1945 und der 21. April, als die Amerikaner im Remstal vorrückten und auf dem Engelberg erschienen. Sie wurden von Margarete Kempter empfangen und wie selbstverständlich ins Schloss gebeten, was Eindruck machte. Die übliche Durchsuchung nach Waffen verlief ruhig und geordnet. Am 8. Mai war der Krieg endgültig zu Ende, aber die Lebensverhältnisse änderten sich so schnell nicht. Die Wohn- und „Lebensgemeinschaft" im Schloss blieb zunächst noch bestehen.

Was sollte mit den Kindern geschehen? Der größere Teil der Kinder war schulpflichtig. Ein öffentliches Schulwesen gab es noch nicht. Nach der vorausgegangenen Erziehungsmethode des Dritten Reiches musste ein Neuanfang gemacht werden. Auf dem Engelberg wurde die bestehende musikalische, eurythmische und sprachliche Betreuung der Kinder durch Margarete Kempter fortgesetzt. 1944 war der ehemalige Waldorflehrer Hans Strauß als Gast auf den Engelberg gekommen. Er gab den Kindern schon seit Frühjahr Malunterricht. Im Juli 1945 traf Felix Goll mit seiner Familie ein. So gab es Lehrer mit Waldorferfahrung. Was lag nun näher, als an einen geregelten Unterricht zu denken? Und aus dem anthroposophischen Hintergrund des Ehepaars Kempter konnte es gar nichts anderes sein als eine Waldorfschule. Allerdings dachte Friedrich Kempter schon weiter: Werkstätten und Landwirtschaft sollten in die Schule integriert werden. Was bis dahin mit den Kindern mehr in einer lockeren Form gearbeitet wurde, musste eine deutlichere Struktur bekommen. In dem kleinen Taschenkalender von Margarete Kempter findet sich am Dienstag, 24. Juli 1945, die Notiz: „Beginn des Schülchens".

Der Unterricht begann für sieben Schüler verschiedenen Alters. Zunächst versammelten sie sich im Schloss. Das konnte aber keine Dauerlösung sein. Im Garten stand ein kleiner Pavillon auf vier Pfosten. Der wurde mit Wänden verschlossen, die Fenster und Tür hatten, und innen zu einem wohnlichen Raum ausgebaut. Das war das erste Schulhaus, das heute noch steht. Da im Herbst die beiden Lehrer an die wiedereröffnete Waldorfschule in Stuttgart gingen, wandte sich Friedrich Kempter an seinen Freund Georg Hartmann, der aus dem Krieg nach Hohenstaufen zurückgekehrt war und neben seiner Waldorferfahrung die staatliche Lehrerausbildung besaß. Nach kurzem Zögern sagte Hartmann zu. Eigentlich sollte er von der Militärregierung als Landrat in Esslingen eingesetzt werden. Durch diese Beziehung gelang es Georg Hartmann im Herbst, die Genehmigung für die kleine Schule auf dem Engelberg zu bekommen. Damit war das „Schülchen" offiziell anerkannt als „Freie Volksschule Engelberg". Die Genehmigung wurde zunächst für 15 Schüler gegeben. Georg Hartmann übernahm den Hauptunterricht, Margarete Kempter unterrichtete Eurythmie, Musik und Englisch. Später kam Friedrich Kempter mit Griechisch und Religion dazu.

Eine Waldorfschule – das war noch eine Vision, deren Folgen 1945 kaum überschaubar waren. Zunächst dachte man an die Kinder, die im Schlossgut wohnten, auch an die eigenen. Es war nicht abzusehen, ob und wie viele Kinder aus dem Umkreis dazukommen würden. Der Engelberg lag weit weg von einem bevölkerungsreichen Zentrum; hinzu kam, dass die Bewohner der umliegenden Dörfer diese ganz anders geartete Schule eher argwöhnisch betrachteten. Erstaunlich, dass schon zwei Jahre später eine neue Lehrerin dazukommen konnte, Luise Wehner, die neben Georg Hartmann dreiundzwanzig Kinder von der ersten bis zur dritten Klasse unterrichtete. Insgesamt waren es im Herbst 1947 schon sechsundachtzig Schüler. Jahr für Jahr kamen neue Lehrer dazu, weil die Schule wuchs. Die Lehrer der Gründungszeit sollten genannt werden, weil sie tragende Kräfte in der Schulgeschichte wurden: Irmgard Lang, Antonie Sorg, Peter Joseph Stollwerck, Douglas Pundsack, Gottwalt Hahn. Für das Bekanntwerden der Waldorfschule sorgte vor allem Georg Hartmann, der mit seiner volkstümlichen und begeisternden Art und seiner Redefähigkeit im Umkreis viele Vorträge hielt. Außerdem schickten die anthroposophisch orientierten Elternhäuser aus der Umgebung ihre Kinder. Das Einzugsgebiet reichte bis in die Achtzigerjahre des vorigen Jahrhunderts bis nach Göppingen, Bad Boll, Eckwälden, dann Schwäbisch Gmünd und Esslingen. Die Kinder hatten also einen sehr weiten Schulweg, und das bei damals viel schwierigeren Verkehrsbedingungen. Deshalb wurden schon bald Schulbusverbindungen eingerichtet, die erste nach Göppingen.

1950 war die Möglichkeit erschöpft, alle Schulkinder in den ausgebauten Räumen unterzubringen. Es mussten Räume für die wachsende Anzahl der Klassen bereitgestellt werden. So entschloss sich Friedrich Kempter, ein Stück des Parks der Schule zu schenken, damit dort ein erstes richtiges Schulhaus gebaut werden konnte. Rex Raab wurde gebeten, in Zusammenarbeit mit einem Schorndorfer Architekten das Haus auf dem Schlossgelände zu bauen. Es enthielt sieben Räume und war so das erste schuleigene Gebäude. Es wurde 1952 fertiggestellt.

1950 geschah noch ein weiterer Einschnitt in der Entwicklung der Schule. War bis dahin die Schule nicht nur eine persönliche Initiative des Ehepaars Kempter, sondern auch in allen Angelegenheiten persönlich getragen und finanziert, war jetzt der Zeitpunkt gekommen, ihr eine gewisse Selbständigkeit zu geben. Es wurde ein Schulverein gegründet, dem Lehrer und Eltern angehörten und der die Geschicke der Schule weitgehend in Eigenverantwortung übernehmen konnte. Der Vorstand war Paul Schmid, der biologisch-dynamische Verwalter des Schlossgutes. Der damalige Lehrer Peter Joseph Stollwerck übernahm neben seiner Lehrertätigkeit eine Art Geschäftsführung. 1951 wurde aus der „Freien Volksschule" die „Freie Waldorfschule Engelberg".

Als 1959 Georg Hartmann nach Dornach berufen wurde, um dort die Lehrerausbildung zu übernehmen, verließ den Engelberg die nach innen und nach außen tragende Kraft der Schule. Daraus ergab sich die Notwendigkeit, aber auch die Möglichkeit zur kollegialen Selbstverwaltung. Alle waren jetzt verantwortlich für das Wohl und Wehe der weiteren Entwicklung. Dadurch wurden auch Fähigkeiten und Initiativen der einzelnen Lehrer freigesetzt, so dass sich das Wachstum der Schule ohne Unterbrechung fortsetzte. 1961 verkaufte Familie Kempter das Schloss und alle Nebengebäude an die Schule und errichtete für sich ein eigenes Wohnhaus im Park.

Aus dem Schlossgut wurde eine Schulanlage. Die Schulräume waren überall verstreut. Und jährlich kamen neue Schüler dazu. War zunächst die Schulzeit auf die Klassen eins bis acht ausgelegt, so war sie 1951 schon auf zehn Klassen mit etwa dreihundert Schülern ausgeweitet. Ab der elften Klasse wechselten viele Schüler nach Stuttgart auf die Waldorfschule Uhlandshöhe. Die wachsende Schülerzahl forderte immer dringender einen eigenen Schulbau. Sollte das verwirklicht werden, gab es nur einen möglichen Bauplatz jenseits der Straße auf dem Kikishardter Feld. Dieses Gelände mit der schönsten Lage hatte auch den besten landwirtschaftlichen Boden des Engelbergs. Er war eben und konnte gut bearbeitet werden. Aber gerade das war die einzige Möglichkeit für einen größeren Baukomplex. Sicher nicht ohne einen gewissen Abschiedsschmerz von diesem Teil der Landwirtschaft schenkte das Ehepaar Kempter der Schule das Gelände. So konnte nach längerer Planung durch Rex Raab 1966 mit dem Schulbau begonnen werden, der 1968 eingeweiht wurde.

Die Entstehung der Engelberger Schule unterscheidet sich deutlich von den üblichen Schulgründungen im Waldorfbereich. Im allgemeinen schließt sich eine Gruppe von Eltern zusammen, die die Schule durch einen Willensakt und beharrliches Verfolgen des Zieles erschafft.

Auf dem Engelberg sprechen wir eher von einer Geburt. Unter diesem Gesichtspunkt war es notwendig, die Familiengeschichte Kempter darzustellen. Es lag nicht in der ursprünglichen Lebensplanung Friedrich Kempters, sich auf dem Engelberg niederzulassen, geschweige denn hier eine Waldorfschule zu gründen. Die Zeitläufte waren es, die sein Leben so geführt haben, dass die Schule entstehen konnte. Man kann auch sagen: Das dritte Kind des Ehepaars Kempter wollte geboren werden und lenkte das Leben der Eltern dahin. Der Vergleich mit dem Menschenleben zeigt sich auch noch anders: Wir beobachten im Rückblick deutlich eine Gliederung nach Jahrsiebten. Die ersten sieben Jahre, 1945 bis 1952, sind die Kindheitsjahre, in denen die Lehrer im Schloss wohnen und am gemeinsamen Mittagstisch essen. Die „Eltern" sorgen für alles. Die nächsten sieben Jahre, 1952 bis 1959, bringen eine gewisse Selbständigkeit mit dem neuen Schulhaus und dem Schulverein. Alles aber noch getragen durch Georg Hartmann und seine Kollegen im Schoß der Familie Kempter. Nach dem Weggang von Georg Hartmann folgt die Phase des dritten Jahrsiebts von 1959 bis 1966, die Erprobung der eigenen Fähigkeiten. Erst mit dem Entschluss zum Bau des heutigen Mittelbaus jenseits der Straße erfolgt die endgültige Ablösung vom Elternhaus, das Selbständig-Werden.

Die Landwirtschaft wird dem Schulbau geopfert

Als in den sechziger Jahren immer mehr Schüler auf den Engelberg kamen, entschloss man sich also, an einen Neubau zu denken. Die Entscheidung fiel nicht leicht – war es wirklich Wachstum oder nur eine vorübergehende Kulmination? Und wo sollte gebaut werden? Mit welchen Mitteln? Und das Ehepaar Kempter schenkte der Schule das Kikishardter Feld. Das bedeutete, dass man den größten Teil der Obstbaumanlage aufgab und damit den Rest des landwirtschaftlichen Betriebes dem Schulbau opferte.

Für den jungen Architekten Rex Raab (1914 – 2004) war es der erste größere Bau, den er ausführte. Er hatte sein Architekturstudium in London absolviert und dort in einem Büro gearbeitet. 1938/39 ging er nach Dornach, wo er sich zum Werklehrer ausbilden ließ. Er war also mit Anthroposophie und Waldorfpädagogik vertraut, als er 1951 auf den Engelberg kam, wo er den Bau des ersten Schulhauses innerhalb des Schlossareals übernahm. Nebenher unterrichtete er als Werklehrer und in Eurythmie.

Welche Gedanken bewegten Rex Raab, als er die Engelberger Schule plante? Da muss man zunächst auf seinen Werdegang schauen. Es sind vor allem zwei bedeutende Architekten des 20. Jahrhunderts, die ihn beeinflusst haben: auf der einen Seite der amerikanische Architekt Frank Lloyd Wright, der den Begriff „organische Bauweise" geprägt hat. Wright verstand darunter eine möglichst nahtlose Integration des Bauwerkes in Gegebenheiten und Formensprache der Landschaft. Trotzdem erscheinen seine Bauten klar und nüchtern, aber sie stimmen mit den Bedingungen der umgebenden Natur überein. Der andere Architekt ist Le Corbusier. Er prägte den Baustil der Sechzigerjahre, bei dem Material vor allem bei den Fassaden der Gebäude nicht überdeckt, sondern als sichtbares Gestaltungsmittel in Erscheinung treten sollte. Das bezog sich vor allen Dingen auf den Betonbau, bei dem die Holzschalung eine gestalterische Bedeutung bekam. Le Corbusier griff damit ein Gestaltungsmittel auf, das schon beim Bau des Goetheanum in Dornach 1925 bis 1928 angewandt wurde. Aus seiner Zeit in Dornach kannte Rex Raab die Baugestaltung mit Beton, gleichzeitig befand er sich damit auf dem Höhepunkt des architektonischen Zeitstils, als er diese Elemente in die Gestaltung des Schulbaus einbezog.

Ein anderes Element ist das Konzept des Gebäudekomplexes. Unter dem Gesichtspunkt organischer Bauweise nach Frank Lloyd Wright verbot es sich, auf der Kuppe eines Berges ein Gebäude hochzuziehen. Die Rundung verlangte ein niedriges Gebäude, das mit dem Verlauf des Berges harmonierte. Der Entwicklungsgedanke gehört zur Grundlage der Waldorfpädagogik. Daher sollten die Räume für zwölf Klassen so angelegt werden, dass nicht eine bloße Addition entsteht, sondern sie selbst etwas von den Entwicklungsschritten des Kindes in sich tragen. Das war bei der flachen Bauweise durchaus auf einer Ebene möglich. Und nun kommt ein drittes Element dazu, das an die Vergangenheit des Ortes anknüpfte. Die Tatsache, dass auf dem Engelberg ein kleines Kloster war, spielte für Rex Raab eine Rolle. Er griff die übliche Gestaltung der Klosteranlagen auf, bei denen die Klostergebäude an die Seitenwand der Kirche angebaut waren und sich im Viereck um einen Klostergarten gruppierten. An die Stelle der Kirche trat der Saal, in dem sich die Schulgemeinschaft zu einer vielfältigen Begegnung sammeln konnte. Der Klostergarten wurde zum Pausen- und Sportraum und um ihn herum – der Kreuzgang – wurden die Gänge zu den einzelnen Klassen gelegt. So ergab sich für die Klassenräume ein Rundgang um den Bau vom Eingang durch alle Entwicklungsstufen bis zum Ausgang zurück. Rex Raab verzichtete ganz bewusst auf alle schmückenden Beigaben, die keine architektonische Funktion haben. Das Konzept für den Bau war also in jeder Hinsicht Geschlossenheit. Das bedeutete aber damals für das Kollegium nicht eine Abgeschlossenheit. Im Gegenteil – der Gedanke, den auch Friedrich Kempter schon hatte, ein „Kulturzentrum auf dem Land" zu errichten, zu dem die Menschen hinströmen konnten, wurde begeistert aufgegriffen und in vielfältiger Weise durch Konzerte, Vorträge, Tagungen und Theateraufführungen verwirklicht.

Eine zweite Persönlichkeit muss im Zusammenhang der Vergrößerung der Schule genannt werden, das ist Peter Joseph Stollwerck (1919-2009). Während Rex Raab mit den Schulbauten die Waldorfschule Engelberg weithin sichtbar machte, arbeitete Peter Joseph Stollwerck unermüdlich im Hintergrund, um nicht nur die Bauten, sondern das Bestehen der Schule zu gestalten und zu sichern. Er war ausgebildeter Bankkaufmann. Nach dem Kriegseinsatz kam er mit der Anthroposophie in Verbindung und besuchte zwischen 1947 und 1949 zunächst das Freie Studienjahr, das Friedrich Kempter leitete, und dann das Waldorflehrer Seminar in Stuttgart. 1951 wurde er auf den Engelberg gerufen und übernahm eine erste und zweite Klasse und zusätzlich den Französischunterricht. Aber schon beim ersten Schulbau wirkte er aufgrund seiner Kenntnisse und Begabung im Finanzbereich mit. So kam es, dass er von 1951 bis 1974 die Geschäftsführung übernahm. Es entstand eine freundschaftliche Verbindung mit Rex Raab. Sein Mut und seine Durchhaltekraft, verbunden mit der unbedingten Hingabe an die Sache, haben es überhaupt erst ermöglicht, das große Projekt in Angriff zu nehmen und fertigzustellen.

Und noch eine dritte Persönlichkeit spielt bei der Verwirklichung und Ausgestaltung der Engelberger Bauten eine besondere Rolle, das ist Peter Andreas Mothes (1935-2008). Wenn auch Rex Raab in seinen Bauten nach außen hin eine Art Minimalismus vertrat, so hatte er im Hinblick auf die Gestaltung der Innenräume eine andere Auffassung. Er nahm eine Anregung Rudolf Steiners auf, der für die Stuttgarter Waldorfschule vorschlug, die Klassenräume farbig zu gestalten. Steiner ging von Farbqualitäten aus, die jeweils eine Beziehung zur Entwicklung des Kindes haben. Auf Grundlage des goetheschen Farbenkreises geht der Weg von Rot in der ersten Klasse bis zu einem transparenten Violett in der zwölften. Bei einer Ausstellung in Stuttgart 1967 trafen sich Rex Raab und Peter Andreas Mothes, wobei Raab den Eindruck gewann, Mothes könne verwirklichen, was dem Architekten vorschwebte. Tatsächlich entstand daraus eine Zusammenarbeit, die der Engelberger Schule eine besondere Note gab.

Peter Andreas Mothes verwendete Lasurfarben, die in Schichten aufgetragen wurden. Dadurch entsteht eine Transparenz, welche die Wand durchlässig erscheinen lässt, so dass der Blick nicht auf eine feste Begrenzung trifft. Er vervollkommnete diese Technik bis zur Perfektion. Zusätzlich malte er in den Klassen jeweils ein Motiv als Wandbild, das den zentralen Stoff der Klasse veranschaulicht. In den Foyers entstanden Wandgemälde, die übergeordnete Themen behandelten. So werden wir in der Eingangshalle

↗ *Ästhetik pur. Das große Michaelsbild in der Eingangshalle der Schule. Charakteristisch für die Malereien am Engelberg ist, dass nicht nur Bilder auf die Wand gemalt wurden, sondern die Wand zum Bild werden sollte.*

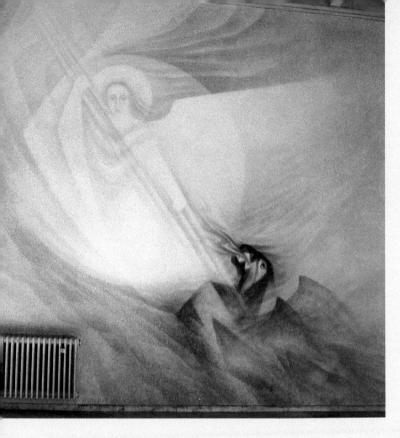

von einem großen Michaelsbild empfangen. Auch darin begegnet uns die Anknüpfung an die Vergangenheit nicht nur in der Architektur, sondern auch in der Malerei. Seine Wandgestaltung hat bis heute unbeschädigt überlebt und lässt spüren, welche Bedeutung eine ästhetische Gestaltung von Räumen hat.

Als 1968 das große Schulhaus eingeweiht wurde, konnte sich keiner vorstellen, dass schon zwei Jahre später das Konzept von insgesamt zwölf Klassen nicht mehr gültig war. Erst wurde eine fünfte Klasse als Parallelklasse aufgenommen, dann kam Jahr für Jahr eine parallele erste Klasse dazu. Trotzdem wuchs die Klassenstärke auf achtunddreißig Schüler bei insgesamt etwa tausend Schülern. Zur Zeit, als man das Schulhaus plante, war diese Entwicklung nicht abzusehen. So begannen in der Konferenz Überlegungen, wie es weitergehen sollte. Anbauten wurden aus architektonischen Gründen abgelehnt, deshalb errichtete man 1975 einen provisorischen Holzbau.

Das Kollegium bewegte neben der Frage nach der Architektur auch die nach einer inneren Gestaltung. Eine Gruppe wollte aus der traditionellen Waldorfschule einen Schritt weitergehen und handwerkliche Ausbildung eingliedern. Man schaute auf das Kasseler Modell der Waldorfschule, die diesen Weg praktiziert. Handwerksmeister waren vorhanden, zudem folgte dieses Modell ursprünglichen Gedanken von Friedrich Kempter. Lange Zeit war sich das Kollegium nicht einig, musste aber doch einen Neubau in Angriff nehmen, der dieser ambivalenten Situation Rechnung tragen sollte. Es entstand nicht nur ein Erweiterungsbau, sondern ein möglicher Ort für eine zweite, eigenständige Schule. Ein Merkmal für diese Option ist, dass beide Gebäude einen eigenen Saal besitzen. Architektonisch wurde dieser Neubau so konzipiert, dass im Grundriss eine dreieckige Sternform entstand, die nach drei Seiten ausstrahlt. Damit war Offenheit zur Umwelt markiert. Dieser Bau wurde 1980 fertiggestellt.

Um den Schulkomplex zu vollenden, fehlte ein dritter Baukomplex: der Kindergarten. Die Arbeit mit den Kleinkindern im Kindergarten begann 1970 unter Astrid Ahrens. Zunächst wurde eine Gruppe eröffnet, die im Altschulbereich in einem Raum neben der Holzwerkstatt untergebracht war. Bald aber musste eine zweite Gruppe dazukommen, die Irmtraud Fischer führte. Die Nachfrage nach Kindergartenplätzen wuchs ständig. Dadurch wurde es dringend notwendig, an einen eigenen Bau zu denken. Der Architekt Hans Berstecher wurde damit beauftragt. 1983 stand das Haus mit seinen vier Gruppenräumen.

Nach der Fertigstellung des Neubaus blieb die Schülerzahl mit etwa 900 Schülern konstant, obwohl in der Zwischenzeit in den umliegenden Städten, aus denen Schüler zum Engelberg kamen, eigene Schulen gegründet worden waren. Das geschah zuerst in Göppingen, dann in Esslingen, danach in Schwäbisch Gmünd. Alle drei Schulen wurden längere Zeit von Engelberger Lehrern betreut, bis ein eigenständiges Kollegium aufgebaut war. Ein anderes Element waren die Beziehungen Engelberger Kollegen ins Ausland. Immer wieder wurden Lehrer von ausländischen Schulen zu Kursen oder Vorträgen eingeladen. So entwickelte sich ein vielfältiger Austausch und auch eine Bereicherung durch das, was aus anderen Lebensweisen zurückgebracht wurde. Übriggeblieben sind auf dem Martinsmarkt die Stände der ausländischen Schulen. —

Autor Dietrich Schneider unterrichtete von 1971 bis 2004 am Engelberg in der Oberstufe Deutsch, Geschichte und Kunstgeschichte.

„Ich möchte keine Minute missen!"

Elfriede Stollwerck, dreiundachtzig, gehörte zu den frühen Schülern am Engelberg. Nach dem Krieg wurden sie zuerst im Schloss und später im Gartenpavillon unterrichtet. Im Gespräch erinnert sie an das Ehepaar Friedrich und Margarete Kempter, Schlossgut-Besitzer, das den Wunsch hatte, ein „anthroposophisches Kulturzentrum auf dem Land" zu schaffen. Doch im Krieg war daran nicht zu denken. Als 1945 viele Flüchtlingsfamilien und Kinder im Schlossgut einquartiert wurden, gründeten Kempters eine kleine Schule. Elfriede Stollwerck hat den Engelberg nie verlassen: Noch heute lebt sie im Lehrerhaus im Steinbruch.

Frau Stollwerck, Ihre Familie wohnte in Winterbach, warum wurden Sie auf dem Engelberg eingeschult?

Wir waren vier Geschwister. Mein Vater war noch lange in Kriegsgefangenschaft, meine Mutter brachte mich zu den Großeltern, die neben dem Schloss einen der beiden kleinen Bauernhöfe hatten. Bei ihnen wuchs ich auf, meine Mutter war froh, dass ich gut versorgt war.

Hatten die Eltern und Großeltern einen Bezug zur Anthroposophie?

Nein. Aber Schloss und Schule waren neben dem Bauernhof, es war praktisch, man kannte sich gut. Mein Großvater schnitt die Obstbäume von Kempters und kümmerte sich um die Ernte. Ich spielte mit den Flüchtlingskindern, die bei Familie Kempter im Schloss lebten.

Das „Schülchen" öffnete im Herbst 1945 mit sieben Kindern, Sie kamen 1946 dazu, da waren es schon um die zwanzig. Wer unterrichtete – und wo?

Unser Klassenlehrer war Georg Hartmann, er zog im Herbst 1945 mit seiner Familie ins Schloss. Hartmanns hatten ein kleines blondes Töchterchen, zwei Jahre alt, das ich von Anfang an liebte. Zuerst unterrichtete er in seinem Studierstübchen, wo die Schüler auf Treppenstufen über dem Gewölbe eines Kellers saßen. Zum Eurythmie-Unterricht bei Frau Kempter mussten wir in einen großen Flur im Dachgeschoss des Schlosses. An der Wand hing das Bild der russischen Malerin Margarita Woloschin, „Der Knabe mit den Fischen", ich mochte es sehr mit seinen leuchtenden Farben. Später wurde der Gartenpavillon mit Wänden, Fenstern, einer Türe und einem kleinen Kanonenofen ausgestattet und diente als Schülchen. Georg Hartmann heizte den ganzen Winter über jeden Morgen den Ofen. Richtig warm wurde es da drin trotzdem nicht.

War Georg Hartmann ein guter Lehrer?

Ein sehr guter, es gab keinen besseren! Ich konnte mein Herz für ihn öffnen. Er war von 1932 bis 1938 Lehrer an der Waldorfschule Uhlandshöhe in Stuttgart und er konnte alles! Französisch, Latein, Werken, Malen, Rechnen, Geometrie. Ich liebte seine Geschichtsepochen, wenn er während des Erzählens wunderbare Bilder auf braunes Packpapier malte. Es gab ja noch keine Tafel. Wir waren vier Altersstufen in einem Klassenraum. Herr Hartmann hatte einen köstlichen Sinn für Humor.

↗ „Es ist meine
Schule. Ich fühle mich
sehr verbunden."
Elfriede Stollwerck
und Dietrich Schneider
(Autor des historischen
Engelberg-Textes) im
Gespräch.

Zu seinem vierzigsten Geburtstag stellten wir ihm als Gruppe dar, wie man ein Lot fällt, wir hatten gerade Geometrieepoche. Es war das einfachste der Welt, aber er freute sich. Besonders schön war auch immer der Wochenabschluss am Samstag, wenn wir nach dem Hauptunterricht in den Waldsteinbruch gingen, um am Weg die großen Ameisenhaufen zu beobachten oder im Teich die Entwicklung der Kaulquappen. Wir lernten, die Bäume an ihrer Form, dem Blatt oder an der Rinde zu erkennen. Herr Hartmann konnte mit seinem Ruf den Kuckuck ganz nah herbeilocken. Auch die kleinen Klassenspiele machten auf mich großen Eindruck. Kurz bevor ich selbst eingeschult wurde, wurde auf der Wiese vor dem Schülchen das Märchen „Die Nixe im Teich" aufgeführt. Ein rothaariges Mädchen im grünen Kleid spielte die Nixe und tauchte immer wieder aus dem Wasser auf. Ich hörte dabei zum ersten Mal eine Leier spielen: wunderschön. Von Anfang an wurde übrigens das Paradeis- und Christgeburtspiel im Dachgeschoss des Schlosses aufgeführt.

Gab es damals schon Klassenreisen?

Ja, wenn auch ganz bescheiden, aber einmal ins Elsass, wo Herr Hartmann sich gut auskannte, weil er dort im Krieg gewesen war. Wir fuhren mit einem Bus nach Straßburg, zum Odilienberg, nach Colmar und Ribeauville und waren alle in privaten Häusern untergebracht. Ein unglaubliches Erlebnis. Wir fuhren ins Ausland!

Dann kamen immer mehr Kinder und neue Lehrer dazu ...

Jedes Jahr verdoppelte sich die Schülerzahl. 1947 wurde der ehemalige Pferdestall, der schon lange leer stand, zum Klassenraum ausgebaut. Wir größeren Kinder zogen dort ein und die Kleinen wurden nun im Pavillon von Luise Wehner unterrichtet. Bei einer

Monatsfeier im neuen Klassenraum erzählte Herr Hartmann, dass das früher ein Pferdestall war. Ich weiß noch, wie ein kleines Mädchen keck rief: „Ja, man schmeckt es noch!" Der Salmiakgeruch war anfangs nicht rauszukriegen. Wobei man wissen muss, dass die Schwaben zu riechen „schmecken" sagen. Neben Luise Wehner, die die Erst- und Zweitklässler unterrichtete, kam 1948 Irmgard Lang als Klassenlehrerin für die vierte und fünfte Klasse. Sie unterrichtete auch Englisch. Alle wohnten im Schloss und wurden ebenso wie die Mägde und Knechte mitversorgt. Gegessen wurde im großen Esszimmer. Es war ja damals noch ein landwirtschaftlicher Betrieb mit Feldern, Baumwiesen und Kühen. Aus den Äpfeln wurde Apfelsaft gepresst, wir Schulkinder halfen bei der Ernte.

Und das Ehepaar Kempter?

Margarete Kempter war eine schöne, herzliche und künstlerisch sehr begabte Frau, schon in jungen Jahren beschäftigte sie sich mit Tanz und war musikalisch gut ausgebildet. Sie unterrichtete alle Schüler in Eurythmie und konnte den Unterricht selbst auf dem Klavier begleiten. Friedrich Kempter war Kunsthistoriker. Wir hatten große Ehrfurcht vor ihm und nannten ihn immer „Herr Doktor". Er gab Religionsunterricht und Griechisch.

Sie waren bis zur achten Klasse am Engelberg. Hatten Sie kein Heimweh nach Winterbach?

Keine Minute. Ich hatte eine glückliche Kindheit. Die Schule begann um acht und endete um eins. Dann kam ich zurück zu den Großeltern. Und am Nachmittag spielten wir Völkerball auf der Straße oder ich half auf dem Feld.

Hatten Sie genug zu essen?

Es gab ja die Schulspeisung. Zwei, drei Kinder mussten mit dem Leiterwagen nach Winterbach runter, um den schrecklichen Haferbrei oder die Erbsensuppe in einem großen Kübel zu holen. Dann kamen auch bald Care-Pakete aus Amerika und Kleidersendungen aus der Schweiz.

Wie ging es nach der achten Klasse für Sie weiter?

Mein Vater kam erst 1950 aus der Gefangenschaft zurück, ich konnte keine weiterführende Schule in Stuttgart besuchen, das konnten wir uns nicht leisten. Ich machte eine kaufmännische Ausbildung und lernte Maschinenschreiben und Buchhaltung. Danach arbeitete ich im Büro bei Kempters. Doktor Kempter hatte einen kleinen Verlag, die Landwirtschaft, das Freie Studienjahr in Stuttgart und die Schule. Später ging ich nach Dornach, machte eine Eurythmieausbildung und kam zurück. Ostern 1951 kam, zeitgleich mit dem Architekten Rex Raab, Peter Joseph Stollwerck als neuer Klassen- und Französischlehrer an die Schule. So lernte ich meinen Mann kennen.

War Ihr Mann Waldorflehrer?

Er war ursprünglich Bankkaufmann und leitete vor dem Krieg eine Zweigstelle der Deutschen Bank. Nach dem Krieg machte er die Ausbildung in Stuttgart zum Waldorflehrer. Anschließend war er im Elsass, um die französische Sprache zu perfektionieren, und kam danach zu uns. Nach ein paar Jahren übernahm er die Geschäftsführung, fast rund um die Uhr mit oft harten Verhandlungen. Immer ging es darum, Geld aufzutreiben, um Erweiterungsbauten zu ermöglichen. Das erste „Bauwerk" war ein

Kohlenschuppen, um Holz und Kohlen für die Klassenzimmer zu lagern. 1952 begann der erste Schulbau im Schlossgarten, wo vorher der Hühnerstall stand. Zuvor wurden die Klassenräume in den alten Remisen, den Geräteschuppen, von Mitarbeitern der Firma Behr aus Wendlingen ausgebaut. Margarete Kempter war eine geborene Behr und bekam deshalb immer wieder Hilfe. Die Möbelfirma Behr war erfolgreich mit Möbeln, Radiogehäusen und Holzarmaturen für Mercedes.

Das ganze Schlossanwesen gehörte ja Familie Kempter.

Ja, aber 1956 waren es schon dreihundert Schüler in zehn Klassen! Kempters hatten die Landwirtschaft aufgegeben. Mein Mann führte die Schule wirtschaftlich in die Selbständigkeit. Georg Hartmann und mein Mann verstanden sich gut. Aber Herr Hartmann verließ 1960 den Engelberg, er wurde an das Lehrerseminar in Dornach gerufen. Ich hielt meinem Mann den Rücken frei und zog unsere vier Kinder groß, das war damals normal. Sie gingen alle bis zum Abitur in die Engelberger Waldorfschule.

Was wurde aus dem Bauernhof der Großeltern?

Heute wohnt unser jüngster Sohn mit seiner Familie dort. Mein Mann ist vor zehn Jahren gestorben.

Wenn Sie heute auf die Schule schauen, was denken Sie?

Es ist meine Schule, ich fühle mich sehr verbunden. Ich bin auch noch in Kontakt mit den Schülern von damals, die noch leben. Und überhaupt mit vielen Ehemaligen. Wir waren nur vier Mädchen und vier Buben in meinem Jahrgang. Rosemarie Knorr gehörte zu meiner Klasse. Mit ihr tausche ich mich regelmäßig aus.

Haben Sie einen Schulabschluss?

Nein. Danach wurde ich mein ganzes Leben auch nicht gefragt. Alles ging auch so!

Die richtige Schule für mein Kind

Was spricht dafür, seine Kinder auf eine Waldorfschule zu schicken, was dagegen? Tilman Wörtz, Vater von zwei Söhnen, machte sich monatelang darüber Gedanken

Ich interessiere mich nicht für Anthroposophie. Ist es klug, das zuzugeben? Das war die erste Frage, die ich mir vor sechs Jahren stellte, als ich nach einer neuen Schule für meinen älteren Sohn suchte. Er und damit wir Eltern waren unglücklich mit der alten: Seine Lehrerin hatte sehr klare Vorstellungen davon, welches Kind ein „guter" Schüler ist und welches nicht. Mein Sohn war ihr zu lebhaft. Ich fand ihre Haltung anmaßend. Sind Lehrer nicht dafür da, die Talente ihrer Schüler zu entdecken und zu fördern? Braucht es dazu nicht Geduld und Wohlwollen? Ich erwog einen Wechsel zum Engelberg und setzte mich mit den Pros und Kontras der Waldorfpädagogik auseinander. Mit meinen, wohlgemerkt.

Muss ich Anthroposophie gut finden, wenn ich mein Kind auf eine Waldorfschule schicke?

Ich finde es legitim, wenn eine Waldorfschule für zukünftige Anthroposophen da sein will. Meine Frage war: Passt die Schule auch für andere? Würden sie dort von mir erwarten, dass ich die spirituellen und weltanschaulichen Ansichten Steiners teilte, dann wäre der Engelberg nichts für mein Kind. Nicht, weil ich die Anthroposophie ablehne – laut Rudolf Steiner die „wissenschaftliche Erforschung der geistigen Welt". Mir ging es damals aber um Pädagogik, nicht um Weltanschauung. Also bat ich den künftigen Klassenlehrer meines Sohnes um ein Gespräch. Er wollte wissen, wie wir unseren Sohn einschätzten. Wir sagten: sehr lebhaft bis unruhig, neugierig, durch seine Misserfolge verunsichert. Keine Frage drehte sich um etwas anderes als Pädagogik. Zum Schluss sagte er: „Das schaffen wir! Und mit wir meine ich: Wir."
Diese Haltung wünsche ich mir von einem Lehrer. Bei Elternabenden sprach er durchaus von Steiners Ideen. Er sagte: „Das erkläre ich jetzt Ihnen, aber nicht den Kindern – wir machen das einfach so." Es ging auch da fast ausschließlich um Pädagogik. Manchmal allerdings auch um weltanschauliche Fragen: beispielsweise um die Geschichtsphilosophie Steiners, nach der die Frühgeschichte und Antike auf Christi Geburt zuläuft. Ich teile diese Sicht nicht, störe mich aber auch nicht daran. Der Lehrer verdrehte keine Fakten. Mittlerweile verstehe ich mehr von Anthroposophie. Immer noch ist mein Interesse begrenzt. Aber mir gefällt, dass hinter der Überzeugung, mit der die Lehrer auf Geist UND Körper UND Seele der Schülerinnen und Schüler achten, eine Haltung steht. Die Pädagogik soll die Kinder vor allem in ihrer natürlichen Entwicklung fördern, so dass sie ihre Talente und Lebensfreude ausbilden können. Ich hatte keinen Moment das Gefühl, dass mein Sohn auf dem Engelberg zum Anthroposophen gemacht werden soll.

Kommt mein Sohn später in unserer Leistungsgesellschaft zurecht, wenn er auf einer Waldorfschule war?

„Waldorfpädagogik ist ja ganz nett, weil die so viel tanzen und malen. Aber wir leben nun mal in einer Leistungsgesellschaft …" Diese Skepsis hörte ich oft. Ich möchte, wie jeder Vater und jede Mutter, das Beste für mein Kind. Es sollen ihm später alle Möglichkeiten offenstehen. Kommen naturwissenschaftliche Fächer nicht zu kurz? Ich habe recherchiert und erleichtert festgestellt, dass der Notenschnitt bei Waldorfschülern dem von Schülern im Regelschulsystem entspricht – es sind die gleichen Prüfungen für Mittlere Reife, Fachhochschulreife und Abitur. Die Zufriedenheit der Kinder und Jugendlichen mit Schule und Lehrern ist an Waldorfschulen dagegen wesentlich höher, das belegt die Studie „Bildungserfahrungen an Waldorfschulen" der Uni Düsseldorf. Natürlich gelten diese Ergebnisse nicht für jede Waldorfschule und jede Schulklasse. Es kommt – mehr als im staatlichen Schulsystem – auf die Lehrer an, weil insbesondere dem Klassenlehrer in der Unterstufe eine starke Stellung eingeräumt wird. Meine Frage, ob Waldorfpädagogik etwas taugt in einer Leistungsgesellschaft, beantworte ich heute mit einem klaren Ja.

Ist die Waldorfpädagogik nur was für musische Kinder?

Mit der Anmeldung unseres großen Sohnes stellte sich die Frage, ob wir auch seinen jüngeren Bruder am Engelberg einschulen. Er ist eher ein kleiner Ingenieur. Würden seine naturwissenschaftlichen Talente am Engelberg genügend gefördert? Oder würde er sich langweilen? In den ersten Jahren haben Kinder in Waldorfschulen viel Zeit. Im Rechnen geht es flott, aber beim Schreiben trödeln sie. Wir haben ihn schließlich angemeldet. Und wurden prompt während der ersten Schuljahre ein paar Mal zum Elterngespräch gebeten. Während wir unseren Sohn als ernsthaft, manchmal fast verschlossen erlebten, berichtete seine Klassenlehrerin von einem äußerst lebhaften Bürschchen, das den feinen Unterschied zwischen Pause und Unterricht erst noch lernen müsse. Es klang viel Sympathie für ihn mit. Wir waren überrascht, offenbar testete unser gehorsamer Sohn im Unterricht seine Grenzen aus. Ich erklärte mir das damit, dass er sich in der Klassengemeinschaft wohlfühlt und sich selbst Zeit für die seelische Entwicklung gönnt – die intellektuelle würde dann noch früh genug kommen. Heute denke ich, dass Waldorfpädagogik offen mit Entwicklungsphasen ganz unterschiedlicher Temperamente umgeht. Dass auch rational veranlagte Kinder wichtige Anregungen erhalten – gerade weil sie Seiten ihrer Persönlichkeit entwickeln können, die man vielleicht übersieht, wenn man zu sehr in Schubladen denkt.

Kann ich meinen Kindern den langen Schulweg zumuten?

Zur staatlichen Grundschule hätten unsere Kinder nur zehn Minuten Fußweg. Der Engelberg dagegen liegt zwanzig Kilometer oder eine Dreiviertelstunde mit dem Bus entfernt. Eineinhalb Stunden hin und zurück. Die Jungs müssen sogar einmal umsteigen. Die Schülerinnen und Schüler vom Engelberg kommen aus einem großen Umkreis. Den scheinbaren Nachteil drehen sie recht schnell in einen Vorteil: Sie schließen Freundschaften, fahren direkt von der Schule mit zu Freunden, essen dort und kommen erst abends nach Hause. So war das auch bei meinen Jungs. Ich nehme sie morgens oft im Auto mit bis zur Bushaltestelle, obwohl nicht mal das nötig wäre. Aber diese gemeinsamen Minuten sind kostbar. Immer haben sie wichtige Fragen: Wer hat das Geld erfunden? Wieso hören alte Menschen so komische Musik? Ab wann wird Witzemachen zu Mobbing? Und dann steigen sie zu ihren Freunden in den Bus.

Müssen Eltern an Waldorfschulen nicht sehr viel ehrenamtlich arbeiten?

Ich helfe gerne mal bei einer Feier mit, mein Beruf lässt aber eine häufige und intensive Mitarbeit nicht zu. Wer sein Kind auf eine Waldorfschule schicken will, wird zuerst Mitglied im Verein der Schule und ist damit Miteigentümer und – mitverantwortlich. Bei den regelmäßigen Elternabenden geht es oft ums Helfen bei den zahlreichen Aktivitäten an der Schule. Meistens heben viele die Hand, es entsteht selten peinliche Stille. Ich würde mich auf einer Skala von null bis zehn bei Aktivitätsstufe vier verorten, also eher im unteren Drittel. Es sollen nicht immer dieselben ran. Aber in den Klassen meiner Jungs zumindest finde ich die Atmosphäre unter den Eltern angenehm und nicht vorwurfsvoll. Auch wenn's oft Überwindung kostet, bin ich doch jedesmal froh, wenn ich mich engagiert und mitgemacht habe. Beim Köhlern im Wald zum Beispiel oder beim Nachbau des Brandenburger Tores für den Martinsmarkt oder auch einfach beim Gärtnern um das Schulgelände herum. Über die Jahre lernt man die anderen Eltern sehr gut kennen und es sind mir wichtige Kontakte entstanden.

Ich bin für eine kostenfreie Schulbildung. Will und kann ich überhaupt das Schulgeld bezahlen?

Ich finde die staatliche, kostenfreie Schulbildung wichtig. Der elitäre Dünkel von Privatschulen ist mir fremd. Ich habe mich gefragt, ob ich die Anstrengung der gleichen Bildungschancen für alle unterlaufe, wenn ich aus dem Schulsystem ausschere und dafür auch noch Geld zahle, das uns an anderer Stelle fehlt. Aber einmal war unser Sohn unglücklich an der alten Schule und wir brauchten eine Lösung. Zum anderen sind Waldorfschulen kein privates Paralleluniversum. Der Staat deckt immerhin achtzig Prozent der Kosten. Er erkennt damit den Wert der Waldorfschulen an: Ihr Ansatz ist eine Alternative, die Inspiration für andere Schulen sein kann, vieles haben die staatlichen Schulen schon übernommen. Ich bin dankbar für dieses zusätzliche Angebot.

↗ „Waldorfpädagogik ist ja ganz nett, weil die so viel tanzen und malen. Aber wir leben nun mal in einer Leistungsgesellschaft ...“ Luftaufnahme der Freien Waldorfschule Engelberg.

Engelberger Erinnerungen

Sechs Absolventen und ein Lehrer blicken zurück in eine Zeit,
die sie fürs Leben geprägt hat

„Meine erste Klassenlehrerin war wie eine zweite Mutter für mich."

Meine früheste Erinnerung an die Waldorfschule ist die Aufnahmeprüfung. Im ersten Anlauf war ich zu aufmüpfig, zu unreif, zu jung. Ihr Kind ist nichts für die Waldorfschule: Von diesem Satz ließ sich meine Mutter nicht abschrecken. Sie wollte eine kindgerechte Schule, ohne Überforderung. Ein Jahr später hat es geklappt. Dass jeden Tag dieselbe Bezugsperson vor mir stand, davon hab' ich enorm profitiert. Meine erste Klassenlehrerin war wie eine zweite Mutter für mich. Erst ab der sechsten Klasse, mit Beginn der Pubertät, begannen die Konflikte. Mir war langweilig – und ich hatte das Gefühl, nicht genug zu lernen. Die siebte Klasse war mein Tiefpunkt, ich war so unzufrieden, dass ich eine Aufnahmeprüfung fürs Gymnasium machte. Ein Wechsel wäre ohne Probleme möglich gewesen, doch der Sprung ins kalte Wasser war mir dann doch zu gewagt. Ich wollte das Gewohnte, vor allem meine Freunde nicht für das Unbekannte aufgeben. Mit der Oberstufe und den Fachlehrern entspannte sich die Lage. Mein Mathelehrer stellte mir Sonderaufgaben, um mich zu fordern. Als fordernd erwies sich auch meine Aufgabe als Beleuchter beim Schultheater. Gleich meine erste Aufgabe war es, den Kopf des Mephisto in Goethes Faust über die gesamte Dauer des Stücks in grünliches Licht zu tauchen.

Ich engagierte mich bei fast allen Unternehmungen der Schule, auch als im Sommer 1988 eine Schülerzeitung gegründet wurde, der „Steinschlag". Wir waren eine heterogene Gruppe, die trotz aller unterschiedlichen Interessen zusammenhielt. Bis heute habe ich Freunde aus der Schulzeit. In der Oberstufe bildeten wir vier Jungs aus dem Matheleistungskurs die „Backbench", eine ironische Ableitung des englischen Begriffs für „Hinterbänkler". Entscheidend war der Impuls, selbstverantwortlich zu lernen. Nicht unter Druck, nicht für ein Notenziel. Besonders engagiert habe ich mich für Themen wie Politik, Verkehr und Umwelt.

Wichtig ist, dass Lehrer darauf achten, wie Kinder ihre Freiheit nutzen. Ich habe nach der Schule Mathematik und Geschichte studiert, ursprünglich auf Lehramt. Doch statt als Lehrer an die Waldorfschule zu gehen, habe ich mich für eine politische Laufbahn entschieden. Kontakte zum Engelberg sind geblieben. Bis heute treffe ich gelegentlich ehemalige Lehrer, zuletzt im Rahmen einer Lesung meines Buches, das unter dem Titel „Wir können nicht allen helfen" erschienen ist. ──────

Boris Palmer (*1972)
Oberbürgermeister von Tübingen
Abschluss: 1992

„Ich habe an der Waldorfschule gelernt, das Beste aus jeder Situation zu machen."

An der Waldorfschule habe ich gelernt, meinen Weg zu gehen, nicht sofort ins Laufrad zu steigen, sondern meiner Leidenschaft zu folgen. Es war mir früh klar, dass ich Tänzerin werden möchte. Mit acht Jahren habe ich begonnen, Ballett zu tanzen. Heute bin ich Stuntfrau und boxe. Die Waldorfschule hat ein gutes Stück dazu beigetragen. Ich bin immer noch gerührt, wenn ich daran denke, dass unsere Klassenlehrerin für vierzig Kinder Karten geschrieben und jedem einen anderen Stein aus den unterschiedlichsten Ländern mitgebracht hat. Solche Gesten empfand ich als unglaublich persönlich und liebevoll. Noch immer ist die Schule ein Stück Heimat für mich, das ich immer wieder wachrufe. Schon deshalb besuche ich den Martinsmarkt auf dem Engelberg in der Zeit vor Weihnachten, so oft es geht.

Ich konnte mich immer mit meinem Bruder vergleichen, der eine staatliche Schule besuchte. Er ist eineinhalb Jahre älter – und bekam in Kunst schlechte Noten. Er konnte mit künstlerischen Dingen nichts anfangen. An der Waldorfschule wäre er ausgerastet, wo man ihm die Aufgabe gestellt hätte, mit einem Schwämmchen bunt verschwimmende Bilder zu malen. Er war der Physiker-Typ, ich ein Mal- und Singkind. Für mich war die Schulzeit frei und vielfältig, der Unterricht kam meinen Leidenschaften entgegen: Theater spielen und tanzen. Im Werkunterricht haben wir Bienenhäuser gebaut, bei meinem Sozialpraktikum hab ich mich an einer Reittherapie beteiligt. Wir konnten in vielen Extrafächern viel ausprobieren, deshalb glaube ich, dass wir Waldis mit offenerem Blick durch die Welt gehen. Weil wir so viel Verschiedenes kennengelernt haben, darunter vielleicht manchmal auch etwas realitätsfernere Dinge. Leistungsdruck, das Wort gab es lange nicht. Klar, auch ich muss mich heute durchsetzen. Das müsste ich in einem Großraumbüro aber auch. Ich liebe meinen Job, er gibt mir Energie und Motivation. Ich habe selten Tage, an denen ich stöhne: Boah, schon wieder Arbeit!

Das Wichtigste war, selbständig zu werden. Ich habe an der Waldorfschule gelernt, das Beste aus jeder Situation zu machen. Ins Abitur bin ich mit fünf blauen Briefen gegangen – am Ende hat es trotzdem geklappt. So ging es nicht nur mir in meiner Klasse. Ob Abitur, Mittlere Reife oder Hauptschulabschluss – erst kurz vorm Abschluss haben wir uns zusammengerissen. Die Proben und Aufführungen fürs Klassenspiel kosteten viel Zeit. So sehr ich auch diese Aufführungen schätze, spätestens ab der zehnten Klasse wäre es wichtig gewesen, sich intensiver auf die Prüfungen vorzubereiten. Zumal wir Abiturienten nicht wie an staatlichen Schulen ab zwölfter Klasse Punkte sammeln konnten. Bei uns hieß es beim Schlussspurt: jetzt alles oder nichts. ─────

Hannah Spreitzenbarth (*1990)
Stuntfrau und Tänzerin
Abschluss: 2009

„Anthroposophie ist unverzichtbar für mein Leben. Auch die Gründung unserer Bank entstand aus dieser Sicht heraus."

Erinnerungen an die Schule habe ich viele. Meine ganze Kindheit war ein Kontrast zu dem, wie ich heute lebe. Ich bin in einem Dorf mit knapp zweihundert Einwohnern aufgewachsen, in Winterbach-Manolzweiler, oberhalb vom Engelberg. Das war schon eine Idylle. Zur Schule konnte ich laufen. Der Engelberg war damals die einzige Waldorfschule weit und breit. Aus Göppingen, Schwäbisch Gmünd und Fellbach kamen die Kinder.

Ich war ein verträumtes Kind, eher ein Spätentwickler. Wenn ich zurückdenke, hat mir nichts gefehlt. Meine Schulzeit war sehr behütet, auch wenn wir in der Oberstufe konsequent auf die Leistungsstandards des Abiturs vorbereitet wurden. Bei unserem Französischlehrer, der vom Gymnasium kam, war Pauken angesagt, dennoch war das Abiturjahr eines der schönsten für mich, auch mit Blick auf unsere starke Klassengemeinschaft. Wir waren damals nur noch zwölf und nahmen uns die Freiheit, hin und wieder auszubrechen. Mit dem Chemielehrer zogen wir noch in der Oberstufe zur Apfelernte auf Streuobstwiesen und haben Saft gepresst. Zwischen schriftlicher und mündlicher Prüfung sind wir zusammen Skifahren gegangen. Viele Bindungen halten bis heute. Alle drei, vier Jahre sehen wir uns auf Klassentreffen.

Das Künstlerische und Handwerkliche, das Waldorfschulen so stark fördern, war nicht meine Stärke. Ich bin zwar mit einer Musikerin verheiratet, aber kläglich an der Geige und zuvor auch am Klavier gescheitert. Mein Fokus lag eher auf Naturwissenschaften, vor allem auf der Mathematik. Auch wenn mir der direkte Draht zu künstlerischen Disziplinen abgeht, sind Anthroposophie und Waldorfpädagogik unverzichtbar für mein Leben. Menschen als ganzheitliche Wesen zu sehen, bestimmt mein Tun bis heute. Auch die Gründung unserer Bank entstand aus dieser anthroposophischen Sicht heraus. Der Anlass ergab sich nicht von ungefähr: Mein älterer Bruder lebte damals in Bochum als Student im Haus des Anthroposophen Wilhelm Ernst Barkhoff, der 1974 die Gemeinschaftsbank für Leihen und Schenken (GLS) gegründet hatte. Mich hat es fasziniert, Geld nach ethischen und ökologischen Regeln zu investieren. Im Oktober 1977 habe ich als einer der ersten drei Lehrlinge bei der GLS angefangen, weil ich zuerst etwas Praktisches lernen und danach Wirtschaftswissenschaften studieren wollte. Seit 1986 bin ich fest angestellt. Sieben Jahre später wurde ich Vorstand der Bank. Noch heute, im Umgang mit sechshundert Mitarbeitern, hilft mir dieser ganzheitliche Blick. Geld ist für Menschen da, nicht umgekehrt. Deshalb finanzieren wir zukunftsweisende Projekte: freie Schulen, Biomärkte, Ökolandwirte oder Projekte für regenerative Energien. ▬▬▬▬

Thomas Jorberg (*1957)
*Diplom-Ökonom und Chef
der GLS Gemeinschaftsbank
für Leihen und Schenken*
Abschluss: 1977

„Wenn ich an den Engelberg denke, spüre ich immer noch den Geruch von Holz, Lack und Leim."

Ich bin ein Engelberg-Urgestein. Der erste Lehrer Georg Hartmann, der sie mitgegründet hat, war ein Jugendfreund meines Opas. Schon meine Mutter war Schülerin auf dem Engelberg, alle meine sechs Geschwister – und auch eine meiner Töchter.

Wenn ich an den Engelberg denke, spüre ich immer noch den Geruch von Holz, Lack und Leim. Diese Nähe zum Material hat mich tief beeindruckt. Auch die heimelige Atmosphäre in unserem Klassenzimmer direkt neben der Schreinerei. Schon der Weg auf den Engelberg war ein Erlebnis, jeden Tag ging es den Hügel hoch, mitten durch Streuobstwiesen. Das hab' ich als großes Glück erlebt, ebenso den Gartenbau, der mich geprägt hat. Von Kind auf hatte ich ein Beet, das mir überlassen wurde und das ich bepflanzt habe. Bis heute ziehe ich Geranien und Tomaten in meinem Garten. Auf der anderen Seite hat mich auch Mathematik angezogen, die Sprache der Logik, die meinem nüchternen Sinn entgegenkam, wenn es galt, Dinge umzusetzen, nach der Natur zu arbeiten. Schon im Kindergarten habe ich perspektivisch gemalt.

Eine charakteristische Erinnerung ist mir geblieben. Morgens gab es zwei Lager: Schüler, die sich über das Fernsehprogramm vom Vortag unterhielten, und die anderen, in deren Elternhaus kein Fernseher stand. Die hätten an einer staatlichen Schule wahrscheinlich als armselige Außenseiter gegolten.

Kritisch in die Welt blicken, das hat mir die Schulzeit vermittelt – und so sollte es weiterhin sein. Die Waldorfschule darf nicht aufhören, sich Fragen zu stellen, jeder Lehrer, die ganze Schulgemeinschaft. Was wollen wir? Was sind die großen Ideale? Arbeiten wir daran, an uns selber? Es geht nach wie vor nicht nur darum, Stoff zu vermitteln, sondern uns selbst zu entwickeln. Die Waldorfschule darf nicht ihr Menschenbild vernachlässigen. Was ich sofort abschaffen würde: die vielen Hausaufgaben. Wie ein Damoklesschwert lasteten sie manchmal auf uns. Ich plädiere dafür, Kindern mehr freie Zeit für sich zu geben.

In unserer Küche haben sich die Gründungsmitglieder der Grünen getroffen, wir demonstrierten gegen Atomkraft und den Raubbau an der Natur. Dieser Geist, nicht alles hinzunehmen, hat das Umfeld geprägt, ich habe

Sibylle Bross (*1959)
Freischaffende Malerin
Abschluss: 1979

ihn am Engelberg gespürt, hatte Vertrauen in die Schule, in ihre Unabhängigkeit, in ihren Grundsatz, dass der Mensch im Vordergrund steht und nicht wirtschaftliche Bedürfnisse. Am Engelberg galt immer: Wir machen das, was notwendig ist, was wir wichtig finden. Geld kommt dann schon irgendwoher. Am Ende hat es immer geklappt. ───────

„Auf der Schule am Engelberg habe ich gelernt, meine Rolle im Leben zu finden."

Das Klassenspiel hat sich in meine Erinnerung eingebrannt. Es hat Projektcharakter. Wir arbeiteten auf ein gemeinsames Ziel hin, erst kam die Generalprobe, dann die große Aufführung, eine intensive Zeit und ein Erfolgserlebnis für die Klasse und jeden Einzelnen. Es galt, Angst zu überwinden, auf der Bühne nach vorne zu gehen, eine Rolle einzunehmen. Eine Lehre fürs Berufsleben, denn ich habe heute noch oft meine „Klassenspiele". Es ist vom Gefühl her ähnlich, wenn ich eine große Veranstaltung, einen wichtigen Termin, ein problematisches Mitarbeitergespräch habe. Ich war im „Götz von Berlichingen" einer der vier Götz-Darsteller. Wer welche Rolle spielt, hat der Klassenlehrer festgelegt. Unterschiedliche Talente waren gefordert, Techniker, Haupt- und Nebenrollen, Musiker. Diese Erfahrung hilft mir bis heute, in Teams die eigene Rolle zu finden.

Dennoch, mehr Diskussionen, mehr Kontroversen, ein pluralistischeres Meinungsbild, das hätte ich mir manchmal gewünscht. Oft galt nur, was der Lehrer dachte. Das finde ich rückblickend zu einseitig.

Ich war ein Lehrerkind, meine Mutter arbeitet am Engelberg. Wir hatten einen guten Deal: Wenn ich etwas verbockt hatte, durften meine Lehrer nur meinen Vater ansprechen. Die schulische Laufbahn mit Abi und Studium im Ausland wäre mir an einem Gymnasium wahrscheinlich nicht geglückt, weil ich früher ausgesiebt worden wäre. Ich war faul und hatte Lernprobleme. Nur wenn mich etwas interessierte, fiel es mir leicht: Politik, Wirtschaft und Geschichte waren meine Stärken. Mit meinen Defiziten musste ich mich zu wenig auseinandersetzen. Ich bin aus der Schule mit schlechtem Abiturschnitt und schwachen Englischkenntnissen gegangen. Erst in meinem Jahr in den USA, als Zivi in einer anthroposophischen Einrichtung für Menschen mit Behinderung, bin ich erwachsen geworden. Ich studierte in Deutschland, Frankreich und den Niederlanden Volkswirtschaft, International Management und Public Policy. Als Student habe ich meine Lücken geschlossen, plötzlich klappte es auch mit Mathematik und machte sogar Freude. Eine strukturierte Herangehensweise hat mir anfangs gefehlt und ist bis heute eine Herausforderung. Mir war es wichtig, voranzukommen, Verantwortung zu tragen und etwas zu bewirken.

Ich glaube, viele haben ein verzerrtes Bild von Waldorfschülern, denken, am Ende werden alle Cellisten oder Künstler. Unter meinen Freunden aus der Schulzeit sind Ärzte, ein Flugzeugingenieur, Lehrerinnen, ein Rechtsanwalt, eine Journalistin. Ich führe ein Team von 25 Menschen, die alle älter sind als ich. Und bin Lehrbeauftragter an der Hochschule Reutlingen. Dort vertrete ich meine Waldorferfahrung ganz offen – nicht trotz, sondern wegen der Schule konnte ich meinen Weg einschlagen. Ich bin mittlerweile Vater von Zwillingstöchtern, sie sind vier Jahre alt und werden ab nächstem Jahr in den Kindergarten am Engelberg gehen und danach auf die Schule, auf der ich gelernt habe, meine Rolle zu finden.

──────

Felix Brücher (*1983)
Vertriebsleiter und Leiter der
Vertragsabteilung Euler Hermes
AG/Exportkreditgarantien in
Deutschland Abschluss: 2002

„Mit meiner strengen Handarbeitslehrerin kam ich nicht zurecht und musste sogar nachsitzen."

Meine Mutter hat als Grundschullehrerin in Berlin gearbeitet und die staatlichen Schulen als einengend empfunden. Sie wollte meinen drei Geschwistern und mir andere Möglichkeiten bieten, ohne Restriktionen. Nach unserem Umzug von Berlin nach Winterbach besuchten wir die nahe gelegene Schule auf dem Engelberg.

Ich bin anfangs nicht gerne in die Schule gegangen. Hätte ich die freie Wahl gehabt, wäre ich nur einen einzigen Tag dorthin gegangen und dann nie wieder, sagte ich. Vermutlich wäre das an einer staatlichen Schule aber nicht anders gewesen. Den Schulalltag nahm ich als einengend wahr, viel lieber hätte ich draußen gespielt. Als ich in die erste Klasse kam, war ich ein Kind, das man wegen seiner roten Haare gut ärgern konnte. An den Dingen, unter denen man leidet, kann man auch wachsen. Heute freue ich mich, dass ich ein bisschen Farbe in die Landschaft bringen kann.

Dass ich kreativ tätig bin, führen manche auf den künstlerisch-praktischen Lehrplan an der Waldorfschule zurück. Das habe ich selbst ein bisschen anders erlebt. Mit meiner strengen Handarbeitslehrerin kam ich nicht zurecht und musste sogar nachsitzen. Im Werkunterricht war ich langsam, das Malen hat mir jedoch viel Freude gemacht. Noch mehr das Zeichnen. Gemeinsam mit meinem besten Schulfreund Max haben wir ganze Ordner mit Comiczeichnungen gefüllt – heimlich und während des Unterrichts. Das war eine großartige Spielwiese für meine Kreativität.

Rückblickend war die Schulzeit auf dem Engelberg reich an Erfahrungen. Dabei sehe ich die Leistung der Waldorfschule mehr in dem, was sie nicht tut. Mehrere Jahre nach dem Schulabschluss traf ich meine Biologielehrerin Frau Reich zufällig im Freibad. Wir kamen ins Gespräch und ich bedankte mich bei ihr für meine überraschend gute Prüfungsnote. Doch sie winkte nur ab und erwiderte, wichtiger sei es, Kinder in die Richtungen wachsen zu lassen, die ihrer Natur entsprächen. Ich gebe ihr Recht, je weniger Zäune es gibt, desto freier kann man sich entfalten. Wenn man den Mut hat, den Dingen ihren eigenen Raum und ihre eigene Zeit zu geben, ist man manchmal selbst erstaunt, wo die Reise überall hinführt. ──────

David Klopp (*1979)
Land-Art-Künstler
Abschluss: 1998

Ha Vinh Tho (*1951)
war von 2012 bis 2018
Programmdirektor beim
Zentrum für Bruttonational-
glück in Bhutan, Gründer des
Eurasia Learning Institute for
Happiness and Wellbeing.
1974 bis 1977: Lehrer für
Eurythmie und Französisch
am Engelberg.

„Am Engelberg hatte ich das Gefühl, an den Wurzeln der Bewegung zu sein."

Ich war kaum älter als die Schüler der Oberstufe, als ich am Engelberg begann, hatte schulterlanges Haar und sah überhaupt nicht wie die anderen Lehrer aus. Meine Schüler fanden das toll. Doch diese jungen Schwaben in Französisch zu unterrichten, war keine leichte Aufgabe. Ich versuchte, ihnen französische Lyrik zu vermitteln, leider verstanden sie kaum ein Wort.

Waldorfpädagogik interessierte mich schon deshalb, weil mich meine Schulzeit gelangweilt hatte. Als Sohn eines Botschafters hatte ich Privatschulen in acht Ländern besucht, alle sehr verkopft und leistungsorientiert. Ich wollte Bildung anders erleben. Am Engelberg gefiel es mir gleich, weil die Schule auf dem Land lag, in der Natur. Wir haben zwar keine Gehälter bekommen, sondern eher ein Taschengeld, dafür lebten wir in einer Lehrergemeinschaft, aßen zusammen und nutzten gemeinsam ein Auto. Es gab Kollegen, von denen ich viel lernen konnte. Einer von ihnen war der Mathelehrer Hahn, dessen Vater zu den Gründern der ersten Waldorfschule gehörte. So hatte ich am Engelberg das Gefühl, an den Wurzeln der Bewegung zu sein.

Später studierte ich Psychologie, Soziologie und Erziehungswissenschaften, promovierte in Erwachsenenbildung und arbeitete für das Rote Kreuz in vielen Kriegsgebieten, dann zog ich nach Bhutan. Bis vergangenes Jahr war ich Programmdirektor im Zentrum für Bruttonationalglück in diesem kleinen Staat zwischen Indien und China. Während fast alle Länder dieser Welt ihren Wohlstand am Bruttoinlandsprodukt messen, legt man in Bhutan besonders viel Wert darauf, zu messen, wie glücklich die Bürger im Land sind. Das ist die Philosophie von Bhutan: Glück und Wohlbefinden im Mittelpunkt der Entwicklung statt wirtschaftliches Wachstum. Mein Institut setzt im Bildungswesen an, in der Wirtschaft, in Städten oder Gemeinden, die sich auf das Wohlbefinden ihrer Einwohner konzentrieren wollen.

Für mich bedeutet Glück, ein Leben zu führen, das im Einklang mit meinen Werten steht. Glück hängt für mich davon ab, wie ich mit mir selbst und mit anderen im Einklang bin. Das Wichtigste ist die Qualität der menschlichen Beziehungen, Liebe, Freundschaft, Familie. Dazu gehört, dass ich meine Arbeit als sinnvoll empfinde und in Harmonie mit der Natur lebe. Ich liebe die Berge – und habe das Glück, in Bhutan und der Schweiz zu leben, im Himalaya und in den Alpen.

Sind Waldorfschüler glückliche Kinder? Besonders in den ersten Jahren finden sie gute Voraussetzungen, weil ihnen Zeit gelassen wird, im eigenen Rhythmus aufzuwachsen, sich fantasievoller, spielerischer zu entwickeln. Doch seit Rudolf Steiner hat sich die Welt gewandelt. Wir können Ideen von 1919 nicht mehr eins zu eins übertragen. Die Waldorfschule ist besser als viele staatliche Schulen, aber auch verbesserungswürdig, besonders in der Oberstufe. Sie könnte den jungen Menschen noch sehr viel mehr Freiraum geben, mehr Autonomie, das Programm nicht für alle abspulen, sondern individueller auf den Einzelnen eingehen.

Welche Kompetenzen brauchen junge Menschen für die Arbeitswelt von morgen? Was sie heute an staatlichen Schulen lernen, gilt für die Arbeitswelt von gestern, in der sich das Bildungssystem weitgehend auf Konkurrenz aufbaut. Wer ist der Beste? Was wir ihnen beibringen sollten, sind soziale Kompetenzen, emotionale Intelligenz. Eigenschaften wie Kreativität, Innovationsfähigkeit und Mitgefühl, das Bewusstsein von der Verantwortung unserem Planeten gegenüber als zentraler Punkt, vom Kindergarten bis zur Universität. Es liegt an unserer Entfremdung von unserem Planeten, dass wir die Erde so zerstören. Wir müssen die Verbindung wiederfinden, die Beziehung zur Natur.

Vor zwei Jahren kam ich noch einmal an den Engelberg, um einen Vortrag über innere und äußere Bedingungen des Glücks zu halten. Unter den Zuhörern waren einige meiner ehemaligen Schüler, mittlerweile selbst Eltern, deren Kinder unsere Schule besuchen. Was mich besonders freut: Zwei meiner ehemaligen Schülerinnen sind heute Lehrerinnen für Eurythmie.

Als wir Ha Vinh Tho um einen Text über seine Erfahrung an der Waldorfschule Engelberg baten, schickte er uns auch das Wappen Bhutans. Es zeigt zwei Drachen, die sich um das Rad des doppelten Vajra in der Mitte drehen. Der Vajra symbolisiert Harmonie zwischen religiöser und weltlicher Macht. Die Drachen stehen für den Namen des Landes, Druk Yul, Land des Drachens. Oben halten sie den dreifachen Edelstein der buddhistischen Philosophie. Über dem Rad befindet sich ein Ashtamangala-Schirm, ein Symbol für den geistlichen Schutz des Volkes Bhutans und seines Königs. Unter dem Rad ist eine Lotusblüte, ein Zeichen für Ruhe, Frieden und Reinheit.

Glossar

Aufnahme an der Schule steht allen Kindern offen. Veranstaltungen führen interessierte Eltern in die Pädagogik ein. Quereinstiege sind möglich, wenn es freie Plätze gibt. Eltern sollten sich informieren, um zu sehen, ob ihre Erwartungen erfüllt werden.

Berufsorientierung organisiert jedes Jahr der Freundeskreis ehemaliger Engelberger (FEE). Schüler und Schülerinnen der Oberstufe können sich über unterschiedliche Berufssparten informieren und erhalten ein Bewerbungstraining.

Digitalisierung gibt es selbstverständlich auch an Waldorfschulen. Die modernen Medien sind in verschiedenen Bereichen im Einsatz: in der Verwaltung, Planung, Organisation. Auch im Unterricht der Oberstufe, bei Präsentationen, Jahres- und Seminarfacharbeiten wird der sinnvolle Umgang mit ihnen geübt. Eine Digitalisierung der Kindheit wird aber entschieden abgelehnt. Nur in der tatsächlichen, analogen Welt schulen die Kinder alle ihre Sinne und legen so eine gesunde Grundlage für ihr späteres Leben.

Epochenunterricht ist eine Form der Unterrichtsorganisation. Jeden Morgen beginnt die Schule für alle Schüler mit dem zweistündigen Hauptunterricht. Drei bis vier Wochen, in der Unterstufe auch länger, unterrichten die Lehrer ein einziges Fach, das sie besonders tiefgründig beleuchten.

Finanzierung von Waldorfschulen gestaltet sich wie an allen anderen Schulen in freier Trägerschaft: Sie sind auf staatliche Finanzhilfen angewiesen. Die unterscheiden sich je nach Bundesland, sind aber generell im Grundgesetz verankert. Die Waldorfschulen benötigen darüber hinaus Elternbeiträge, dürfen aber kein Kind aus finanziellen Gründen ablehnen. Daher findet die pädagogische Aufnahme immer zuerst statt, erst danach wird in einem vertraulichen Gespräch im Beitragsgremium geklärt, was ein Elternhaus zahlen kann.

Freie Musikschule Engelberg wurde vor mehr als dreißig Jahren in der direkten Nachbarschaft der Waldorfschule gegründet. Dreizehn Lehrer unterrichten hundertachtzig Jugendliche und Erwachsene, ein Schwerpunkt ist das Ensemblespiel, im Mittelpunkt steht das Cello-Orchester.

Freie Waldorfschulen bilden in Deutschland die größte von Kirche und Staat unabhängige Schulform. Jede Schule ist eigenverantwortlich. Es gibt einen Rahmenlehrplan, aber die Ausgestaltung ist individuell. In Deutschland haben sich die Waldorfschulen zum Dachverband „Bund der Freien Waldorfschulen" zusammengeschlossen.

Heileurythmie basiert ebenso wie Eurythmie auf den Erkenntnissen von Rudolf Steiner. Während Eurythmie eine Bewegungskunst darstellt, ist die Heileurythmie eine medizinisch wirksame Bewegungstherapie, die in anthroposophischen Kliniken und freien Praxen eingesetzt wird. An Waldorfschulen unterstützt sie therapeutisch-hygienisch die gesundheitsfördernde Pädagogik.

Jahreszeitentische sind in der Schule ein Platz im Klassenzimmer, den Schüler und Lehrer entsprechend der Jahreszeit dekorieren. Sie regen die Wahrnehmung für die Veränderungen in der Natur an und bringen diesen Wandel draußen auch drinnen zum Ausdruck.

Kinderhandlung heißt die kurze Andacht, die im Rahmen des freien christlichen Religionsunterrichts alle zwei bis vier Wochen für die Kinder veranstaltet wird.

Morgensprüche stehen am Beginn des morgendlichen Hauptunterrichts. Schüler bis zur vierten Klasse starten mit den Worten „Der Sonne liebes Licht, es hellet mir den Tag ..." in den Schultag. Ab der fünften Klasse heißt es: „Ich schaue in die Welt ..." Beide Sprüche sind von Rudolf Steiner. Der Wechsel markiert die veränderte Perspektive des älteren Kindes gegenüber der Sicht der Kleinen.

Notenzeugnisse gibt es nur, wenn eine Schülerin oder ein Schüler es zur Bewerbung braucht. Dann kann das Textzeugnis in ein Notenzeugnis „übersetzt" werden.

Pentatonik ist eine Tonleiter mit nur fünf Tönen, dadurch gibt es keine Halbtonschritte und es entsteht ein grundtonloser, schwebender Klang.

Praktika sind Pflicht und Kür. Siebte Klasse: eine Woche Küchenpraktikum. Achte Klasse: rund zehn Tage Bergwaldprojekt, die Teilnahme ist freiwillig. Zehnte Klasse: eine Woche Vermessungspraktikum und vier Wochen Landwirtschaftspraktikum. Elfte Klasse: vier Wochen Sozialpraktikum. Zwölfte Klasse: im Realschulzug einmal wöchentlich Berufspraktikum. Im Fachhochschulreifezug sechs Monate Berufspraktikum.

Quintenstimmung ist ein von Rudolf Steiner geprägter Begriff für eine musikalische Stimmung, einen offen schwebenden Klang. Um ihn zu erreichen, verwendet man gerne die Pentatonik.

Religion spielt eine wichtige Rolle. Die Waldorfschule ist christlich, aber nicht konfessionell gebunden. Kinder aller Glaubensrichtungen lernen zusammen. Evangelische und katholische Kirche entsenden die Lehrkräfte für den konfessionellen Religionsunterricht, alternativ dazu gibt es einen konfessionslosen freien christlichen Religionsunterricht, der von Lehrerinnen und Lehrern der Waldorfschulen gehalten wird.

Rhythmus hat eine große Bedeutung in der Waldorfpädagogik. Für eine gesunde Lebensführung sind der Wechsel von Tag und Nacht, aber auch Wochen-, Monats-, und Jahresrhythmen essenziell. Ebenso wie die Lehre von den Jahrsiebten, nach der sich alle sieben Jahre geistige, seelische und körperliche Reifeprozesse vollziehen. Mittlerweile bestätigte die empirische Forschung die zentrale Bedeutung der Rhythmustheorien von Rudolf Steiner.

Salutogenese steht im Gegensatz zur Pathogenese (der Entstehung von Krankheiten) für die Entstehung von Selbstheilungskräften. Der Soziologe Aaron Antonowsky prägte den Begriff, um zu erklären, wie Menschen sich gesund entwickeln können. In Waldorfschulen zieht sich der gesundheitsfördernde Ansatz durch den gesamten Unterricht. Es geht um einen lebendigen Rhythmus und darum, eine ausgeglichene Balance zwischen Aktivität und Passivität, Anspannung und Entspannung zu erreichen. Deshalb beginnt der Hauptunterricht morgens immer mit einem aufweckenden Teil (Sprachübungen, Gedichte, Klatschen, Stampfen), erst danach folgt der Unterrichtsteil für den Intellekt.

Schulorganisation bedeutet an Waldorfschulen Selbstverwaltung in einer flachen Hierarchie, in der Eltern, Lehrer und Mitarbeiter eng zusammenarbeiten. Verantwortlich für die wirtschaftliche und rechtliche Schulverwaltung ist ein Trägerverein aus Eltern, Lehrern, Mitarbeitern und Freunden der Schule. Der Vorstand setzt sich aus Eltern und Lehrern zusammen. Die einzelnen Verwaltungsaufgaben werden an Ausschüsse, Arbeitskreise und Gremien delegiert. Die kümmern sich beispielsweise um die Öffentlichkeitsarbeit. Waldorfschulen sind auch Kulturzentren und laden die Öffentlichkeit zu Jahresfesten ein, zum Martinsmarkt, zu Theateraufführungen und Konzerten, zu Vorträgen und „Tagen der offenen Tür".

Sitzenbleiben muss an Waldorfschulen niemand. Denn im Gegensatz zu Regelschulen orientiert sich die Pädagogik nicht an Noten und reiner Wissensvermittlung, sondern an der altersgemäßen Entwicklung der Kinder und Jugendlichen.

Staatliche Schulabschlüsse sind alle an der Freien Waldorfschule Engelberg möglich. Für den Hauptschulabschluss können Lehrer ihre Schüler ab der zehnten Klasse prüfen, den Realschulabschluss in der zwölften Klasse; Fachhochschulreife und Abitur in der dreizehnten Klasse.

„Waldorf" ist der Namen der Zigarettenfabrik Waldorf-Astoria in Stuttgart. Besitzer Emil Molt arbeitete mit Rudolf Steiner zusammen, um für Arbeiterkinder eine moderne Schule einzurichten. 1919 startete auf der Uhlandshöhe der Unterricht. Heute orientieren sich alle Waldorf- und Rudolf-Steiner-Schulen an den pädagogischen Ideen Steiners und haben gemeinsame Qualitätsmaßstäbe für die Schulorganisation, Lehrerausbildung und den Unterricht entwickelt. Nur Schulen, die sich zu diesen Zielen bekennen, werden lizensiert und als Mitglied im BdFWS, dem Bund der Freien Waldorfschulen, aufgenommen.

Weihnachtsspiele sind Tradition an Waldorfschulen. Paradeis- und Christgeburtspiel und manchmal auch das Dreikönigsspiel spiegeln das religiöse Geschehen rund um Weihnachten. Meist studieren Lehrerinnen und Lehrer die Stücke ein, manchmal auch Mitarbeiter und Eltern. Für viele Besucher sind die Aufführungen eine Einstimmung auf Weihnachten.

Zeugnisse bekommen die Schüler am Ende des Schuljahres in Textform. Darin werden Entwicklung und Leistung in jedem Fach beschrieben. Es gibt keine Benotung. So können die Eltern, später die Jugendlichen selbst, sehen, in welchen Bereichen sie Fortschritte gemacht haben und auf welchem Gebiet Nachholbedarf besteht.

Zeugnissprüche sind bis zum sechsten Schuljahr (an anderen Waldorfschulen bis zum achten Schuljahr) Bestandteil des Zeugnisses. Die Klassenlehrer wählen individuell für jeden Schüler einen passenden Aphorismus aus. Den spricht jedes Kind immer am gleichen Wochentag zu Beginn des Hauptunterrichts vor der Klasse. Er soll das Kind mit seinen sprachlichen Herausforderungen und inhaltlichen Anregungen übers Jahr begleiten.

Uschi Entenmann

1963 geboren, arbeitete als Redakteurin bei der „Waiblinger Kreiszeitung" und den „Stuttgarter Nachrichten". Seit 1990 ist sie Autorin bei „Zeitenspiegel Reportagen", davon die ersten vier Jahre als Korrespondentin in Havanna. Sie schreibt für Magazine wie Stern und Natur, fungiert als Chefredakteurin von „Landluft Remstal" und „MUT Magazin". Ihr Buch über die Waldorfschule Engelberg ist ihr drittes Sachbuch. *ue@zeitenspiegel.de*

Fotos

Rainer Kwiotek (Zeitenspiegel Reportagen) Seite 33, 34, 35, 88, 114, 115, 116, 117, 118, 119, 120, 121, 122, 123, 154, 173.

Christoph Püschner (Zeitenspiegel Reportagen) Seite 17, 39, 44, 53, 61, 85, 95, 97, 103, 109, 127, 135, 147, 153.

Uli Reinhardt (Zeitenspiegel Reportagen) Seite 10/11, 14/15, 20/21, 29, 24/25, 26/27, 36/37, 42/43, 48, 49, 50/51, 57, 58/59, 79, 81, 82, 90, 92, 100, 106, 107, 124, 132, 139, 140, 141, 142, 144, 151, 167, 168, 169.

Gottfried Stoppel Seite 179.

Privat Seite 63, 99, 113, 131, 159, 160, 165, 174, 175, 176, 177, 178, 180.

Luis Hafner Fotomontage Seite 72.

Texte

Gesine Brücher (**Vorwort** Seite 8, **Die Rolle der Lehrer** Seite 74, **Klasse 10** Seite 129 und **Klasse 11** Seite 136)

Dieter Behr, Norbert König (**Die Rolle der Eltern** Seite 77)

Frank Hussung (**Plädoyer Waldorfpädagogik** Seite 64 und **Klassenspiele** Seite 138)

Simon Schwaderer (**Ein Fest für alle Sinne** Seite 80),

Veronika Wulf (**Musik spielt eine wichtige Rolle** Seite 110)

Zeitenspiegel Reportagen:

Frank Brunner (**PKU** Seite 114, **Eurythmie** Seite 142, **Niemand bleibt zurück** Seite 89)

Uschi Entenmann (**Lehrertexte Klasse 1 bis 13, Interview mit Schularzt** Seite 106)

Isabel Stettin (**Ganztagsschule** Seite 23, **Kindergarten** Seite 10)

Tilman Wörtz (**Projekt auf dem Bauernhof** Seite 31, **Die richtige Schule für mein Kind** Seite 174)

Redaktionelle Mitarbeit:

Frank Brunner, Ingrid Eißele, Sigrid Krügel und Erdmann Wingert (Zeitenspiegel Reportagen)

Gesine Brücher und Heiko Gebhardt.

Lektorat:

Zeitenspiegel Reportagen

Gestaltung:

Layout und Satz: Astrit Vatnika (www.infrathin.de)

Umschlag und Illustration: Astrit Vatnika

Aus Gründen der besseren Lesbarkeit verzichten wir auf die gleichzeitige Verwendung männlicher und weiblicher Sprachformen. Wir wechseln ab. Sämtliche Bezeichnungen gelten für beide Geschlechter.

Bibliografische Information der Deutschen Nationalbibliothek

Die Deutsche Nationalbibliothek verzeichnet diese Publikation in der Deutschen Nationalbibliografie; detaillierte bibliografische Daten sind im Internet über http://dnb.dnb.de abrufbar.

© 2019 Klöpfer, Narr GmbH

Dischingerweg 5 · D-72070 Tübingen

Printed in Germany.

ISBN 978-3-7496-1014-3

Mehr über das Verlagsprogramm von Klöpfer, Narr finden Sie unter www.kloepfer-narr.de